Nonna Bannister

DAS GEHEIME TAGEBUCH DER NONNA LISOWSKAJA

Nonna Bannister

Das geheime Tagebuch der Nonna Lisowskaja

francke

Über die Autorin:

Nonna Lisowskaja wird 1927 in Russland geboren. Sie wächst behütet auf, bis der Krieg ausbricht. Sie und ihre Mutter kommen zunächst als Zwangsarbeiter nach Deutschland, doch schließlich findet ihre Mutter den Tod in einem KZ. Nonna wird bis 1945 von katholischen Schwestern versteckt. 1950 geht sie in die USA und heiratet den Amerikaner Henry Bannister. 2004 stirbt Nonna, nachdem sie ihrem Mann ihre geheimen Tagebücher übergeben hat.

Bibliografische Information Der Deutschen Bibliothek
Die Deutsche Bibliothek verzeichnet diese Publikation in der
Deutschen Nationalbibliografie; detaillierte bibliografische Daten sind
im Internet über http://dnb.ddb.de abrufbar.

ISBN 978-3-86827-152-2
Umschlagfotos: Nonna Bannister Family Collection
Umschlaggestaltung: Verlag der Francke-Buchhandlung GmbH /
Christian Heinritz   ·
Satz: Verlag der Francke-Buchhandlung GmbH
Druck & Bindung: CPI Moravia Books, Korneuburg

www.francke-buch.de

ca. 1990

Ich möchte dieses Buch dem Gedenken all derer widmen, die während des Holocausts im Zweiten Weltkrieg ihr Leben ließen, die nicht mehr hier sind, um ihre Geschichte zu erzählen, und auch denen, die den Horror dieses Krieges zwar überlebten, die aber ihre Familie und geliebte Menschen verloren.

Ich danke Gott für den kleinen jüdischen Jungen namens Nathan, der starb, damit ich leben konnte.

Ich möchte meine Dankbarkeit gegenüber den katholischen Priestern und Nonnen zum Ausdruck bringen, die tapfer genug waren, mich vor den Gestapoleuten zu verstecken, nachdem diese meine Mutter abgeholt hatten.

Meine tiefste Dankbarkeit gilt meinem liebevollen und treusorgenden Ehemann Henry. Er gab mir Unterstützung, Verständnis und Fürsorge. Ich danke ihm für seine emotionale Anteilnahme und dafür, dass er mir während 46 Ehejahren half, mit den schrecklichen Erinnerungen der Vergangenheit klarzukommen. Gott muss ihn mir geschickt haben, weil nur er wusste, was ich für das Durchstehen so manch schwerer Zeit brauchte. Henry sorgte für mich, wenn es mir gesundheitlich extrem schlecht ging. Ohne ihn, seine Liebe und seine Unterstützung wäre es fast unmöglich gewesen, dieses Buch zu schreiben und mit den grauenhaften Erinnerungen fertig zu werden.

Ich danke Gott für meine drei wunderbaren Kinder, zwei Söhne und eine Tochter: W. H. (Hank) jr., John D. und Elizabeth J. Auch sie gaben mir viel Rückhalt und Liebe. Bis zu meinem Tod wird mir das unvergessen bleiben.

Nonna L. Bannister

Vergangenheit

Zur Vergangenheit hin – der Weg ist versperrt,
und was brauche ich auch die Vergangenheit für mein Jetzt?
Was gibt es dort? Blutverschmierte Fliesen –
oder eine zugemauerte Tür – oder ein Echo,
das nicht ersterben kann ...
sosehr ich auch darum bettle.

Nonna L. Bannister

Inhalt

Dies ist die wahre Geschichte einer russisch-amerikanischen Frau namens Nonna Lisowskaja Bannister.

Was hier als Buch vorliegt, geht zurück auf die privaten handschriftlichen Übersetzungen, die Nonna von ihren Tagebüchern fertigte. Sie umfassen ihre Kindheit, den Zweiten Weltkrieg und die Nachkriegsjahre. Sie erstellte ihre Übersetzung während der späten 80er-Jahre des 20. Jahrhunderts und ergänzte sie aus der Erinnerung um Erklärungen zu den Ereignissen. Nonna übersetzte ihre Originaldokumente aus fünf verschiedenen Sprachen ins Englische und schrieb dabei ihre Lebensgeschichte auf gewöhnliche Notizblöcke. Niemand durfte sie sehen, nicht einmal ihr Mann Henry.

Erst in den 90ern erzählte Nonna ihrem Ehemann Henry von ihrer geheimen Vergangenheit. Er musste ihr versprechen, die versteckte Materialsammlung bis zu ihrem Tod niemandem zu zeigen. Henry hielt sein Versprechen und veröffentlichte ihre Aufzeichnungen erst, nachdem sie im Jahr 2004 gestorben war.

Nonna hatte ein ganzes Leben in geheimen Tagebüchern versteckt gehalten. Mit dem Schreiben begann sie, als sie als junges Mädchen mit neun Jahren von ihrem Vater ein Tagebuch geschenkt bekam. In diesem Kindheitstagebuch beschrieb sie ihr Leben, ihre Familie und ihre Träume. Außerdem schrieb sie auch ein paar ihrer Gedichte nieder. Während des Zweiten Weltkriegs führte sie Tagebuch über die Zeit, in der katholische Nonnen sie in einem deutschen Krankenhaus vor den Nazis versteckt hielten und wieder gesund pflegten. Dieses Tagebuch schrieb sie in den Nachkriegsjahren weiter.

Als Nonna im Zweiten Weltkrieg die Ukraine in Richtung Nazi-deutschland verließ, nahm sie ein schwarz-weißes Drillichkissen mit, das sie um ihre Hüfte gebunden hielt. In diesem kleinen Kissen hielt sie ihr Kindertagebuch versteckt, verschiedene Bündel Papierfetzen, auf denen sie ihre Kriegserlebnisse aufschrieb, dazu noch diverse Fotografien und Familiendokumente. Zusätzlich zu dem, was Nonna schriftlich an Erinnerungen festhielt – Stapel von Papier mit ihrer Übersetzung, von Henry abgetippt –, besitzt die Familie Bannister eines von Nonnas Tagebüchern aus den Jahren 1947 bis 1948, Postkarten ihrer Mutter mit Daten aus den Jahren 1944/1945, viele weitere persönliche Dokumente, sowie Fotografien aus der Zeit des Zweiten Weltkriegs.

Nonna, die sieben Sprachen fließend sprach, fertigte die Übersetzung selbst an. Sie übertrug ihre Tagebücher aus den diversen Sprachen, in denen sie sie verfasst hatte, ins Englische.

Natürlich ähnelt Nonnas Bericht anderen Erinnerungen an die Kriegs- und Holocaustjahre. Doch er erlaubt einen seltenen Einblick in das Leben eines Mädchens, das in der Ukraine in eine wohlhabende Familie hineingeboren wurde, in Stalins Sowjetunion furchtbares Leid erlebte und das letzten Endes seine Familie und seine Freiheit in Nazideutschland verlor. Es handelt sich um ein bedeutendes Zeugnis, stellt es doch einen der wenigen Augenzeugenberichte eines Mädchens aus einst privilegierten Verhältnissen dar, das dann bis zum Ostarbeiter erniedrigt wurde – so die Bezeichnung für die vorwiegend aus der Ukraine stammenden Sklavenarbeiter, die im Krieg unter Adolf Hitlers Regime nach Deutschland verschleppt wurden. Die Tatsache, dass sie ein solches Drunter und Drüber, solches Elend nicht nur überlebte, sondern im Glauben an Gott einen Schritt weiterging und denen vergab, die ihr so viel nahmen, macht ihre Geschichte nur umso bemerkenswerter.

Carolyn Tomlin
Jackson, Tennessee
Denise George
Birmingham, Alabama
Sommer 2008

Jetzt, so habe ich beschlossen, ist die Zeit reif, meine Lebensgeschichte zu erzählen – nicht nur meiner geliebten Familie, sondern vielleicht auch all jenen, die gerne wissen möchten, wie für
viele von uns das Leben vor und während des Zweiten Weltkriegs
aussah – auf der anderen Seite der Welt. Ich will die Wahrheit
sagen und nichts als die Wahrheit, aber manches werde ich für
mich behalten. Außer mir muss das niemand wissen. Im Leben
eines jeden gibt es Dinge, die nur ihm selbst und Gott, dem all-
mächtigen Vater, bekannt sind.

Auf den folgenden Seiten werden Ereignisse beschrieben, die
in meinen Tagebüchern und Notizen festgehalten sind; sie beginnen mit meinem neunten Lebensjahr. Ich habe sie aus den
vier bis sechs Sprachen, in denen sie ursprünglich geschrieben
waren, übersetzt. Die Gedichte, Gedanken und Notizen habe ich
ins Englische übertragen. Ich habe mich bemüht, alles aufzu-
bewahren und zusammenzuhalten, ab dem Jahr 1942, in dem
Mama und ich unsere Heimat verließen und nach Deutschland
geschickt wurden, wo wir Sklavenarbeiter wurden. Mit meinen Aufzeichnungen habe ich einen Bericht erstellt über all die
Schrecken und Grausamkeiten und das neue Leben, in das wir
geworfen wurden. Niemals aber habe ich in dieser Qual meine Großmutter oder die anderen Familienmitglieder vergessen,
die man voneinander getrennt und schließlich umgebracht hat.
Wenn ich zum Beispiel in der Ferne einen Zug pfeifen hörte, so
dachte ich sofort, mein geliebter Bruder Anatoli säße in diesem
Zug und sei unterwegs zurück zu uns. Das vorliegende Werk
ist der Versuch, wahrheitsgetreu zu berichten, was während des

Zweiten Weltkriegs unter Hitler und seinen Truppen der Gestapo geschah.

Nur wenige von uns haben diese sehr schwierige und aufgewühlte Zeit überlebt, um jetzt freimütig ihre wahre Lebensgeschichte zu erzählen. Viele – auch meine eigene Familie – starben, bevor sie freikamen. Ich fühle mich verpflichtet, dieses Buch zu schreiben, bin ich doch die Zeugin so vieler Ereignisse von damals und zudem die einzige Überlebende meiner gesamten Familie.

Ich bereue es, nicht schon früher mit der Niederschrift begonnen zu haben. Aber damals, als ich im Juni 1950 nach Amerika kam, war mein neues Leben schlicht überwältigend. Ich sehnte mich danach, das Elend der Vergangenheit zu vergessen und mir ein glückliches neues Leben aufzubauen. Die Tür zu meiner Vergangenheit schloss ich und wollte nichts mehr damit zu tun haben. Und tatsächlich – mein glückliches Leben begann, als ich mich in den warmherzigsten und wunderbarsten Mann verliebte und wir am 23. Juni 1951 heirateten.

Als am 30. Oktober 1953 mein erster Sohn Hank geboren wurde, ging es mit dem Glück gradeso weiter. Ich ging völlig auf in der Mutterrolle und liebte meinen Mann und meinen Sohn so sehr, dass ich gar nicht an meine traurige Vergangenheit denken konnte. So war ich also Ehefrau und Mutter. Am 11. Juli 1957 wurde meine Tochter Elizabeth geboren. Glück und Mutterpflichten nahmen noch mehr zu. Mein jüngster Sohn John kam am 27. März 1959 zur Welt, an Karfreitag. Meine einzige Sorge galt meiner Familie. Mein gesamtes Interesse richtete ich einzig auf meinen Mann und meine Kinder. Was mich erfüllte, waren Liebe und meine Verantwortung, für sie zu sorgen und sie von ganzem Herzen zu lieben.

Es gab durchaus Zeiten, in denen ich an meine verlorene Familie dachte, wie nah wir einander gewesen waren. Aber ich brachte es nie übers Herz, meinen Mann oder die noch kleinen Kinder mit meinen traurigen Erinnerungen zu belasten. Nichts sollte unser Glück trüben. Ich wollte meine heranwachsenden Kinder doch nur vor dem bewahren, was bei ihnen traurige Eindrücke hinterlassen hätte. Unbedingt sollten sie alle ein gesundes und fröhliches Umfeld haben.

Jetzt, wo die Kinder erwachsen sind, intelligente Menschen, die mitten im Leben stehen, jetzt, denke ich, sollten sie mehr über ihre Vorfahren von meiner Seite erfahren. Meine Kinder sollen wissen, wie sie lebten und wie sie starben. Außerdem denke ich, dass ich mit dem Erzählen meiner Lebensgeschichte vielleicht ein paar geschichtliche Tatsachen enthülle und einen ganz kleinen Beitrag zur Menschheitsgeschichte leiste.

Es fällt mir schwer, diesen Teil meines Lebens – obwohl er mir in der Erinnerung detailgetreu und lebhaft gegenwärtig ist – noch einmal zu durchleben. Aber nichtsdestotrotz treibt mich ein unzähmbares Verlangen, über diese Lebensjahre zu schreiben, die für mich ja nicht nur Trauriges, sondern auch Frohes beinhalteten, als ich heranwuchs und noch meine ganze Familie um mich hatte. Zwar war es mein eigenes Bemühen, meine Geschichte zusammenzutragen, aber ich hatte unschätzbare Unterstützung durch meinen Mann. Ich kann mich wahrlich glücklich schätzen, ihn mit seiner Ermutigung an meiner Seite zu haben. Ohne diese Ermutigung wäre es fast unmöglich gewesen, das durchzustehen.

Als ich Russland verließ, nahm ich eine leidenschaftliche Liebe zu meinem Vaterland mit, zu dem Land, wie es vor der Revolution durch die Bolschewiken gewesen war und wie ich es aus den Erzählungen meiner lieben Großmutter und meiner Eltern kannte. Ich wünsche mir so sehr, lange genug zu leben, um noch sehen zu können, wie mein innig geliebtes Land wieder so frei wird, wie es war, bevor ich geboren wurde. Die Hoffnung, mit der ich lebe, und die Gebete, die ich an Gott richte, gehen dahin, dass ich – oder wenigstens meine Kinder und Enkel – Russland wieder als „Altes Mütterchen Russland" erleben, dass Russland zu ehemaliger Schönheit und Größe gelangen möge.

Sollte das je möglich sein? „Mütterchen Russland wird wieder frei", pflegte meine Großmutter zu sagen. Es war ein Versprechen, das sie sowohl uns, ihren Enkeln, als auch ihren Kindern machte:

Das schöne Land, in dem eines Tages Schöpfergeist, Kunst und Musik wieder aufleben würden, frei und unabhängig. Das Land, in dem das russische Volk seine Talente würde frei entfalten können.

Ich werde fuchsteufelswild, wenn ich nur daran denke, was meinen Vorfahren und meinem geliebten Land angetan wurde. Doch ich bin dankbar, dass ich wenigstens etwas weiß von dem, was mir meine eigene Familie vermittelt hat, bevor ich sie verlor. Ich werde versuchen, es auch meinen Kindern weiterzugeben. Sie sollen die Wahrheit erfahren und auf ihre Wurzeln so stolz sein, wie ich es bin.

Wie soll ich Dinge beschreiben, die ich gesehen und gefühlt habe, die mich zur alleinigen Überlebenden meiner gesamten Familie machten? Wie die verworrenen Zeiten, den Horror und die Drangsal, die uns allesamt umgaben? Es fällt mir schwer, meine Gedanken in die richtigen Bahnen zu lenken, besonders auch, weil mein englischer Wortschatz einigermaßen eingeschränkt ist.

Ja, trotz meiner 47 Jahre in Amerika empfinde ich es noch immer als schwierig, meine Gedanken angemessen auszudrücken. Ein zusätzliches Problem ist, dass ich mir erlaubt habe, die Sprachen zu verlernen, die ich doch zu gut konnte, als ich hierher kam. Ich beherrschte damals sechs Sprachen, und die meisten Aufzeichnungen sowie einige Gedichte, die ich zwischen meinem neunten und neunzehnten Lebensjahr verfasste, sind auf Russisch, Ukrainisch, Polnisch, Lettisch und Deutsch verfasst.

Während dieser Jahre führte ich Tagebuch. Selbst als ich mit rheumatischem Fieber und den daraus resultierenden Herzproblemen im Krankenhaus lag, hörte ich nicht auf zu schreiben, bis ich dann Deutschland verließ. Mein Tagebuch ist siebensprachig geschrieben – mit dem tiefen Empfinden eines Menschen, der durch viel Schweres gehen musste. Die meisten Eintragungen hatten meine Mutter, meinen Vater und meinen Bruder Anatoli zum Thema. Auch Gott selbst kam ich sehr nahe. Meine Aufzeichnungen zeugen von meinem Empfinden des Glaubens an Gott und seiner Gnade mir gegenüber. Ich fühlte mich Gott sehr nahe und hatte den Eindruck, dass er mich zu einem ganz bestimmten Zweck dazu ausersehen hatte, am Leben zu bleiben. Ins Schreiben ließ ich also all mein Fühlen und alles, was ich von meiner lieben Großmutter und meinen Eltern über ihn erfahren hatte, nach bestem Wissen einfließen.

Es ist ganz schön verwirrend und schwierig, meine eigenen Notizen und Tagebücher zu übersetzen – so viele Jahre sind vergangen, und ich verstehe oft mein eigenes Geschriebenes nicht mehr, da mir die Sprachen fremd geworden sind. Doch mit etwas Zeit und viel Mühe erschließt es sich mir dann doch. Ich übersetze es ins Englische und kann nun wenigstens selber verstehen, was für Gedanken mich in dem damaligen Durcheinander umtrieben. Einige der Gedichte, die ich schrieb, entstanden in tiefer Trauer nach dem Verlust meiner Familie. Alles war noch frisch, ich stand wie unter Schock nach dieser Qual.

Mein Alter steht mir im Weg, wenn es darum geht, mich an Ereignisse meiner frühen Kindheit zu erinnern. Mir scheint, ich blende die traurigen Dinge aus und konzentriere mich nur auf die schönen. Wie bei einer ganz langsamen Kettenreaktion kommt mir doch alles wieder. Es wird dauern, alles zusammenzufügen, aber meine Lebensgeschichte aufzuschreiben ist mir ein solches Anliegen, dass ich mir nichts vorstellen kann, was mich davon abhalten sollte. Ich wünschte nur, ich hätte das Erzählen ordentlich gelernt – auch wenn es sich um mein eigenes Leben handelt.

Vielleicht werde ich eines Tages in der Lage sein, alles im richtigen Licht zu sehen. Jetzt möchte ich es erst einmal nur raushaben aus meinem Kopf und es niederschreiben, so gut ich eben kann. Was ich aufschreibe, ist alles wahr, für alles bin ich Zeugin. Über das zu schreiben, was ich von meiner Großmutter und meinen lieben Eltern gelernt habe, ist mein größtes Anliegen.

Nonna L. Bannister

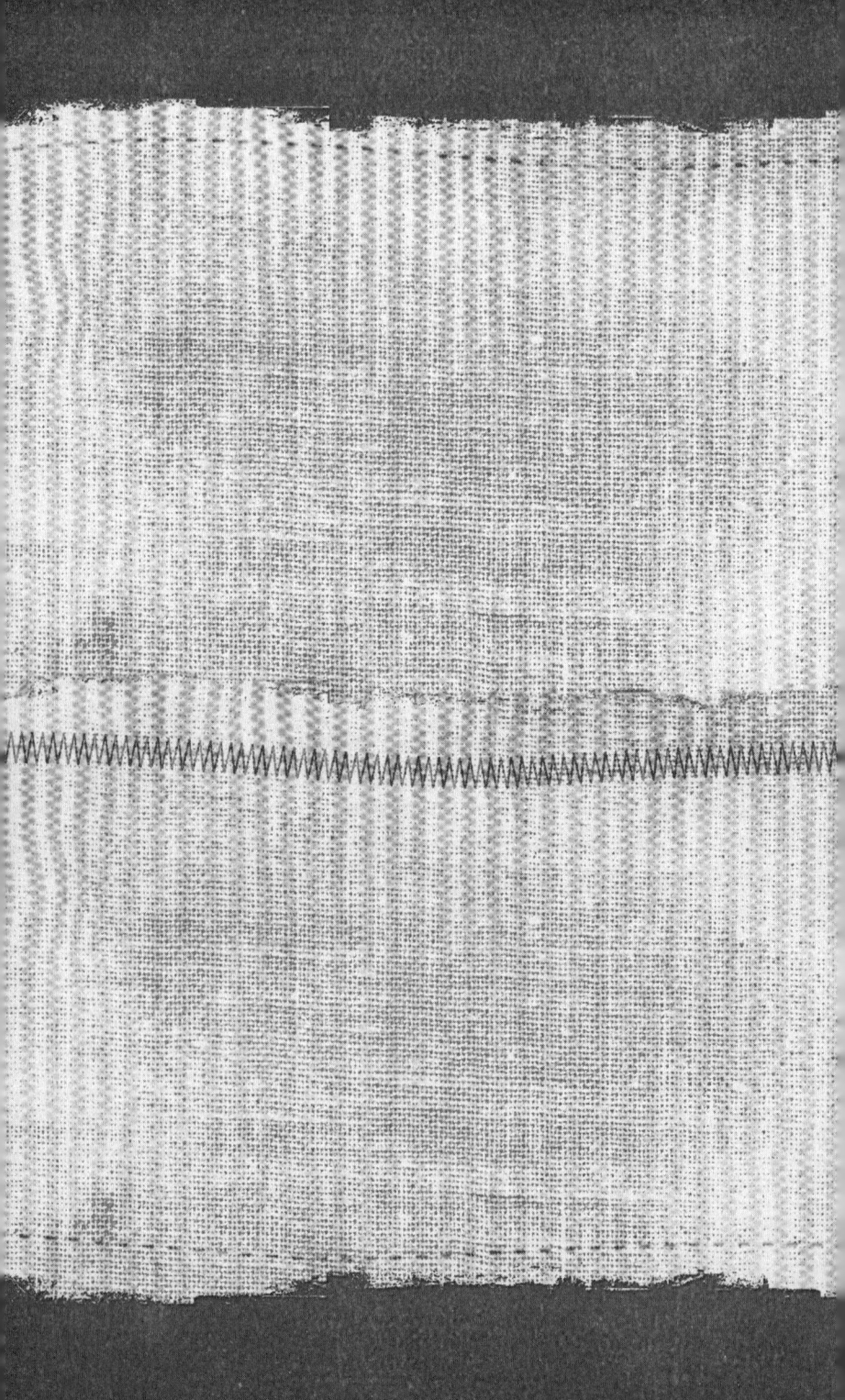

Henry Bannister lernte Nonna Lisowskaja im Jahr 1951 kennen. Als sie einwilligte, ihn zu heiraten, wusste er nicht sonderlich viel von ihr. Sie war eine geheimnisvolle Frau mit einem schmerzlichen Geheimnis – einem Geheimnis, das sie über 40 Ehejahre lang vor ihm verborgen hielt.

Ein Jahrzehnt, bevor sie starb, nahm sie ihn an der Hand und führte ihn auf den Dachboden ihres kleinen Häuschens in Memphis im US-Bundesstaat Tennessee.

„Es ist so weit", sagte sie.

Lange schon hatte Henry auf diese Worte gewartet. Er wusste nicht, welche Geheimnisse der Dachboden barg, er hatte nur immer und immer wieder seine Frau die Stufen hinaufsteigen sehen, wo sie dann für längere Zeit im Dunkeln verschwand. Er hatte sie nie nach dem Wieso oder Warum gefragt. Er wusste, es war ihr nicht möglich, mit ihm darüber zu sprechen. Er begegnete ihrer diesbezüglichen Verschlossenheit mit großer Achtung.

Auch nach dem schwarz-weißgestreiften Drillichkissen, das Nonna Nacht für Nacht im Schlaf an sich drückte, fragte er nie. Er wusste nur, dass sie nicht ohne dieses Kissen schlafen konnte.

Ebenso vermied er es, das Thema auf ihre Familie in Deutschland oder Russland zu bringen. Er wusste, sie würde ihm davon erzählen, wenn sie so weit wäre. Also wartete er.

Ein einziges Mal blitzte etwas von Nonnas leidvoller Vergangenheit auf. Zusammen mit ihren drei kleinen Kindern besuchten sie einen Gottesdienst in der Central Baptist Church in Baton Rouge in Louisiana. Der Gastredner erzählte von den grauenhaften Erfahrungen, die er während des Holocausts mit deutschen Nazis gemacht hatte. Dass Nonna von ihrer Kirchenbank aufsprang und weinend rauslief, war für Henry ein völliger Schock. Ohne viel Aufhebens nahm er die Kinder und brachte Nonna nach Hause. Kaum angekommen, legte sie sich ins Bett - und blieb dort für mehrere Wochen. Henry wusste nicht, wie er ihr hätte helfen können.

„Mami, was ist denn los?", fragte ihr jüngerer Sohn John immer und immer wieder. „Mami! Was ist los?" Was er bekam, war eine mütterliche Umarmung, nicht aber eine Antwort auf seine Frage.

Und noch immer unterließ es Henry, in Nonnas Vergangenheit herumzuschnüffeln. Er kümmerte sich um den Haushalt und die Kinder und wartete geduldig darauf, dass sie das Bett wieder verlassen und ihm erklären würde, was sie so sehr erschüttert hatte.

Viele Jahre später wartete er noch immer. Die Kinder waren inzwischen erwachsen, hatten geheiratet und lebten ihr eigenes Leben. Nonna hatte gesundheitliche Probleme mit Herz und Rücken und musste einige Operationen über sich ergehen lassen. Ihre Finger schmerzten und wurden durch Arthritis ganz knubbelig, Henrys Sehvermögen verringerte sich - die beiden wurden miteinander alt. Dann, eines Tages und gänzlich unerwartet, sagte sie die Worte, auf die er so lange gewartet hatte: „Henry, es ist so weit."

Gemeinsam gingen sie die Stufen zum Dachboden hinauf und ließen sich neben einer schweren Holztruhe nieder. Nonna hatte sie lindgrün gestrichen - die Farbe des Lebens. Sie zückte einen rostigen Schlüssel und öffnete das metallene Schloss. Dann zeigte sie Henry alte Fotografien. Eines nach dem anderen stellte sie ihm ihre Familienmitglieder vor - Großmutter, Tanten und Onkel, Mutter und Vater, Vettern und Cousinen, Freunde –, alle tot, vor langer Zeit und eine ganze Welt entfernt in anonymen Gräbern verscharrt. Das letzte Foto, das sie aus der Truhe zog, war das ihres einzigen Bruders Anatoli.

„Er wäre jetzt fast siebzig Jahre alt", sagte sie, dann griff sie wieder in die Truhe. Sie brachte ein brüchiges, handgenähtes Tagebuch zum Vorschein, dessen Seiten mit russischer Schrift bedeckt waren.

„Mein Kindertagebuch", erklärte sie. „Papa hat es mir zum neunten Geburtstag geschenkt."

Anschließend drückte sie Henry einen ganzen Packen Papier in die Hand, Tagebücher, die sie direkt nach dem Krieg geführt hatte. Jede einzelne Seite war mit mikroskopisch kleinen Bleistiftzeichen beschrieben.

Er hielt die Seiten in Richtung der Dachbodenluke und versuchte, die verblichenen Wörter zu entziffern.

„Meine Augen sind zu schlecht, Nonna. Was steht da?"

„Ist wirklich schwer zu lesen, Henry. Ich habe so winzig geschrieben."

„Wie soll ich denn deine Geheimnisse ergründen, Nonna, wenn ich deine Tagebücher nicht lesen kann?"

Nonna lächelte. Dann holte sie aus der Truhe einen Stapel gewöhnlicher Notizblöcke hervor. Jede Seite war randvoll beschrieben.

„Die Übersetzung meiner Tagebücher. Meine Geschichte" , sagte sie, „auf Englisch."

Nonna verließ den Dachboden, und Henry begann zu lesen.

Der Zug ins Elend

KAPITEL 1

Im Zug

7. August 1942 – Konstantinowka, Ukraine
Es ist 14.15 Uhr, und gerade eben sind wir in den Zug verladen worden! Meine Güte – so hatten wir uns den Verlauf dieser Reise wirklich nicht vorgestellt! Wie Sardinen in einer Büchse sind wir in die Viehwaggons des Zugs gepackt. Die deutschen Soldaten mit ihren Gewehren sind auch da, und Mama hat Angst. (Ich weiß es genau.) Mama denkt immer noch, wir könnten aus dem Zug entkommen, unser Gepäck zurücklassen und nach Hause laufen. Da drüben steht Großmutter, etwa drei Meter entfernt, so verstört und verzweifelt – sie weint –, und die Tränen laufen ihr übers Gesicht, als sie uns Lebewohl winkt. Irgendwie weiß ich, dass wir sie nie wiedersehen werden.

Als der Zug dann losfährt, starren Mama und ich Großmutter nach, bis sie nicht mehr zu sehen ist. Bis um 16.00 Uhr sind alle hier im Waggon sehr still. Keiner spricht. Manche weinen leise vor sich hin – und ich bin froh, mein Tagebuch und zwei Stifte zu haben.

Ich bin so weit es geht in die Ecke gerückt, um etwas Platz zum Schreiben zu haben. Die Waggontür ist jetzt offen, und ich kann Geräusche vom Dach hören. Die deutschen Soldaten haben sich auf dem Zugdach postiert, unterhalten sich und singen. Ich denke, sie trinken. Jedenfalls klingen sie für mich betrunken.

Es ist fast Mitternacht – Vollmond – und wir fahren durch weite Felder. Ich muss näher an die Tür, um etwas frische Luft zu schnappen. An der offenen Tür sehe ich dann ein paar Beine in schwarzen Stiefeln, die genau über der Tür vom Dach baumeln, dieses Gesicht taucht auf und der Soldat schreit „Na, Hübsche!", sodass ich rasch von dort verschwinde. Mama zieht mich näher an sich. Ich denke, ich werde langsam schläfrig.

8. August 1942
Beim Aufwachen können wir den Horizont sehen. Hinter den größten Feldern, die ich je gesehen habe, geht die Sonne auf – ein herrlicher Sonnenaufgang! Wo sind wir? Wie nahe an Kiew sind wir wohl? Der Zug wird langsamer. Sieht aus, als würden wir bald anhalten.

9. August 1942
Wir sind in Kiew, aber der Zug hat mindestens einen Block vor dem großen Bahnhof angehalten. Die Deutschen sind abgesprungen, und ich konnte erstmals sehen, wie viele es waren. Wir waren von ihnen umringt. Sie befahlen uns auszusteigen – „Raus, raus." Wir sahen Lastwagen auf den Zug zufahren, voller Soldaten und Schäferhunde. Auf einem Lastwagen war Essen (Kohlsuppe mit Kartoffeln und Schwarzbrot) und sie gaben ein paar Schüsseln an uns aus. Als wir zu dem Wagen mit dem Essen gingen, blickte ich zum Ende des Zuges und sah zwei Waggons voller Juden. Ihnen war es nicht erlaubt auszusteigen – die Waggontüren waren mit schweren Eisenstangen verriegelt und wurden von mehreren deutschen Soldaten bewacht. Ich sah alte Männer, Frauen, Kinder und sogar ein paar Säuglinge. Sie flehten uns an, ihnen doch etwas von dem Schwarzbrot zu geben, und streckten ihre dünnen (fast skelettartigen) Hände durch die Gitter. Ich ging mit meinem Essen auf sie zu, aber als ich in ihre Nähe kam, brüllte mich ein deutscher Soldat an, ich solle mich

verziehen oder er werde mich erschießen, wenn ich es wagte, näher zu kommen.

SONDERWAGEN • Die jüdischen Gefangenen mit Ziel Konzentrations- bzw. „Todes"- Lager waren Teil desselben Transportes, befanden sich aber nicht in denselben Waggons wie die russischen Frauen, die auf dem Weg in die Arbeitslager waren. Den russischen Frauen erlaubten die Nazis, den Zug zu verlassen, um sich im Wald zu erleichtern und zu essen. Den Juden gewährten sie solche Privilegien nicht.

9. August 1942 – später Abend

Als wir wieder in den Waggon stiegen und der Zug losfuhr, dachten wir, jetzt seien wir wieder unterwegs. Doch schon nach fünfzehn Minuten hielten wir wieder an. Drei Lastwagen mit Juden kamen an, die die Deutschen in die ersten beiden Waggons unseres Zuges verfrachteten. Nahe genug, um das Schreien der Kinder zu hören, die Schluchzer und das Klagen der Frauen. Regelmäßig wurden Schüsse abgefeuert. Oh! Die Schreie und das Weinen! Und die Hunde – es waren so viele. Es herrschte totales Durcheinander, und plötzlich wurde mir bewusst, dass auch wir Gefangene waren. Es würde kein Entrinnen geben, wie Mama es geplant hatte, wenn wir erst in Kiew ankämen.

10. August 1942

Wir verlassen jetzt die Ukraine. Der Zug fährt schnell. Den Anblick des letzten Sonnenuntergangs, als wir Kiew verließen, werde ich nie vergessen. Die Sonne sah aus wie ein Ball aus rotem und orangefarbenem Feuer und versank langsam am Horizont über endlosen Feldern. Es war, als wollte die Sonne sagen: „Leb wohl, Liebes – auf diesem Grund und Boden werden wir uns nicht mehr sehen!" Wie ich da in der Nähe der Waggontür stand, sah ich so lange hin, bis die Sonne gänzlich verschwunden war.

Auf einmal war ich sehr traurig und fühlte mich einsam. Es war ein „Leb wohl", das mich spüren ließ, dass ein Teil von mir gestorben war. Es sollte noch viele Sonnenuntergänge geben, aber niemals wieder war einer so schön wie der, den ich in Kiew sah.

Jetzt weiß ich, dass wir nach Polen unterwegs sind, und Mama fängt an, Pläne für unsere Flucht zu schmieden. Beim nächsten Stopp soll es Essen geben. Wir werden unter den Waggon kriechen und abwarten, bis alle wieder im Zug sind, dann wollen wir schnell rauskommen und in den Wald rennen. Hat Mama vor.

KAPITEL 2

BABY SARAH

Diese schreckliche Begebenheit,
die ich so viele Jahre aus meinen Gedanken verdrängte,
tritt plötzlich zutage, zusammen mit anderen Erinnerungen,
die nun – eine nach der anderen – auftauchen.

Am 11. August 1942 kamen wir in Polen an. Unser Zug hielt, sodass wir in den nahe gelegenen Wäldern austreten konnten. Ein anderer Zug, der in die Gegenrichtung fuhr, hielt auf dem Nachbargleis. Der Zug war voller Juden, die in eines der Vernichtungslager sollten. Diese Leute waren erbarmungswürdig: Sie waren in Lumpen gekleidet und sahen aus, als hätten sie seit endlosen Zeiten nichts mehr zu essen bekommen. Manche von ihnen sahen aus wie Skelette – so dünn, dass sie wie der Tod selbst aussahen! Die SS-Leute und die deutschen Soldaten hatten alle aus unserem Zug herausgeholt und schickten uns ins Unterholz, damit wir uns erleichterten. Die deutschen Soldaten standen mit vielen Hunden an unserer Seite Wache, Hunde, die sie jedem auf den Hals hetzen würden, der versuchen würde zu fliehen. Diese Hunde waren darauf gedrillt worden, auf Kommando der Soldaten anzugreifen und zu töten.

Nachdem die Deutschen wieder alle in unseren Zug verfrachtet hatten, blickte jeder von uns hinüber zu dem Zug mit den gefangenen Juden. Es war so traurig, den Zustand dieser Menschen zu sehen. Ganz langsam fuhr unser Zug an. Ich war froh fortzukommen, denn was ich gesehen hatte, verursachte mir Übelkeit. Die Juden sahen nicht mehr wie Menschen aus. Mit riesigen Augen starrten sie uns an, ihre Knochen waren nur noch mit grau-grünlicher Haut überzogen, sehr dünne Hände streckten sich unserem Waggon entgegen und flehten um Essen. Die Laute, die die Menschen dabei von sich gaben, gingen kaum über ein Wispern hinaus. Es gab kleine Hände von Kindern und alte Hände, Hände von Männern und von Frauen, und alle bettelten um Brot oder irgendetwas anderes zu essen. An den Wänden der vollgestopften Waggons waren gelbe Judensterne hingemalt. Ziemlich schlampig. Man konnte spüren, dass es jemand voller Hass und Ekel getan haben musste.

Mama und ich hatten uns in der Hoffnung auf etwas frische Luft näher an die offene Tür begeben. Plötzlich war da ein junges Mädchen, das neben unserem Wagen herrannte. Keiner wusste, woher sie gekommen war. Panische Angst lag in ihren Augen, ihre Arme umklammerten ein kleines Bündel. Ihr schwarzes Haar flatterte im Wind, und sie war so dünn, dass man an Hals und Schultern die Knochen erkennen konnte. Plötzlich warf sie das Bündel Mama zu, und noch bevor wir begriffen hatten, was geschehen war, stand Mama mit dem kleinen Paket in den Händen da – und wir hörten Babygeschrei! Die junge Frau rannte noch immer neben unserem Zug her und rief: „Bitte, oh bitte, rettet mein Baby – bitte gebt ihr einen russischen Namen!"

Dann wurde der Zug schneller und das Mädchen blieb neben den Gleisen stehen, bedeckte sein Gesicht mit den Händen und weinte. Die anderen Frauen aus unserem Wagen umringten Mama und mich und blickten fassungslos auf das Baby. Alles war so schnell gegangen, dass wir einen Moment brauchten, um überhaupt zu verstehen, was geschehen war.

Danach folgten stundenlange Beschimpfungen, die zwischen

den Frauen hin und her gingen. Manche Frauen waren auf Mamas Seite und beschlossen, für die Deutschen irgendeine Geschichte zu erfinden, die die Anwesenheit des Babys erklären würde – „Wir könnten den Deutschen sagen, das Baby sei bei unserer Rückkehr bereits da gewesen" – und die Wahrheit zu verschweigen, dass nämlich ein jüdisches Mädchen uns das Kind zugeworfen hatte. Andere schlugen vor, wir sollten den Deutschen erzählen, es sei eine Polin gewesen, die uns das Kind gegeben und uns darum gebeten habe, es mit nach Deutschland zu nehmen. Uns allen war klar, es durfte auf keinen Fall rauskommen, dass es sich um ein jüdisches Baby handelte. Nur so konnten wir es retten. Stundenlang ging das so weiter, und wir wussten, dass wir bald die deutsche Grenze erreichen würden.

Manchen Frauen bedeutete es viel, bei der Rettung des Babys mitzumachen. Es gab aber auch Frauen, die nichts damit zu tun haben wollten, weil sie Angst hatten, sich in Gefahr zu bringen. Uns allen drohte Strafe für das, was wir hier taten, vielleicht sogar die Verlegung in die Judenzüge mit Ziel Konzentrationslager. Sollte das geschehen, gäbe es keinerlei Rettung mehr. Niemand wusste so recht, was geschehen würde, wenn die Deutschen das Baby entdeckten. Dass eine von uns im Zug dieses Baby bekommen hatte, konnten wir auch nicht glaubhaft behaupten, schließlich hatten sie uns vor unserer Verladung genau untersucht. Alle hatten wir uns diesen Untersuchungen unterziehen müssen.

Schon bald hielten die Frauen das Baby abwechselnd in den Armen und nannten es Sarah. Mama allerdings bestand darauf, sie Taissia zu nennen. So hatte meine kleine Schwester geheißen, die starb, als sie gerade mal drei Tage alt war. Taissia war ein russischer Name und für das Baby waren die Chancen zu überleben mit einem russischen Namen besser als mit dem Namen Sarah.

Das Baby weinte, und uns war klar, dass wir irgendetwas auftreiben mussten, um sie zu füttern. Aber das war unmöglich. Wir hatten weder Milch noch ein Gefäß, in das wir Flüssigkeit hätten füllen können. Ein paar Frauen versuchten sogar, das Baby zu stillen, aber es ging nicht. Wir überlegten, ob wir das Kindchen wohl bis zum nächsten Halt des Zuges würden ruhig halten können, um es dann mit einer auf Polnisch geschriebenen Notiz im Wald nahe einer Straße zurückzulassen – dann sähe es so aus, als hätte eine Polin ihr Kind im Stich gelassen. Vielleicht würden ja Polen sie finden und aufnehmen, sich wenigstens um sie kümmern. Wir zerbrachen uns die Köpfe, was wir tun sollten.

Aber egal, was wir uns ausdachten, eine junge Frau im Wagen war bei allem dagegen. Sie hieß Dunja und stammte aus derselben Stadt wie Mama und ich. Hartnäckig wiederholte sie, sie werde den Deutschen die ganze Geschichte erzählen und auf keinen Fall mitmachen, wenn es um den Schutz oder die Rettung einer *Zydowka,* eines jüdischen Mädchens ging, Baby hin oder her. Keiner unserer Ideen stimmte sie zu – die Einzige, die sie retten wollte, war sie selbst. Klar, dass sich wegen ihr alle Sorgen machten, besonders Mama, zumal Dunjas Drohungen alle gegen sie gerichtet waren.

Plötzlich, völlig unerwartet, verringerte der Zug sein Tempo, mitten in Feldern, und hielt schließlich an. Das Baby schrie, und wir waren völlig starr vor Angst. Die deutschen Soldaten sprangen aus den vorderen Waggons und brüllten laut: „Raus! Raus!“. Am Gleis vor uns stand eine ganze Lastwagenladung deutscher Soldaten. Uns war sofort klar, dass es sich um SS-Leute handelte. Ich versuchte zu verstehen, was die Deutschen sagten, um rauszukriegen, was hier los war.

Anscheinend näherten wir uns deutschem Gebiet. Dies hier sollte eine Durchsuchung aller Waggons und deren Insassen sein. Die Deutschen wollten sichergehen, dass keine Juden aus Polen herausgeschmuggelt wurden. Ich schaute zurück und sah Mama mit Baby „Sarah“ im Arm. Lähmende Angst schlug über mir zusammen. *Was wird jetzt?* Aber wir mussten nicht lange warten, um das herauszufinden, denn das Baby schrie, und der Soldat, der uns aus dem Waggon beordert hatte, starrte uns ungläubig an.

Bevor noch irgendjemand etwas hätte sagen können, schrie Dunja: „Das ist ein Judenbaby – die Jüdin hat's beim letzten

Halt in unseren Wagen geworfen!" Ihr Deutsch war zwar nicht besonders gut, aber es reichte aus, sich dem deutschen Soldaten verständlich zu machen. Er gab weiteren Soldaten ein Zeichen, und schon kamen sie auf uns zu. Ganz fest hielt Mama das Baby, auch dann noch, als der Soldat es ihr wegnehmen wollte. Ich bat sie inständig, ihm das Baby zu geben, bevor er gewalttätig würde. Schließlich packte ein zweiter Soldat Mama an den Schultern und der andere entwand ihr das Baby.

Der Soldat übergab das Baby einem SS-Mann, der mit ihm fortging. Er hielt den kleinen Körper mit einer Hand und ließ ihn an seiner Seite baumeln. Mama brach in Tränen aus, und mit panischer Angst im Herzen sah ich zu, wie der SS-Mann die Kleine zum Lastwagen brachte. Er stellte ein Knie hoch und ließ mit einer raschen Bewegung den Körper des Babys darauf niedergehen.

Jetzt hörte ich kein Babyschreien mehr. Ich versuchte, mich zu rühren, konnte es aber nicht. Ich spürte, wie mir alles Blut aus dem Kopf wich, mir war übel, ich fühlte mich benommen. Als ich wieder zu mir kam, stand ich an der Waggontür und erbrach mich heftig. Neben mir kniete Mama. Fortwährend wiederholte sie: „Sie haben meine Taissia umgebracht, mein süßes Baby!" Ganz offensichtlich stand sie unter Schock, also nahm ich sie in die Arme und hielt sie ganz fest.

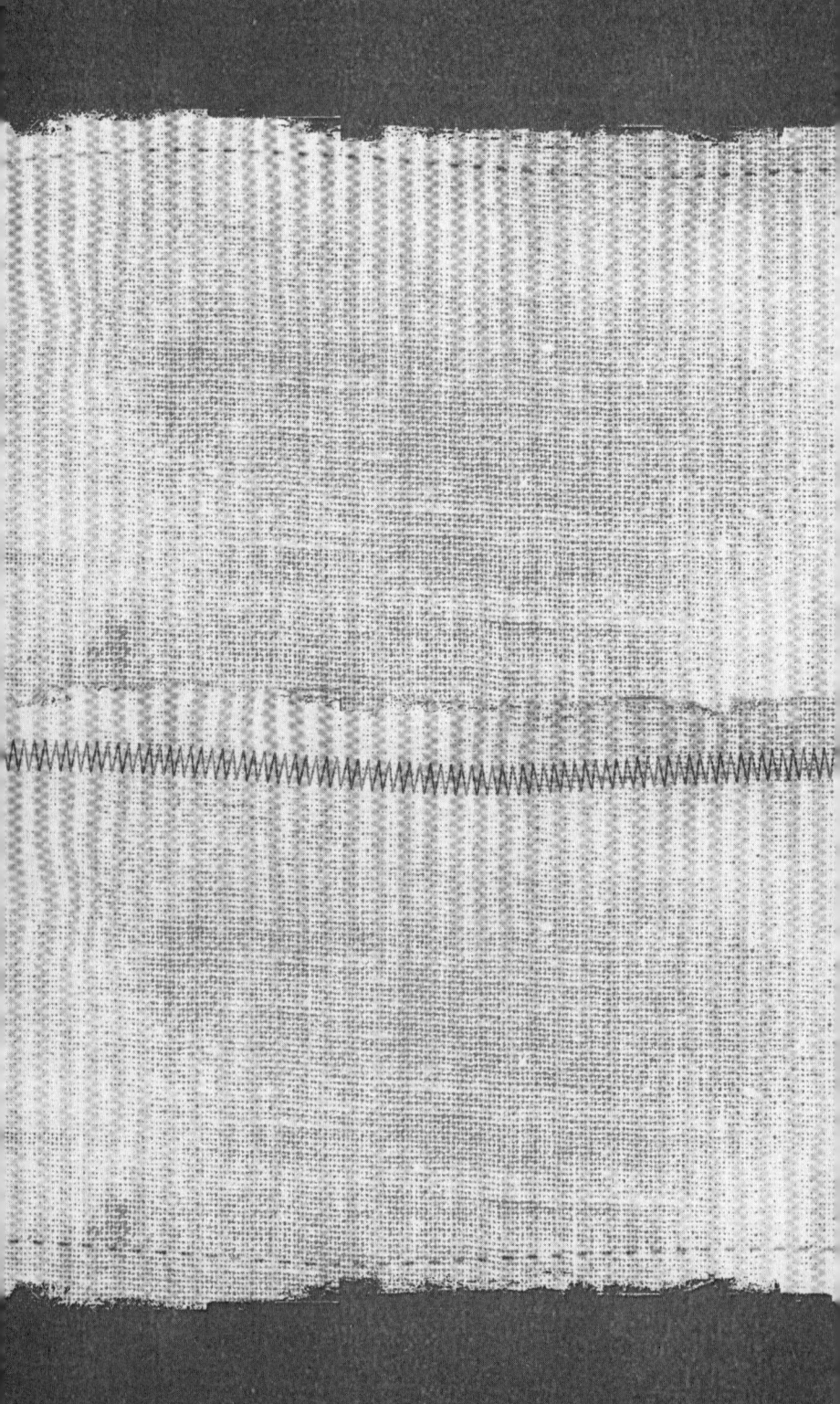

Das Leben vor dem Krieg

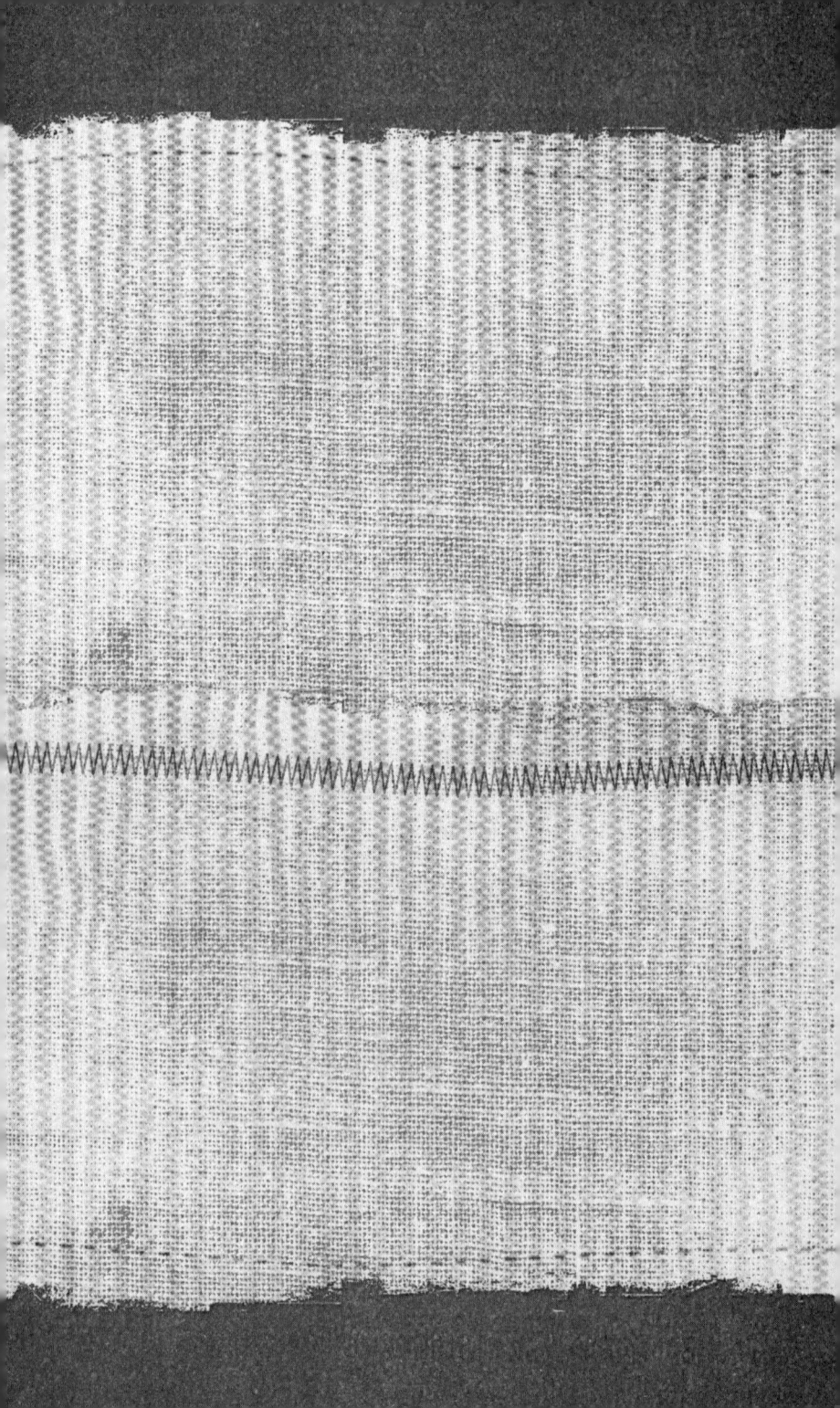

KAPITEL 3

FAMILIENGESCHICHTE

DIE FAMILIE MEINER GROSSMUTTER • Die Familie von Nonnas Mutter – der einzige Familienzweig, den Nonna kannte – war für sie von großer Bedeutung. Bis zum Tod bewahrte sie ihr Andenken. Am Ende ihrer Tagebuchüberarbeitung schloss sie zusätzliche Hintergrundinformation über Jakows und Feodosijas Leben und Familie an.

Auf Nonnas Urgroßvater mütterlicherseits waren sie und ihre Familie sehr stolz – er war ein russischer Fürst und Kosake, also Mitglied einer unabhängigen Volksgruppe im asiatischen Russland oder Osteuropa, deren Name in etwa „freie Person" bedeutet. Nonnas Großvater mütterlicherseits folgte seinem Vater in der Tradition der Kosaken nach.

Nonna lernte diesen charismatischen Großvater nicht mehr kennen, schaute sich aber als Kind sein Portrait auf dem Kaminsims im Haus ihrer Großmutter voll Liebe und Bewunderung an. Liebend gerne hörte sie die vielen Geschichten ihrer Großmutter über sein gutes Aussehen und seinen Mut. Nonna schrieb: „Meine Großmutter, Feodosija Nikolajewna Ljaschova (Tochter des Fürsten Nikolai Andrewejewitsch Kozlowa und der Fürstin Maria Fedorowna Kozlowa). Weiter als bis hierher habe ich an die Namen keine Erinnerung mehr – sollten sie mir überhaupt je genannt worden sein. Leider besitze ich keinerlei Schriftstücke über sie." Vermutlich sollte es stattdessen *Andrejewitsch* heißen.

Nonna erwähnte auch die Großmutter ihrer Großmutter, die 114 Jahren alt geworden war. Den Erzählungen von Nonnas Großmutter nach war sie mit ihren 114 Jahren auf ein Dach gestiegen, abgestürzt und dann mit zweifach gebrochener Hüfte an einer Infektion und Wundbrand gestorben.

Noworossisk, Russland, 1917

Der Name meines Urgroßvaters war Alexander Alexejewitsch Ljaschow. Er war Fürst und auch Kosake. Er kämpfte im Krieg mit den Tartaren bei Odessa nahe dem Asowschen Meer. Irgendwo in der Nähe von Odessa fiel er. Sein Sohn, Jakow Alexandrowitsch Ljaschow, sollte mein Großvater werden.

Meinen Großvater habe ich nie kennengelernt, bekam aber als Kind viele Geschichten über ihn und sein Leben erzählt. Meine Großmutter hatte ein Ölportrait von ihm, das sie über dem Sims des riesigen Kamins aufzuhängen pflegte, wenn die gesamte Familie im Großen Haus beisammen war. Wenn die Familie wieder ging, nahm sie es herunter, schlug es sorgfältig in Betttücher ein und verstaute es auf dem Dachboden – wegen der politischen Veränderungen, die die Oktoberrevolution mit sich gebracht hatte.

Großmutter versammelte dann die ganze Familie um den Kamin und erzählte Geschichten von Großvater und seinem Leben und davon, was für ein liebevoller, gütiger Mann er gewesen war. Mann, sah der schneidig und mutig aus mit seiner weißen Kosakenuniform und dem Schwert an seiner Seite.

GROSSVATERS PORTRAIT • Großmutter hielt das Portrait von Großvater, der ja dem letzten Zaren gedient hatte, gut versteckt. Zu Zeiten der Bolschewikenherrschaft lebten Sympathisanten von Nikolaus II. in dauernder Gefahr. Feodosija wollte, dass ihre Kinder und Enkel etwas über die Geschichte der Familie erfuhren, schärfte ihnen aber ein, sie geheim zu halten.

Mein Großvater heiratete die Tochter eines reichen Landbesitzers namens Nikolai Deshnew. Der Name der Tochter war Feodosija Nikolajewna Ljaschowa. Sechs Kinder gingen aus dieser Ehe hervor: Iwan, Xenja, Anna (meine Mutter), Leonid, Antonja und Shenja. Auch mein Großvater war ein wohlhabender Landbesitzer. Er besaß sieben Getreidemühlen, die in Südrussland und der Ukraine verstreut waren. Seine Ländereien waren riesig, und bei jeder Mühle befand sich auch eine Datscha mit einem Angestellten, der sich um alles kümmerte, solange meine Großeltern sich bei den anderen Mühlen aufhielten. Ich weiß, dass ihnen der liebste Ort von allen Konstantinowka war. Dort besaßen sie ein Haus mit 37 Zimmern, sie nannten es immer nur das „Große Haus".

Mein Großvater wuchs umgeben von kosakischer Tradition auf. So war es für ihn nur natürlich, in die Fußstapfen seines Vaters zu treten und ebenfalls Kosake zu werden. 1907 wurde er in die Kaiserliche Kosakenarmee aufgenommen und 1909 in den Rang eines Kaiserlichen Wächters erhoben und von Zar Nikolaus II. als treuer Diener des Zaren geehrt. 1916 nahm Großvater einen Posten in der Kaiserlichen Schutzeinheit an, um den Zar und seine Familie in den unruhigen Zeiten zu schützen, als die Bolschewiken die Revolution planten. Der Erste Weltkrieg stand unmittelbar bevor, dazu noch die innerpolitischen Schwierigkeiten in Russland. Mein Großvater war mit beteiligt, einflussreiche Leute aus Russland, dem Zentrum der politischen Umwälzungen, herauszuschaffen. Im Herbst 1917 erreichte die Revolution ihren Höhepunkt und Russland versank im Chaos. Es war Spätherbst. Meine Großeltern hatten Pläne gemacht, ihre Heimat zu verlassen und von Russland über das Schwarze Meer nach Rumänien oder an irgendeinen anderen sicheren Ort zu fliehen.

Meine Großmutter mit ihren sechs Kindern wartete voll ängstlicher Ungeduld auf die Rückkehr ihres Mannes. Die Schrankkoffer waren so vollgepackt mit ihrem Hab und Gut. Mehr mitzunehmen konnten sie nicht riskieren. Alles war sorgfältig durchdacht, und sobald Jakow zurück wäre, würden sie zu einer langen Reise aufbrechen – wohl übers Meer, in eine sichere Gegend. Jakow war nur etwa 200 Kilometer entfernt, unterwegs in einem – wohl dem letzten – Zug mit ein paar Glücklichen, die es noch schaffen sollten. Er konnte diese Leute nicht im Stich lassen – schließlich war er Kosake und stolz darauf, seinem Land, Mütterchen Russland, und seiner Majestät Zar Nikolaus II. zu dienen. Er war ein Mann von Stärke und Mut, und bald schon würde er den gefährlichsten Streckenabschnitt überqueren, seine Pflicht erfüllen und dann zu seiner Familie zurückkehren. Aber nein – der letzte Zug schaffte es nicht. Hier in der Dunkelheit der Wälder lauerten die Bolschewiken ihm auf. Jetzt waren sie an der Macht. Die „Hunde" mussten sterben, denn jeder, der nicht auf ihrer Seite stand, war ganz sicher eine Bedrohung für die „Neue Gesellschaft". Er musste vernichtet werden.

Feodosija Nikolajewna und ihre Kinder warteten, aber Jakow kam nicht. Es war kurz vor Sonnenaufgang, als Dimitri Iwanowitsch, Jakows Freund, mit dessen blutverschmierter Jacke daherkam. Er hatte auch Jakows Taschenuhr dabei – kaputt. Man konnte sehen, dass die Zeiger auf zwei Uhr stehen geblieben waren – ob mittags oder nachts, war unklar. Feodosija war schmerzüberwältigt. Doch sie musste stark bleiben und durfte nicht in Panik geraten. Sie musste rasch entscheiden, denn die Bolschewiken würden sicherlich auch nach ihr und den Kindern suchen. Dimitri Iwanowitsch riet ihr dringend, mit den Kindern zu fliehen. Die Entscheidung musste schnell getroffen werden, denn sie waren in großer Gefahr.

Jakow und Feodosija besaßen einige Villen, die im gesamten Süden verstreut waren. Es gab Sommerhäuser und Windmühlen (oder auch Wassermühlen) neben schmucken Häusern. Nun, einen Ort in der Ukraine gab es darunter, eine Gegend, die von den wilden Zeiten verschont geblieben war, nahe genug an Polen und dem restlichen Europa, sodass sie vielleicht als Fluchtweg dienen konnte. Der Name des Ortes war Konstantinowka (Santurinowka). Jakow besaß dort neben einer Mühle auch ein stattliches Haus. Es war ein großes Haus, in dem sie schon viele Sommer verbracht hatten. In die Umwälzungen im übrigen Teil des Landes waren die Ukrainer dort nicht verwickelt. Auf dem Anwesen gab es einen riesigen Obstgarten, groß genug, dass er sogar etwas Gewinn abwarf. Der Freund, der die traurige Nachricht von Großvaters Tod übermittelt hatte, war bereit, Großmutter bei einem raschen Umzug zu helfen.

Feodosija war eine mutige Frau. Sie musste ihre Kinder retten. Sie beschloss, niemandem davon zu erzählen, wie und aus welchem Grund ihr Mann sein Leben verloren hatte. Für sie und die Familie ging es dabei ums schiere Überleben.

Vier Pferde und eine Kutsche befanden sich noch im Stall. Eine erfreuliche Nachricht, denn so konnten sie auf schmalen Wegen durch die Wälder reisen – immerhin 250 Kilometer weit. Gott muss sie bewahrt haben, denn die Reise verlief ohne Zwischenfälle.

Bei ihrer Ankunft fanden sie das Haus verschlossen vor, still und unversehrt. Es tat gut zu sehen, dass sich seit ihrem letzten Sommeraufenthalt nichts verändert hatte. Es war ein großes, komfortables und gut eingerichtetes Haus, sogar die Vorhänge hingen noch. Petrowitsch, der Verwalter des Anwesens, hatte Gärten und Hof gut gepflegt.

Als sie ihm die traurige Nachricht von seinem „Meister Jakow" brachten, weinte er. Er schätzte ihn sehr und wollte auch nie irgendwo anders hingehen. Jakow und Petrowitsch hatten viel über Russland und seinen drohenden Niedergang gesprochen. Auch dem Zar gegenüber waren sie gleichermaßen loyal. Von Umsturz und Chaos im Rest des Landes war hier noch nichts bekannt geworden. In diesem kleinen Fleckchen der Ukraine waren die Menschen zu beschäftigt mit ihrem Leben, als dass sie den großen Veränderungen um sich herum Beachtung hätten schenken können.

Seit vielen, vielen Jahren schon hatte Petrowitsch bei den Ljaschows gelebt. Er blieb in Konstantinowka und sorgte für das Große Haus und dessen Obstgarten, die Pferde, einen Hund und eine Katze. Die Katze hieß Katja und lebte ihre „neun Leben" bis zur Neige aus. Petrowitsch war der Gutsverwalter, wenn die Familie in anderen Gegenden Südrusslands lebte, wo sich Großvater um seine anderen Mühlen kümmerte. Großvater musste sich darauf verlassen, dass Petrowitsch sich um das Große Haus kümmerte. Im Sommer dann kam ja die Familie für einige Zeit dorthin. Manchmal tauchten sie mit einem neuen Baby auf, das irgendwo anders, wo Großvater Getreidemühlen besaß, geboren worden war. Meine Mutter zum Beispiel kam in einer Stadt namens Noworossisk zur Welt. Fast alle meine Tanten und Onkel – so Tante Tonja und Onkel Shenja – wurden an unterschiedlichen Orten geboren. Ich kann mich nicht erinnern, wer im Großen Haus zur Welt kam – vielleicht Onkel Iwan und Tante Xenja.

Petrowitsch selbst hatte keine eigene Familie. Er lebte in einer Hütte zwischen dem Obstgarten und den Ställen. Er war allein, und ich weiß nicht, wo Großvater ihn aufgegabelt hatte oder wie er ein so vertrauenswürdiger und geschätzter Arbeiter der Familie wurde. Egal – er war ein gütiger Mann, den alle sehr gern hatten, besonders die Kinder. Gerne besuchten wir ihn in seiner Hütte. Da war es so schön gemütlich. Petrowitsch erzählte uns dann lustige Geschichten oder spielte Dame mit uns, Karten oder sogar Schach. Wann immer wir Großmutter besuchten, schauten wir zuerst nach Petrowitsch.

Petrowitsch hatte so lange für meine Großeltern gearbeitet, dass er eigentlich schon ein Familienmitglied war. Viele meiner frohen Kindheitserinnerungen verdanke ich ihm und unserer gemeinsamen Zeit.

PETROWITSCH • Nonna hatte während des Holocausts ein Foto von Petrowitsch in ihrem Kissen bei sich. Sie liebte und bewunderte den Gutsverwalter des Großen Hauses sehr. Anscheinend wurde Petrowitsch so etwas wie ein Ersatzvater und Beschützer für Feodosijas Kinder, nachdem die Bolschewiken Jakow ermordet hatten. Nonna beschrieb Petrowitsch als „verstrauenswürdigen und geschätzten Arbeiter der Familie", als „gütigen Mann, den alle sehr gern hatten, besonders die Kinder."

KAPITEL 4

MAMAS FAMILIE

Jakow Ljaschow, mein Großvater, heiratete Feodosija Nikolajewna. Sie hatten acht Kinder, von denen aber zwei noch als Säuglinge starben. Die überlebenden Kinder, an die ich mich erinnern kann, waren Iwan, Xenja, Anna, Antonja, Leonid und Shenja.

Onkel Wanja (Iwan) heiratete Olga Pawlowa und hatte mit ihr fünf Kinder: Die vier ältesten waren Dimitri, Alina und Aljoscha und Ludmila. An den Namen des jüngsten Kindes kann ich mich nicht mehr erinnern.

Onkel Wanja und seine Familie zogen nach Taganrog, wo wir früher gelebt hatten und wo ich zur Welt gekommen war. Sie wohnten dort in unserem alten Haus, bis er starb. Er war Testpilot. In den späten 30er-Jahren, kurz vor Ausbruch des Zweiten Weltkriegs, explodierte sein Flugzeug über dem Asowschen Meer. Seine Frau und die Kinder blieben bis zum Einmarsch der Deutschen in Taganrog.

Tante Xenja heiratete Wladimir Stepanowitsch, dessen Familie in vorrevolutionärer Zeit viele Kohlenminen in und um die Stadt Oral besessen hatten. Sie waren kinderlos. Tante Xenja verwöhnte mich auf jede nur erdenkliche Weise. Nachdem sie nach Konstantinowka umgezogen waren, lud sie mich in ihre luxuriösen und teuren Wohnungen ein und erzählte jedem, ich sei ihre Tochter. Ihr Mann spielte ihre Spielchen mit und sah auch tatsächlich wie ein Papa aus. Mama allerdings war nicht gerade begeistert davon, wie Tante Xenja mich verhätschelte und dass sie mir alles durchgehen ließ. Jedenfalls war Tante Xenja meine Lieblingstante – ich liebte sie, auch wenn sie ein bisschen überkandidelt war.

Anna, meine Mutter, lernte Jewgeni Lisowski in St. Petersburg, dem heutigen Leningrad, während ihres Kunst- und Musikstudiums an der Universität kennen. Sie war damals noch sehr jung und Jewgeni neun Jahre älter. Er hatte seinen Abschluss bereits gemacht, arbeitete nun an seiner Magisterarbeit in Sprachen und studierte Europäische Geschichte. Ursprünglich stammte Papa aus Warschau in Polen. Er kam aus einer sehr wohlhabenden Familie. Sein Großvater besaß mindestens siebzehn Anwesen rund um Warschau, im Süden Polens und in der Ukraine. Sein Vater (mein Großvater) hieß, soviel mir erzählt wurde, Johan Lisowitz. Mit großer Wahrscheinlichkeit hat mein Vater aus *Lisowitz* später *Lisowski* gemacht, um seinem Namen einen russischen Klang zu verleihen. Das ist nur eine Vermutung meinerseits, denn mein Vater selbst nannte sich Jewgeni Iwanowitsch. Russen hatten üblicherweise einen aus dem Vornamen des Vaters abgeleiteten Zweitnamen. Mein Name beispielsweise ist Nonna Jewgenewna Lisowskaja, wobei die Endung -aja für weibliche, die Endung -i für männliche Namen steht. Ebenso bei meiner Mutter: Anna Jakowlewna *Ljaschowa*, wohingegen der Name meiner Onkel und meines Großvaters – ohne das -a am Ende – *Ljaschow* war.

VERMUTUNG • Nonna nahm an, dass ihr Vater einer jüdischen Familie aus Warschau entstammte. Jewgeni allerdings bestätigte sie nie darin. Die Familie ihres Vaters lernte sie nie kennen.

Tante Tonja war die jüngste Schwester meiner Mutter, eine zierliche Schönheit mit fast blondem Haar. Wie meine Großmutter verstand sie es, ein Heim zu schaffen. Ihr Leben drehte sich um die Kinder und ihren Haushalt. Sie heiratete einen Chemieingenieur namens Alexej Wassiliew. Leider erlitt sie mehrere Fehlgeburten und verlor einen kleinen Jungen, Ljonja, der mit nur zwei Jahren an einer Durchfallerkrankung starb. Ihre überlebenden Kinder waren beides Mädchen, Sina und Luki.

Onkel Leonid war Ende zwanzig, als ich ihn das letzte Mal sah. Er war ein sanfter, zurückhaltender Mann, sehr intelligent und charakterstark. Er blieb Junggeselle und interessierte sich sehr für Chemie, Physik und Naturwissenschaften überhaupt. Nur selten kam er ins heimatliche Dorf, und für Großmutter war es immer ein Kummer, dass Leonid keine Familie hatte und nie sesshaft wurde.

Und dann noch der Jüngste, Onkel Shenja, der Großmutters Stolz und Freude war. Zum einen hatte er das gute Aussehen Jakows geerbt, zum anderen sah Großmutter in ihm bereits einen feschen Kosaken, der in die Fußstapfen seines Vaters treten würde. Es brach ihr das Herz, als er beschloss, der Luftwaffe in Irkutsk beizutreten. Als sie ihn in der dunkelblauen Uniform sah, vergoss sie trotz seines unglaublich fabelhaften Aussehens viele Tränen. Einer von Großmutters Träumen hatte sich nicht erfüllt – es war eben keine Kosakenuniform. Ihre Enttäuschung wurde noch größer, als Shenja auch noch ein Mädchen aus „gewöhnlichen" Verhältnissen heiratete. Selbst in diesen verworrenen Zeiten konnte Großmutter es nicht ertragen, dass eines ihrer Kinder jemanden mit anderem Hintergrund heiratete. Doch Shenjas Liebe zu diesem Mädchen war stärker als die Liebe zum Erbe und den Wünschen seiner Mutter.

Der Name seiner Frau war Nadja. Sie war wirklich schön und gescheit. Auch wenn sie nur die Mittelschule besucht hatte, gab sie doch eine gute Ehefrau und später eine fürsorgliche Mutter für Onkel Shenjas Baby ab – vielleicht auch für noch mehr Kinder. Ich sah sie nur das eine Mal, als die beiden mit ihrem Baby 1937 oder 1938 das Haus in Konstantinowka besuchten. Sie lebten fernab in Irkutsk im Süden Sibiriens, wo Onkel Shenja in der Luftwaffe diente.

GROSSMUTTERS VORURTEILE • Nonna erläuterte nie, was Großmutter mit „gewöhnlich" oder mit „anderem Hintergrund" meinte. Ihre Großmutter regte sich darüber auf, dass ihr jüngster Sohn ein „gewöhnliches" Mädchen heiratete. Wahrscheinlich war ihre Familie nicht begütert. Das legt die Vermutung nahe, dass sie auch beim Ehepartner eines anderen ihrer Kinder Einwände hatte, bei Anna nämlich. Es ist anzunehmen, dass Jewgeni jüdische Wurzeln hatte.

KAPITEL 5

Annas Ausbildung

Feodosija war klar, dass sie irgendwie für die Ausbildung ihrer Kinder sorgen musste. Anna war begabt und zeigte bereits im Alter von sieben Jahren Interesse an Malerei, Musik, Tanz und Kunst im Allgemeinen. Ja, Anna sollte Musikunterricht erhalten. Jakow hatte schon, als sie noch ganz klein war, Großes mit ihr vor. Feodosija musste also etwas finden, wo all ihre Kinder gutes Betragen erlernen und eine Ausbildung erhalten konnten.

Der Freund, der ihnen beim Umzug geholfen hatte, bot an, sich um Annas Unterbringung im Konservatorium in St. Petersburg zu kümmern. Er hatte dort Freunde in einflussreichen Positionen und konnte für ihre Ausbildung sorgen. Ohne zu zögern stimmte Feodosija dem zu. Anna war hübsch und talentiert, außerdem war sie forsch genug, auch ohne ihre Mutter auszukommen. Musik und bildende Kunst müssen in jungen Jahren erlernt werden, und St. Petersburg war der Ort, an den die meisten Europäer ihren Nachwuchs zum Studium schickten. Trotz aller Unruhen ringsum war dies der Ort der großen Möglichkeiten. Zwar gab es auch dort viele junge Leute, die sich der revolutionären Bewegung anschlossen, aber eigentlich hatte da keiner den Kopf frei für Politik. Die meisten waren mit noch hochtrabenderen Themen wie Kunst, Musik, Ballett und so weiter beschäftigt. Das wäre der richtige Platz für Jakows Tochter Anna. So wurde also beschlossen, sie nach St. Petersburg zu schicken.

Anna machte sich prächtig im Studium und wuchs auch zu einer prächtigen jungen Frau heran – vermutlich schneller, als ihre Familie es mitbekam. Im Konservatorium lernte sie einen Studenten mit einflussreichem Familienhintergrund aus Warschau kennen. Er war neun Jahre älter als Anna und hieß Jewgeni. Seine Familie war eine der reichsten Warschaus. Viele Jahre hatte er als Student in St. Petersburg verbracht.

Sie verliebten sich und reisten zu einem Besuch bei Annas Mutter in die Ukraine. Sollte Anna Jewgeni heiraten, wäre das für ihre Familie vielleicht die Chance, aus Russland herauszukommen. Bei dem Einfluss, den seine Familie hatte, gäbe es da sicherlich eine Menge Möglichkeiten. Die Ausreise aus dem gebeutelten Russland konnte man sich noch immer mit Gold, Juwelen und Geld erkaufen.

Allerdings war Anna zu jung für eine Heirat, ganz besonders, da die orthodoxe Kirche noch das Sagen hatte und kein orthodoxer Priester die Zeremonie vollziehen würde. Allerdings würde auch hier sicherlich eine kleine Goldspende den Weg ebnen.

Die Hochzeitsvorbereitungen für Anna wurden getroffen, und Feodosija unterzeichnete eine Einwilligungserklärung. Zu der kleinen, aber feinen Hochzeit kamen nur die Familien und enge Freunde. Abgehalten wurde sie in einer orthodoxen Kirche nahe der Villa in Konstantinowka. Ein Priester traute das Paar. Er hatte für seine Gefälligkeit eine stattliche Summe in Gold erhalten.

DIE ORTHODOXE KIRCHE • Eine Frau, die nicht nach dem russisch-orthodoxen Kirchenrecht heiratete, wurde nicht als rechtmäßige Ehefrau, sondern eher als Mätresse des Mannes angesehen. Die Kirche hatte auch strikte Regelungen, was das Mindestalter einer Frau für die Ehe angeht. Anna hatte das Mindestalter noch nicht erreicht. Ihre Mutter Feodosija gab ihr schriftliches Einverständnis für Annas frühe Heirat im Sommer 1923 und zahlte dem Priester eine große Summe.

Anna und Jewgeni wurden Mann und Frau, doch Jewgeni musste nach St. Petersburg zurückkehren und Anna eine Zeit lang bei ihrer Familie lassen. Er schmiedete bereits Pläne, wie er Anna und ihre Familie aus Russland heraus nach Polen bringen wollte. Sein Vorhaben schlug jedoch fehl. Er kehrte erfolglos zurück und begann, sich etwas Neues auszudenken. Die Umstände allerdings änderten sich schnell, die Bolschewiken hatten die Grenzübergänge zu Polen voll unter Kontrolle. Nachdem einige Versuche der Ausreise gescheitert waren, versuchte Jewgeni, einen Weg zu finden, wie er Anna und ihre Familie innerhalb Russlands davor bewahren konnte, entdeckt zu werden.

Eine Zeit lang erhielt Jewgeni Geld und Gold von seiner Familie. Das hielt seine Hoffnungen am Leben. Zudem war Gold während der Wirtschaftskrise das beste Mittel, wenn es ums Überleben ging. Doch als die Zeit verstrich und die Kommunisten immer mehr Einfluss erlangten – sie legten alle in Ketten, die nicht kooperieren wollten oder ihnen nicht wohlgesinnt waren –, da richteten sich Anna und Jewgeni ihr eigenes Leben ein. Und ihre Mutter Feodosija war mehr und mehr auf ihre Unterstützung angewiesen.

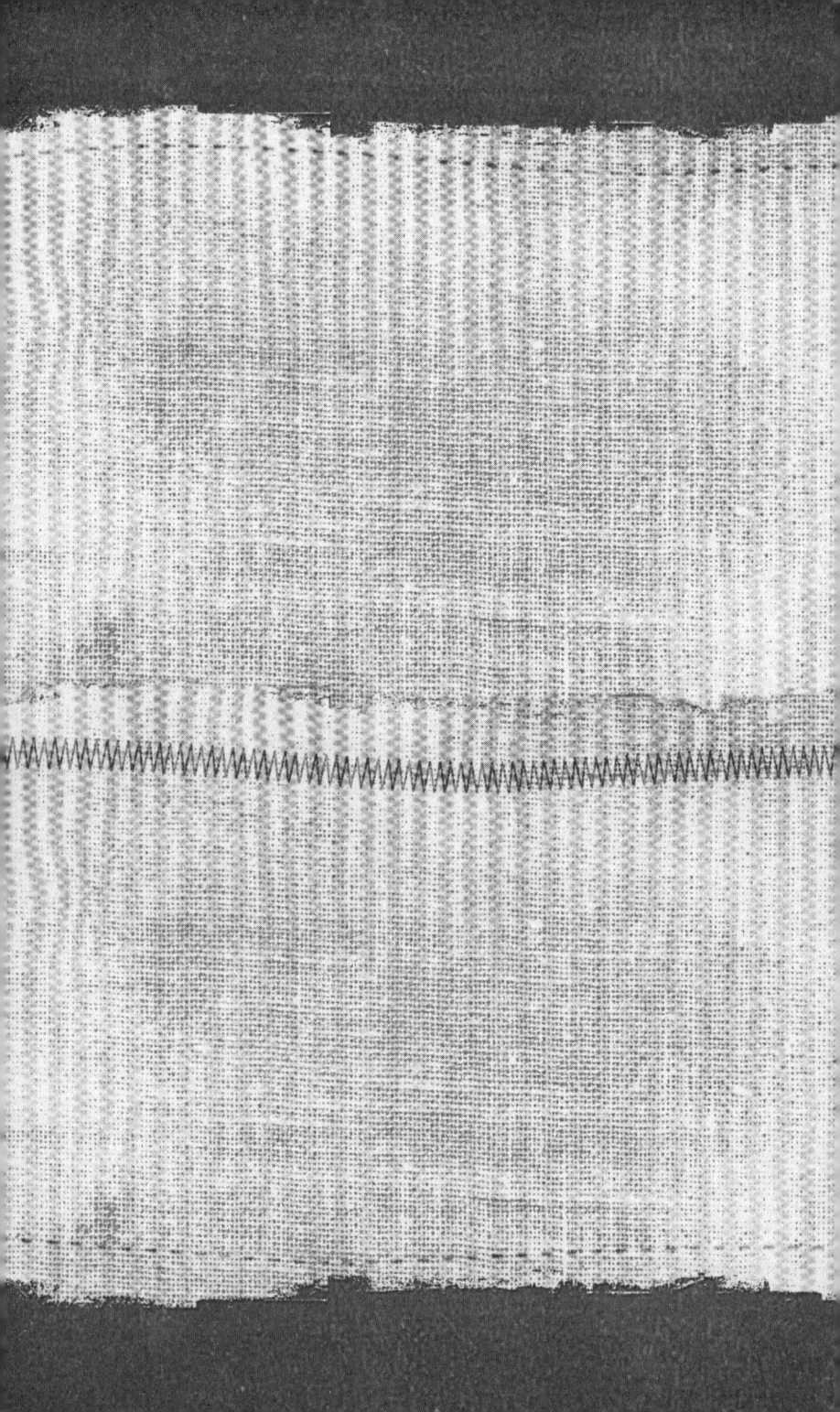

KAPITEL 6

UMZUG NACH TAGANROG

Nach den misslungenen Versuchen, Russland zu verlassen, beschlossen Mama und Papa, sich ihr eigenes Leben aufzubauen. So zogen sie im Winter 1924 nach Taganrog um, eine Stadt am Asowschen Meer. Großmutter besaß dort ein leer stehendes Haus, in das sie einziehen konnten. Möbel und sonstige Einrichtung waren im Haus verblieben. Das Einzige, was sie mitnehmen mussten, waren also ihre ganz persönlichen Habseligkeiten.

Ihre Reise von Santurinowka nach Taganrog machten sie mit dem Zug. Es war eine herrliche Fahrt! Die Landschaft dieser Gegend ist einmalig schön. Papa hatte deshalb nach Taganrog gewollt, weil Schiffe aus Europa und anderen Teilen der Welt über das Asowsche Meer zu internationalem Handel hierher kamen. Das sollte ihm Kontakt mit Europäern und dadurch eventuell die Ausreise aus Russland ermöglichen.

Das zweigeschossige Haus, das sie bezogen hatten, war wunderschön, mit Blick auf das Asowsche Meer. Immer wehte eine sanfte, kühle Brise. Auf den beiden schmiedeeisernen Balkonen des Hauses konnte man den Blick und das kühle Lüftchen vom Meer her genießen.

Mama und Papa waren unglaublich verliebt. In ihrem neuen Heim waren sie sehr glücklich. Papa arbeitete als Dolmetscher im

Hafen und hatte daneben noch Zeit für seine Hobbys – Fotografie und Schnitzerei. Sechs Sprachen beherrschte er fließend, in drei anderen hatte er gute Kenntnisse; wann immer also Ausländer zugegen waren, waren seine Fähigkeiten gefragt. Das Haus befand sich in der Tschechowgasse oder Tschechowallee, denn hier hatte der russische Dichter Anton Tschechow das Licht der Welt erblickt und viele Jahre gelebt.

Am 3. November 1925 wurde mein Bruder Anatoli geboren – für meine Eltern der glückliche Beginn ihres Lebens als Familie.

Zwei Jahre später, am 22. September 1927, kam ich zur Welt. Papa nannte mich Nonna, abgeleitet vom lateinischen Namen Nonnatus, der in seiner Familie schon lange Tradition hatte.

Der Heilige Raimund Nonnatus (*non natus* heißt so viel wie „nicht geboren") ist der Schutzpatron der Mütter und Hebammen. Seine Mutter war bei einer Kaiserschnittentbindung gestorben.

Angeblich erinnert man sich erst ab etwa zwei Jahren, aber dem ist nicht so. Ich erinnere mich sehr wohl an unsere Zeit in dem Haus in Taganrog – an die Spitzengardinen an den hohen Fenstern des Schlafzimmers, in dem meine Wiege stand. Sie stand ganz nah am Fenster. Ich erinnere mich, wie Mama mir ein Schlaflied sang, wenn sie die Wiege schaukelte. Eigentlich war es nur ein kleines Bett, das auf Kufen montiert war. Ich erinnere mich auch an Anatolis Kinderzimmer voller Spielzeug und Bücher. Dieses Zimmer hatte nur ein Fenster, vor dem ein Baum stand. Ich weiß noch, wie ich meine Porzellanpuppe fallen ließ und schrecklich weinte, als ich die auf dem Boden verstreuten Scherben sah.

Wir waren wohlhabend genug, uns eine *Nanja*, ein Kindermädchen, zu leisten, das sich um Anatoli und mich kümmerte. Ich erinnere mich an ihr langes schwarzes Haar und dass sie mir riesig vorkam. Eigentlich mochte ich sie gar nicht, weil sie immer versuchte, mich gegen meinen Willen zum Grießbreiessen zu bringen. Ich drehte den Kopf weg, wenn sie versuchte, mir einen Löffel voll aufzuzwingen, oder spuckte ihn aus. Das regte das

Kindermädchen auf, und es versuchte umso eifriger, mich zum Essen zu bewegen.

Mama hatte eine Singer-Nähmaschine, die mit einem Pedal angetrieben wurde. Sie faszinierte mich. Wann immer ich die Möglichkeit dazu hatte, schlich ich mich zu diesem Gerät und bewegte mit meinen kleinen Händen das Pedal.

Und an Anatolis Geburtstagsfeier erinnerte ich mich, das Wohnzimmer war voller Kinder. Sie rannten lachend um den Tisch herum, auf dem ein großer Kuchen mit drei Kerzen stand. Anatoli hatte ein großes Spielzeug bekommen, es sah aus wie eine Eisenbahn. Ich erinnere mich auch an unser Schaukelpferd, das mit braunem Fell oder Pferdeleder bezogen war. Es stand nur wenige Schritte von Mamas Flügel entfernt. Diese Erinnerungen stehen mir so lebendig vor Augen, dass es mir vorkommt, als sei das alles erst vor Kurzem geschehen.

ANGENEHMES LEBEN • Nonna erwähnt den Flügel ihrer Mutter, Anatolis Geburtstagsfeier mit Kuchen und Spielzeug sowie das angestellte Kindermädchen. Später erzählt sie auch von silbernen Schlittschuhen und ihrer Musiklehrerin. In ihr Kindertagebuch schrieb sie: „Ich mag meine Musiklehrerin, Fräulein Jarowski, gerne. Allerdings ist sie streng. Sie lässt mich so lange am Klavier sitzen, bis ich Hoffmanns Erzählungen perfekt beherrsche – manchmal zwei Stunden lang. Ich würd's ja gerne überspringen und lieber die Nummer sechs aus ‚Barcarolla' spielen."

All das und auch Annas Möglichkeiten, sich künstlerisch zu betätigen, waren im stalinistischen System Luxus.

Papa hatte mit seiner Arbeit und seinen Hobbys zu tun, empfing aber auch viele Besucher (darunter viele Ausländer). Er führte sie dann immer in die Bibliothek, in der zwei Wände von Bücherregalen eingenommen wurden. Sie waren bis zur hohen Decke hin mit Büchern vollgestopft. Papa saß dann dort und sprach mit ruhiger Stimme zu diesen Besuchern. Worüber, das wusste keiner.

• Ausländische Besucher sind ein weiterer Hinweis auf den hohen Rang, den Jewgeni innehatte. Nonna erinnerte sich speziell an einen „Freund" und schrieb Folgendes über ihn in ihr Tagebuch: „Heute kam Papas Freund. Den mag ich echt. Er erzählt lustige Geschichten auf Deutsch und Polnisch. Er bringt mich mit ‚Froschgesichtern' zum Lachen. Ich spiele gerne Schach mit ihm. Ich gewinne immer. Vielleicht lässt er mich ja gewinnen? Ich glaube schon."

In der Ecke der Bibliothek gab es einen kleinen Raum, der immer mit einem Haken verriegelt war. Das war eine kleine Dunkelkammer, in der Papa viel Zeit mit der Entwicklung seiner Negative verbrachte. Die Kammer hatte eine kleine rote Lampe, sodass Papa etwas sehen konnte. Dieser Raum war für meinen Bruder und mich „Sperrgebiet", aber neugierig, wie ich war, öffnete ich eines Tages, als Papa darin arbeitete, doch die Tür. Er wurde zornig und rief nach Mama, sie solle „dieses Kind wegschaffen". Ich sah ein Negativ auf Glas. Als ich es anfassen wollte, schnitt ich mich in den Finger und bekam etwas von der Flüssigkeit in die Wunde. Ich heulte los, weil es wehtat und weil ich blutete. Diese Türe habe ich nie wieder aufgemacht.

Mama beschäftigte sich mit Musik und bildender Kunst und engagierte sich sehr im Theater. Mama und Papa waren abends viel weg und ließen Anatoli und mich bei unserem Kindermädchen. Ich habe mich oft gefragt, wohin sie wohl gingen – ins Theater wahrscheinlich. Es waren harte Zeiten voller Veränderungen, als die Welt in die große Depression abrutschte. Meiner Familie aber ging es gut, sie war ein Ort der Vertrautheit und Liebe. Ich selbst war noch klein – alles war neu und aufregend für mich. Ich wusste, dass ich dankbar sein konnte.

• Während der Kriegsjahre bewahrte Nonna in der geheimen Tasche ihres schwarz-weißgestreiften Drillichkissens Fotografien ihrer Mutter Anna auf. Ein paar zeigten eine frisch verheiratete Anna in aufwendigen Kostümen bei Aufführungen auf der Bühne des Ortstheaters. Das Lächeln auf Annas Gesicht lässt ihre Liebe zur Schauspielerei, zu Gesang, Tanz und Theater erkennen.

Auch Papa „mischte mit". Einige von Nonnas sorgsam gehegten Fotos zeigen Papa in albernen Perücken und witzigen Kostümen, die eine ausgelassene, spielerische Seite von ihm zum Vorschein bringen. Trotz der Unruhen in Russland genossen Anna, Nonna, Papa und Anatoli in diesen frühen gemeinsamen Jahren ihr Leben und einander in vollen Zügen.

KAPITEL 7

Umzug nach Rostow am Don

Regierungschaos, Nachbarn, die aus unbekannten Gründen spurlos verschwanden, und schmerzvolles Leid von Freunden und Familie – Nonnas Leben veränderte sich während der nächsten Jahre drastisch.

Am 21. Januar 1924, drei Jahre vor ihrer Geburt, starb Wladimir Iljitsch Lenin. Josef Stalin, der „Mann aus Stahl", trat Lenins Nachfolge an und warf den Rivalen Leo Trotzki endgültig aus dem Land. Stalins Herrschaft war brutal und mörderisch. Er regierte Russland mit eiserner Faust, eliminierte und exekutierte seine Feinde, erließ strenge neue Gesetze und brachte viel Not über sein Volk.

Nonnas Familie dagegen blieb viel vom Leid ihrer Landsleute erspart – einschließlich der Verfolgung der früheren ukrainischen Elite, zu der Nonnas Großvater als Kosake gehört hatte.

Es muss im Frühherbst des Jahres 1929 gewesen sein, als Papa eine Arbeit als Dolmetscher in einer der größten und modernsten Maschinenfabriken in Rostow am Don annahm. Wir zogen in eine riesige Wohnung in der Nähe der Fabrik, die man uns kostenlos einrichtete. Vermutlich war das Teil seines Gehalts. Die Wohnung befand sich in der Nähe der Unterkünfte für ausländische Gäste und nahe dem großen Rostower Theaterpark. Mein Leben lang ist mir dieser Ort lebhaft in Erinnerung geblieben

– hier haben Mama und ich viel Zeit miteinander verbracht. Ich erinnere mich auch noch gut, wie wir von Taganrog dorthin umzogen – ich muss zwei oder zweieinhalb Jahre alt gewesen sein. Wir fuhren mit dem Zug von Taganrog nach Rostow, und nachdem wir ausgestiegen waren, ging es mit der Straßenbahn weiter bis zu dem Haus, in dem wir die nächsten paar Jahre verbringen sollten.

Es handelte sich um einen riesigen Wohnungskomplex aus drei Häusern, die so angeordnet waren, dass sie einen Kreis bildeten. In der Mitte war ein großer Hof mit vielen Blumenbeeten und einem Brunnen mittendrin. Den Wohnhäusern gegenüber gab es ein weiteres großes Gebäude, eine Polizeistation. Da bin ich mir ganz sicher, denn immerzu waren dort uniformierte Polizisten, und da war ein eingezäunter Bereich mit Polizeihunden. Die Wohnung war umgeben von einem hohen Holzzaun mit drei Toren – eines zwischen je zwei Gebäuden –, und ich weiß noch gut, wie sich diese Tore viele Male öffneten, um Lastwagen hereinzulassen, die dann Kohle oder Holz in den Schacht unter unserem Küchenfenster abluden. Das war der Weg in den Keller. Jede Mietpartei hatte ihren eigenen Keller und die Wohnung war jeweils zweigeschossig. Unsere war am Ende des Gebäudes und war deshalb die geräumigste.

Da die anderen Wohnungen kleiner waren, mussten sich sonst immer zwei Familien Balkon oder Terrasse teilen, wir aber hatten einen Balkon für uns. Vermutlich lag das daran, dass Papa eine gute Stelle in der Fabrik hatte und viele Ausländer uns regelmäßig besuchten. An der Rückseite unserer Wohnung befand sich eine Art Gang, vorbei an der Treppe ins Erdgeschoss, die zur Hintertür und in unseren kleinen Hinterhof führte. Er war eingezäunt und sah mit seinen paar Bäumen und den Blumen wie ein Gärtchen aus. Die oberen Schlafzimmer und das unten gelegene Wohnzimmer hatten Fenster zum Hinterhof, Bad, Küche und Eingangsbereich gingen nach vorne. Wir Kinder spielten die meiste Zeit im Hinterhof, gelegentlich aber auch mit den Nachbarskindern im großen Innenhof des Wohnkomplexes.

Es gab noch einen kleinen Raum mit einem großen Fenster. Mama nannte ihn ihr Atelier. Hier malte und zeichnete sie. Dort gab es eine Staffelei mit Pinseln und Ölfarben, und immer fand sich auch eine aufgespannte Leinwand bereit, um eines von Mamas neuen Bildern zu werden.

Viel Zeit verbrachte sie auch am Flügel oder mit ihrer Geige. Es gab sogar einen Konzertpavillon, in dem an russischen Feiertagen ein Orchester Musik machte. An den Wochenenden wurden die Leute aus allen Wohnungen zusammengetrommelt, um sich um die Blumenbeete zu kümmern oder zu tun, was sonst zur Erhaltung des Komplexes vonnöten war. Man nannte das „gemeinnütziges Arbeiten". Dadurch hatte man etwas, womit man die Leute samstags und sonntags beschäftigen konnte – besonders, da die Kirchen geschlossen und die Menschen nicht gerade ermutigt wurden, Gottesdienste welcher Religion auch immer (Juden oder Christen) abzuhalten.

Die meisten Besucher dieser außergewöhnlichen Fabrik kamen aus Deutschland, Frankreich, Spanien, Schweden und Norwegen. Manche kamen aber auch aus Amerika, England und anderen europäischen Ländern. Die Russen waren stolz auf ihre moderne Fabrik, in der schweres Gerät und landwirtschaftliche Maschinen hergestellt wurden. Besucher aus dem Westen ließen sie gerne einen Blick hineinwerfen. Papa hatte, da er diverse Sprachen beherrschte, noch immer die Hoffnung, seine Familie irgendwie aus Russland herauszubekommen. In unserer Wohnung waren viele Ausländer zu Besuch. Abends gingen Mama und Papa aus und nahmen uns manchmal mit, wenn es sich um Konzert- oder Theaterbesuche handelte. Meistens aber blieben wir mit unserem neuen Kindermädchen zu Hause.

Ihr Name war Warwara. Ich konnte sie nicht leiden, weil sie mich dauernd auf dem Schoß haben oder in den Schlaf wiegen wollte. Ich hasste ihren Geruch – sie verwendete viel zu viel Puder und schwitzte stark, und ich konnte es nicht ertragen, wenn sie mich drückte. Aber wer will sich beschweren? Wir waren in der glücklichen Lage, uns Hilfe leisten zu können, zumal es ge-

gen das Gesetz war, irgendeine Art von Haushaltshilfe zu beschäftigen.

KAPITEL 8

EIN TAG IM PARK

1932, als Nonna fünf Jahre alt war, schrieb sie mit ihrer Mutter „Ein Tag im Park". Die meisten ihrer Aufzeichnungen sind in der Vergangenheitsform geschrieben, nicht aber dieses Erlebnis, das sie im Präsens übersetzt. Da Nonna schon früh lesen und schreiben lernte und ihr Vater auch zeitig mit ihrem Sprachunterricht begann, kann es sein, dass sie diese Begebenheit schon bald danach in ihrem Tagebuch aufschrieb. Dieser Schnappschuss ihrer Lebensumstände zeigt die herzliche Beziehung zwischen Mutter und Tochter.

Mama und ich spazieren und spazieren – wobei ich auch manchmal hüpfe. Ich bin glücklich – so sehr glücklich. Es ist morgens um zehn oder halb elf, und es ist Frühling. Die Sonne strahlt, ihre Wärme tut so gut auf meinem Gesicht und meinen Schultern! Mama summt leise ein Lied – das macht sie ständig. Wir sind fast da. Man kann den Park ganz in der Nähe schon sehen. Es sind nur wenige Leute unterwegs an diesem Morgen, menschenleere Straßenbahnen fahren an uns vorbei. Endlich sehe ich die großen Eingangstore des Parks. Wir spazieren auf dem breiten Gehweg durch die Tore. Blumen gibt es hier (in strahlenden Farben) und es duftet ganz wunderbar!

Meine kleinen Füße sind müde, so frage ich Mama, ob wir uns

für eine Weile auf eine der Parkbänke setzen können, und Mama stimmt zu, denn auch sie ist müde. Wir sitzen auf der Bank, während zu unseren Füßen eilig eine ganze Ameisenprozession entlangzieht. Ich bin völlig fasziniert davon, wie sie marschieren und dabei Stückchen von Insekten schleppen – oder was immer sonst sie als Futter finden konnten. Mama erklärt mir, die Ameisen hätten wohl eine Hochzeit.

„Siehst du die beiden größeren da an der Spitze des Zuges? Das müssen Braut und Bräutigam sein", sagt Mama.

Wir sitzen und beobachten die Ameisen. Es tut gut, die Füße auszuruhen. Dann spazieren wir wieder los und sind bald schon mitten im Park. Ein paar Kinder sind mit ihren Müttern da und schaukeln. Ich möchte auch schaukeln. Mama findet die Idee gut, also schaukeln wir eine Weile.

Bald darauf möchte Mama in ihrem Buch lesen. Das heißt, ich kann tun und lassen, was ich will, solange ich in Blickweite bleibe. Ich pflücke ein paar Blumen, wobei ich mich ängstlich umsehe, ob ich vielleicht etwas Verbotenes tue. Da drüben steht mein Lieblingsbusch, der mit den Blüten, mit denen ich so gerne spiele: Man pflückt eine ab und zupft dann ein Blütenblatt nach dem anderen aus und sagt dazu immer: „Er liebt mich – er liebt mich nicht." Und da – ein wunderschöner Schmetterling – ganz bunt. Ich würde ihn gern berühren, möchte ihn aber nicht verletzen. Ganz langsam gehe ich näher und lege vorsichtig meine Finger auf seine Flügel. Ich kann spüren, wie der Schmetterling sich abmüht freizukommen. Das macht mich traurig. Schnell lasse ich ihn los und sehe erleichtert, dass er noch fliegen kann. Mama ist in ihr Buch vertieft, aber ich spüre, dass sie weiß, wo ich bin, schließlich gehe ich ja auch nicht zu weit weg. Die Sonne scheint heißer und ich werde durstig. Mama hätte auch gerne etwas Erfrischendes zu trinken. Wir spazieren den Weg entlang bis zum Springbrunnen – wie kalt das Wasser ist und es schmeckt gut.

Ganz in der Nähe steht eine Bühne. Mama hilft mir die Stufen hinauf. Wir beide tanzen und singen auf der Bühne. Immer im Kreis und dabei lachen und singen wir. Mama lässt meine Hand los und geht von der Bühne. Sie tut so, als sei sie das Publikum, klatscht und ruft: „Bravo, bravo! Nonna, unsere Ballerina, war bezaubernd!"

Wir müssen beide lachen und merken kaum, dass uns Kinder in der Nähe beobachten – und ebenfalls lachen. Noch eine ganze Weile genießen wir den Park. Mama lässt mich ein paar Blumen zwischen die Seiten ihres Buches legen und sagt: „Die heben wir auf und pressen sie hier drin, und wenn dann der Winter kommt und wir nicht in den Park können, dann tun wir so, als seien wir in unserem Haus im Park." *Gute Idee,* denke ich. Es macht Spaß, so die hübschen Blumen zu erhalten. Mama sagt: „Gleich wird Anatoli aus der Schule kommen."

Wir kehren um. Es ist ein so wunderbarer Tag – ich bin sehr glücklich.

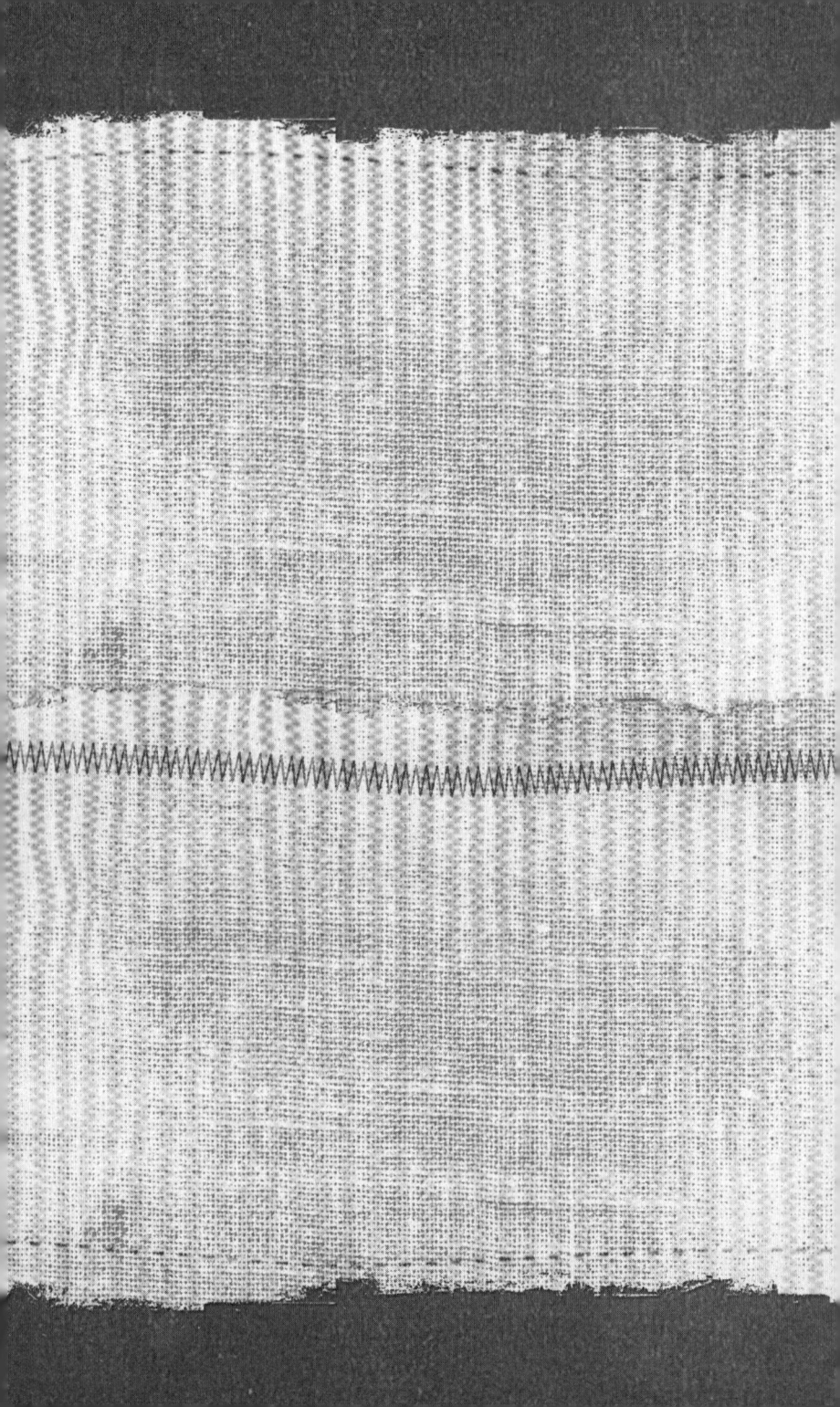

KAPITEL 9

DIE DEPRESSION IN RUSSLAND
Stalins Machtherrschaft

Zu diesem Zeitpunkt, mitten in den Jahren der Depression, erlebte auch Nonnas Familie zum ersten Mal einige Härten. Als junges Mädchen nahm Nonna wahr, wie Menschen um sie herum litten und wie die russische Regierung ihrem Volk strenge Beschränkungen auferlegte. Trotz ihres Wohlstandes wurde Nahrung für Nonna und ihre Familie immer knapper. Sie waren mehr und mehr darauf angewiesen, dass Feodosija ihnen Lebensmittel aus Konstantinowka zukommen ließ. Nonna kam in Rostow am Don in die Schule. Sie war klug, sprach mehrere Sprachen und lernte sehr gerne. Doch die Lehrer fingen an, ihr Fragen über ihren Papa, seine Familie und seine Herkunft zu stellen.

Die Depression war voll im Gange. Die Menschen in Russland litten wirtschaftlich genauso wie die übrige Welt. Papa arbeitete noch immer in der Maschinenfabrik. Wir konnten uns glücklich schätzen. Aber trotzdem wurde die Nahrung knapp. Die Regierung hatte Essensmarken an alle ausgegeben. Lebensmittel wurden rationiert, und selbst in unserer Familie waren Zucker oder Brot nicht mehr selbstverständlich. Ich erinnere mich noch gut daran, wie der Lebensmittellastwagen ankam und die Leute mit ihren Marken Schlange standen, um sie gegen Zucker, Brot, Mehl und so weiter einzutauschen.

Großmutter schickte uns in dieser Zeit Lebensmittelpakete aus ihrem Heimatort in der Ukraine, wo es noch Essen in Hülle und Fülle gab – besonders für Großmutter, hatte sie doch ihren eigenen Garten und bekam auch vieles von den Bauern. Uns ging es also längst nicht so schlecht wie unseren Nachbarn oder anderen in dieser riesigen Stadt.

Von oberster Stelle wurde man samstags und sonntags noch immer zu „gemeinnütziger Arbeit" herangezogen, um unsere „neue Regierung" zu unterstützen, die mittlerweile alle Geschäfte und Fabriken übernahm. Im Interesse der Armen, hieß es. In dieser Zeit wurden auch neue Gesetze gegen alle Religionen und die Gläubigen erlassen. Die meisten jungen Leute wurden beobachtet, den Kindern in der Schule brachte man bei, es gäbe keinen Gott. Die meisten Kirchen wurden geschlossen, nur zwei, drei große orthodoxe Kirchen blieben offen. Und selbst hier kamen nur ein paar alte Leute zum Gottesdienst. Die Schulkinder waren angewiesen, ihre Eltern zu melden, sollten sie zu Hause ihre Religion ausüben. Besonders an Weihnachten und Ostern wurden die Leute sehr streng überwacht. Ich weiß noch, wie Mama und Papa unser Weihnachtsbäumchen in der Speisekammer versteckten. Zu Ostern wurden die gefärbten Eier nicht als Dekoration verwendet, sondern eher vor den Nachbarn versteckt.

In dieser Zeit wurden auch viele gebildete und wohlhabende Menschen aufgegriffen. Ihre Familien sahen sie nie wieder. Damals wurde uns Kindern eingeschärft, außerhalb von zu Hause nicht über unsere Herkunft zu sprechen. Wir durften auch nichts von dem erzählen, was zu Hause geschah oder beredet wurde. Ich erinnere mich daran, dass Mama und Papa uns sagten, die Wände hätten Ohren, und wie wir nur flüstern, nicht aber laut sprechen durften. Ich verstand nicht, was sie meinten. Ich stellte mir dann vor, unsere Wände könnte hören – wir hatten wohl ein sehr seltsames Haus mit seltsamen Wänden. Wollte ich etwas sagen, blickte ich auf die Wände und fragte Mama, ob ich flüstern oder normal reden sollte.

Als ich dann aber älter wurde, verstand ich, was gemeint war. Als ich in die Schule kam, konnte man mich mit nichts dazu bringen, irgendetwas von zu Hause zu erzählen. Ich hatte immer das Gefühl, anders als die anderen Kinder zu sein, zumal ich ja auch einen polnischen Namen hatte. Die Lehrer fragten mich, ob ich denn in Polen Verwandtschaft hätte. Ich schüttelte dann nur den Kopf, um „Nein" anzudeuten. Ich hasste das. Es war nicht die Wahrheit und ich wusste das auch. Um aber meine Familie – und ganz besonders meinen Vater – zu schützen, konnte ich keine andere Antwort geben. Der Name *Lisowski* klang genauso russisch wie polnisch. Da ich wusste, dass Papas Familie in Polen war, hatte ich keine andere Wahl, als die Wahrheit zu verleugnen. Wer auch immer in diesen Zeiten außerhalb Russlands Familie hatte, galt automatisch als verdächtig. Papa, so erinnere ich mich, erzählte jedem, er stamme aus Minsk. Das hat er, glaube ich, bis zu seinem Tod so erzählt. Obwohl wir Kinder dazu erzogen waren, immer die Wahrheit zu sagen, verstanden wir doch, warum wir nicht verraten durften, dass Papa Pole war.

In dieser Zeit hatten wir andauernd Bettler vor der Tür. Sie bettelten um Essen – besonders um Brot. Einbrüche und Diebstähle waren in der Stadt eine Plage. An den Türen und Fenstern wurden zusätzliche Schlösser angebracht. Wir Kinder durften niemandem mehr die Tür öffnen – und das in unserer Wohnung, wo doch die Polizeistation in nächster Nähe war. Trotzdem wurde in manche der Wohnungen eingebrochen. Und doch waren Mama und Papa in all dem glücklich und brachten es fertig, für Anatoli und mich ein glückliches Heim zu schaffen.

Papa leistete in der Fabrik gute Arbeit. 1931 erfand er eine Maschine, die Zuckerrohr in Würfelchen schnitt. Das erregte einiges Aufsehen, denn so konnten die Leute ihren Tee durch ein solches Zuckerstückchen schlürfen. Bei einem Festakt der Fabrik stellte Papa seine neue Erfindung vor. Viele Ausländer waren zugegen und der deutsche Repräsentant überreichte ihm einen Preis. Wir waren unheimlich stolz auf Papa und redeten noch lange von dieser Erfindung.

KAPITEL 10

WINTERFERIEN MIT OMA AUF DER DATSCHA

WEIHNACHTEN
Dies ist des Winters Königreich.
Alles ist mit Schnee bedeckt.
Die Bäume sind von Raureif weiß.
Verzaubert scheinen sie in ihrer neuen Form.
Ein wehmütiger und doch wohliger Anblick ist's.
Diese außergewöhnliche Ruhe, in der Luft wie auch auf Erden!
Stille allüberall!

Hier durchlebe ich Erinnerungen aus meiner Kindheit: Die Aufregung, wenn man das warme Haus verlässt, fest eingemummelt, um im weichen Neuschnee zu spielen ...

Es gibt viele glückliche Momente aus meiner frühen Kindheit, an die ich gerne zurückdenke. Aber die Erinnerung an meine erste Winterferienreise zu Großmutter ist mir besonders wertvoll. Es war wie ein schöner Traum, nur dass es kein Traum, sondern tatsächlich Realität war! Ich war dort und es war wunderschön. Es ahnte ja keiner, was uns bevorstand!

Jedes Jahr kommen diese Erinnerungen in der Weihnachtszeit

wieder hoch. Dieses Jahr noch mehr als in den vergangenen gehe ich völlig in diesen angenehmen Erinnerungen an Ereignisse auf, die so weit weg und vor so langer Zeit stattgefunden haben. Vielleicht, weil alles ein paar Tage nach Weihnachten passierte.

Meine Großmutter Feodosija war streng orthodox und tief verwurzelt in den Lehren der orthodoxen Kirche. Sie sorgte dafür, dass ihre Enkel ordentlich von Gott erzählt bekamen, und bestand darauf, dass wir alle schon als Säuglinge getauft wurden – selbstverständlich war unserer Großmutter unsere Taufe ein Anliegen. Der orthodoxe Priester, der Pope, musste sie vollziehen!

ORTHODOXE KIRCHE • Während ringsum in Russland die Kirchen geschlossen wurden, lud Feodosija ihre Familie zu diesem letzten Weihnachten ins Große Haus ein und fuhr sie am Weihnachtstag im Schlitten – auf „gute alte Weise" – zur russisch-orthodoxen Kirche, um die Geburt Christi zu feiern. Nicht lange danach schloss Stalin auch die Kirche von Konstantinowka. Dass Nonna nie von der kommunistischen Kampagne indoktriniert wurde, durch die russischen Kindern die Nichtexistenz Gottes vermittelt werden sollte, lag möglicherweise an Nonnas Familie. Sie sorgte dafür, dass Nonna Gott kennenlernte, und lebte ihr zu Hause einen lebendigen, ausdauernden Glauben vor.

In Großmutters Dorf waren die orthodoxen Kirchen noch offen. Trotz der rasanten Veränderungen gab es immer noch viele Menschen, die mutig genug waren, in die Kirche zu gehen und ihren Glauben zu leben. Bibeln wurden behalten und gelesen – und es gab die Ikonen. Manche davon waren in Gold oder Silber gefasst, auf manchen sah man Maria mit dem Jesuskind, und andere zeigten das Haupt Jesu, gekrönt mit einer Dornenkrone. Die meisten Ikonen waren von berühmten Künstlern in Öl gemalt und sehr teuer, es gab aber auch billigere Reproduktionen der echten. Meine Großmutter hatte in jedem Zimmer in einer Ecke eine Ikone hängen. Egal, aus welcher Perspektive man sich eine Ikone auch ansah, immer, so schien es, sahen einen die Augen Jesu an – jedenfalls kam es uns Kindern so vor. Großmutter pflegte an den Samstagabenden – als Bestandteil der Sabbatfeierlichkeiten – Kerzen vor jeder Ikone anzuzünden.

Weihnachten nach dem alten Kalender zu feiern kam uns eine Zeit lang sehr entgegen, da die kommunistische Regierung den Weihnachtsbaum durch einen Neujahrsbaum ersetzte, den die „neuen Gläubigen" am Altjahresabend schmückten. Sankt Nikolaus wurde von *Ded Moros* (Väterchen Frost) abgelöst. Selbstverständlich war Ded Moros völlig in Weiß und nicht etwa in den roten Mantel von Sankt Nikolaus gekleidet. Wie ein schlechter Möchtegern-Nikolaus brachte auch er in einem Sack Süßigkeiten mit. Die Schulen blieben bis zum letzten Tag des Jahres geöffnet und nach Schulschluss gab es eine große Feier für die Kinder. Sie wurde in einer Aula abgehalten, in der ein riesiger Neujahrsbaum stand, beladen mit allen möglichen Dekorationen. Manche der Dekorationen hatten die Kinder – unter der strengen Aufsicht ihrer Lehrer – in den Klassenzimmern selbst gebastelt.

Es gab Musik bei solchen Feiern und die Kinder hielten sich an den Händen, tanzten um den kerzenerleuchteten Baum herum und sangen von *Jolka* oder *Jolotschka* (von Kiefer oder Blautanne, je nachdem). Später dann stellten sie sich in Zweierreihen auf und warteten ungeduldig auf Ded Moros. Bei seiner Ankunft dann wurde laut geklatscht und gerufen. Ded Moros setzte sich mit seinem Sack voll Süßigkeiten an den Ausgang und gab jedem Kind ein Beutelchen mit Schokolade, Keksen, Nüssen und Ähnlichem. Manchmal, wenn sie Glück hatten, fanden die Kinder auch ein kleines Buch oder ein Spielzeug in ihrem Beutel. Dann wurde für zwei Wochen Winterferien Abschied von der Schule genommen.

Für Anatoli und mich fingen damit die Festlichkeiten und die schönen Tage erst richtig an. Wir packten unsere Koffer (nein, wir stopften sie so voll, wie es nur ging) und bereiteten uns auf die schönste und aufregendste Zugreise vor, die Fahrt zu Großmutters Datscha. Wir hatten zwei Wochen Spaß vor uns und waren ganz und gar aus dem Häuschen. Es sollten die schönsten

Winterferien aller Zeiten werden, besonders für mich, da ich ja das erste Mal auf die Datscha fuhr. Mama und Papa waren fast so aufgeregt wie wir, aber Papas Augen konnte man ansehen, dass er traurig war. Er musste in Rostow zurückbleiben, während Mama uns begleitete. Zwei Wochen ohne uns waren für Papa eine lange Zeit. Aber er nahm das auf sich, um uns die schönsten Tage unseres Lebens zu ermöglichen.

KAPITEL 11

Unsere Zugreise

Seit sie im Dorf war, bereitete Großmutter alles für unseren Besuch vor und machte Leckereien. Auch für sie war es die beste Zeit ihres Lebens. Vor Aufregung konnten wir an nichts anderes als die Zugfahrt denken, die vor uns lag. Mit der Straßenbahn fuhren wir zu einem der größten Bahnhöfe Rostows. Als wir dort ankamen, war es schon ziemlich dunkel und eiskalt. Es muss einer der kältesten Winter gewesen sein. Die Tage waren im Winter ja sowieso sehr kurz, gegen vier Uhr war es so dunkel wie mitten in der Nacht.

Der Bahnhof war voller Menschen, die sich alle ihren Weg zu den Bahnsteigen erkämpften, wo die Züge ein- und ausfuhren. Bei jedem Zug, der abfuhr, hatte ich Angst, es würde kein weiterer mehr kommen. Aber Mama versicherte mir immer wieder, dass unser Zug ganz bestimmt noch kommen würde.

Anatoli hielt meine Hand so fest, als hätte er Angst, mich in der Menge zu verlieren. Mama vertraute ihm völlig. Obwohl er nur zwei Jahre älter war als ich, war er deutlich größer und benahm sich schon sehr erwachsen. Mama und Papa wussten, dass sie sich immer auf ihn verlassen konnten, wenn es darum ging, seine kleine Schwester zu beschützen, und auch ich wusste, dass ich sicher war, solange er meine Hand hielt.

Nonna liebte ihren Bruder innig. Bei ihm fand sie Trost und Sicherheit. Anatoli spielte mit ihr und las ihr Bücher vor. Er brachte ihr Schlittschuhlaufen bei. Anatolis Weggang mit 15 Jahren beschrieb Nonna als die „traurigste Zeit meines Lebens". Es brach ihr das Herz, als Papa ihn um seiner eigenen Sicherheit willen auf eine andere Zugreise schickte.

Sie schrieb: „Ich habe die Hoffnung verloren, dass er irgendwie wieder nach Hause kommt. Oft, wenn ich einen Zug pfeifen hörte, rannte ich nach draußen, setzte mich auf die Stufen und sah lange den Zügen nach. In einem von ihnen, so dachte ich, ist er – und kommt heim. Lange, lange habe ich das so gemacht und immer gebetet, Gott möge es geschehen lassen – als eine Art Wunder. Immerhin hatte Anatoli mir doch versprochen, ich würde ihn wiedersehen ... Ich bin nie darüber hinweggekommen, dass ich Anatoli verloren habe. Viele Jahre lang, durch den gesamten Zweiten Weltkrieg hindurch, hielt ich an der Hoffnung fest, mein Bruder würde mich finden und wiederkommen ... Ich denke ständig an ihn, und ein Fünkchen Hoffnung, dass er noch lebt, ist immer noch da."

Als unser Zug dann aber endlich einfuhr, waren wir schon beim ersten Pfeifen so aufgeregt, dass wir uns durch die Menge nach vorne schoben und Mama ganz schön zu tun hatte, uns einzuholen. Als wir eingestiegen waren und unsere Plätze eingenommen hatten, kam es uns vor, als würde sich der Zug nie in Bewegung setzen, und wieder sagte Mama, es sei alles in Ordnung – ein Haufen Leute hätte noch einzusteigen und in null Komma nichts würde es dann losgehen. Natürlich hatte sie mal wieder recht – wir fuhren tatsächlich bald los. Im Zug war es sehr warm, und da ich gänzlich übermüdet war, kostete es mich Mühe, die Augen offen zu halten. Aber immer wenn ich eindöste, versetzte Anatoli mir einen Knuff – ich sollte weiter aus dem Fenster schauen. Nach einer Weile halfen aber auch all seine Knüffe nicht mehr. Was mich schließlich wirklich aufweckte, war das Kreischen der Zugbremsen – wir hielten an.

Anatoli schaute nach dem Stationsschild und las es laut vor: „K-O-N-S-T-A-N-T-I-N-O-W-K-A". Jetzt war ich hellwach. Sofort war die Aufregung wieder da. Nur zwei weitere Passagiere stiegen mit uns aus. Als wir auf den Bahnsteig traten, sah ich Mama an. Sie wirkte besorgt. Mein erster Gedanke war, dass Anatoli vielleicht das Schild falsch gelesen hatte und wir am falschen Bahnhof ausgestiegen waren. Es war aber einfach nur sehr kalt hier draußen – Mama scheuchte uns ins Bahnhofsgebäude. Ganz anders als der riesige Bahnhof in Rostow war dieser hier klein. Nur ein paar Leute standen in den Ecken oder saßen auf Bänken und versuchten, sich warm zu halten. Ein großer, dickbäuchiger Ofen brannte. Einfach nur in seine Nähe zu kommen tat schon gut.

Gerade als Mama sich darüber Gedanken machte, ob wir durch den hohen Schnee und bei dieser Kälte zu Großmutter würden laufen müssen, kam dieser kleine, alte Mann durch die Tür – wenigstens sah er für mich so aus. Es war Petrowitsch und damals war er noch gar nicht so alt. Er strahlte übers ganze Gesicht. Mama war, wie man sich denken kann, überglücklich, ihn zu sehen.

„Petrowitsch, Anatoli kennst du ja schon, und hier ist meine Kleine, Nonnatschka", stellte Mama mich vor.

„Los jetzt, die Pferde werden schon unruhig. Sie dürfen auf keinen Fall auskühlen", kommandierte Petrowitsch.

Großäugig starrte ich auf den Schlitten. Ich war ein wenig eingeschüchtert von den Lauten, die die Pferde von sich gaben, also ließ ich Anatoli zuerst einsteigen.

„Keine Angst, Nonnatschka", machte er mir Mut. „Schlitten fahren macht riesig Spaß."

Er redete, als sei er ein „alter Hase", was diese Art der Fortbewegung betraf. Und er hatte recht. Nachdem Petrowitsch uns in Decken gewickelt hatte, war es kuschelig warm – selbst der kalte Wind, gegen den wir anfuhren, machte uns kaum mehr etwas aus. Die Straßen waren schneebedeckt, der Schlitten glitt leicht dahin. Der Vollmond gab reichlich Licht.

Viel zu früh kamen wir an den Toren zu Großmutters Haus an. Anatoli und ich waren enttäuscht, dass die Fahrt nur so kurz gewesen war – wir hatten sie gerade so richtig genossen. Großmutters Haus war nicht sehr weit vom Bahnhof entfernt, so hatte es sicher nicht mehr als zehn oder fünfzehn Minuten gedauert, bis wir dort ankamen. Mama jedenfalls war heilfroh, dass Petrowitsch uns abgeholt hatte und wir nicht einen langen Marsch mit unserem gesamten Gepäck hatten machen müssen.

Das Haus war erleuchtet, die Fensterläden noch offen. Elektrizität gab es nicht im Dorf, aber der Straße entlang konnte man die Strommasten stehen sehen. Großmutter hatte in jedem Zimmer mit Öllampen, Laternen und diversen Kerzen für reichlich Licht gesorgt. Babuschka wartete, in ihr Umtuch gehüllt, schon am Gartentor. Sobald sie uns sah, rief sie: „Da sind sie!" Als hätte irgendein General den Befehl dazu gegeben, strömte darauf die gesamte Verwandtschaft aus dem Haus.

Als Erster kam Onkel Shenja, Mamas jüngster Bruder, der damals höchstens fünfzehn oder sechzehn Jahre alt war. Er war ein schmucker junger Mann, der laut Babuschka das gute Aussehen seines Vaters Jakow geerbt hatte. Er war hochgewachsen, schwarzhaarig, hatte braune Augen und einen hellen Teint.

„Du gäbest einen feschen Kosaken ab", sagte Großmutter oft stolz.

Dann tauchte Onkel Leonid auf. Er war ein bisschen schüchtern, nicht sehr groß und hatte hellbraune Haare und blaue Augen wie Großmutter. Er wird so um die achtzehn, neunzehn Jahre alt gewesen sein. Ihm folgte Tante Antonja - sie war zierlich und hübsch mit ihrem hellbraunen, fast blonden Haar und den nussbraunen Augen. Sie war verlobt, sollte dieses Jahr heiraten und lebte in ihrer eigenen Traumwelt. Tante Xenja und ihr Mann Wladimir waren dieses Jahr nicht dabei. Da kamen die Vettern und Cousinen angestürmt, um ihre „Großstadtverwandten" in Empfang zu nehmen: Alina, Onkel Iwans Tochter, war so alt wie Anatoli. Aljoscha, Alinas Bruder, war etwa ein Jahr jünger als ich. Und zuletzt noch Ludmila, ein Kleinkind von vielleicht zwei Jahren - Onkel Iwans kleinstes Mädchen.

KAPITEL 12

WILLKOMMEN ZU HAUSE

Petrowitsch brach auf, so schnell er konnte, brachte die Pferde in den Stall und verstaute den Schlitten. Er war ziemlich müde und wollte sich in sein Häuschen zwischen Stall und Obstgarten zurückziehen. Nachdem jeder jeden begrüßt hatte, wurde aus der Aufregung Gegähne. Es war ja auch schon fast Mitternacht und ein langer Tag gewesen.

Als die kleine Ludmila in ihrer Wiege lag, rückte Großmutter mit einer Mitteilung heraus. Ihre Aufforderung ließ jeden noch einmal aufhorchen. „Alle mal herhören!" Großmutter fuhr fort: „Ich möchte meinem jüngsten Sohn Shenja und meinem ältesten Enkel Anatoli ein Geschenk machen." Alle blickten Großmutter voller Neugierde an. „Dass das Geschenk für die beiden zusammen ist, liegt daran, dass ich die beiden letztes Jahr dabei erwischte, wie sie sich um vier Uhr früh aus dem Haus schlichen, um ihr teures Nachtgeschirr bei der Sickergrube auszuschütten." An diesem Punkt brach Gelächter aus und Anatoli wurde vor Scham ganz rot. Gerne wäre ich ihm irgendwie zu Hilfe gekommen, aber wie? So musste ich zusehen, wie er diese Peinlichkeit ertragen musste – bis sogar er mit den anderen lachen musste.

Großmutter sprach weiter: „Und ich habe mich immer gewundert, warum ihre Nachttöpfe morgens so leer und sauber waren."

Dann hieß Großmutter uns alle, ihr den Flur entlang zu folgen. Am Ende desselben war ein kleines Kabuff, vor dessen Eingang ein Vorhang hing. Voller Stolz zog Großmutter ihn beiseite und – da war sie. Die einzige im gesamten Dorf – eine runde Kloschüssel mit fein gearbeitetem Holzdeckel. Sie war im Boden verankert und über eine moderne Armatur mit Abwasserrohren verbunden, die unterirdisch bis zur etwa hundert Meter entfernten Sickergrube führten.

Das Klo war nicht ganz so modern wie das, das wir in Rostow hatten. Unseres hatte oben einen Wasserkasten mit einer Kupferkette und einem edlen Porzellangriff am Ende der Kette. Daran zog man, um die Toilette zu spülen. Aber egal – diese hier war außergewöhnlich. In der Ecke hinter der Toilettenschüssel stand ein großer Wasserbehälter mit einem dazugehörigen Eimer. Wenn er leer war, musste der Behälter wieder gefüllt werden. Das war eine weitere Pflicht, die wir zu erfüllen hatten – Wasser vom Brunnen nahe der Küchentür zu holen. Wir wechselten uns damit ab, denn bei so vielen dauerte es nie lange, bis der Wasserbehälter leer war.

Nun, nach dem „Übergabezeremoniell" und der Peinlichkeit, die Anatoli über sich hatte ergehen lassen müssen, waren wir allesamt froh, etwas so Tolles im Haus zu haben. So ganz nebenbei hatten wir ja alle etwas davon, denn wir mussten unsere Nachttöpfe nicht mehr in der morgendlichen Kälte nach draußen bringen. Da ich zum ersten Mal hier zu Besuch war, war es für mich kein Unterschied, aber ich freute mich für Anatoli und Onkel Shenja.

Die Standuhr in der großen Diele schlug zwölf. Wir hätten schon längst im Bett sein müssen. Alina und ich wurden in einem der oberen Schlafzimmer einquartiert. Es war ein wohliges Gefühl, sich im Federbett zu verkriechen und unter der daunengefüllten, fast zwei Handbreit dicken Decke zu verschwinden. Ein Gefühl von Wärme, Sicherheit und Liebe umgab uns. Natürlich war da auch eine Ikone in der Zimmerecke. Jesu Augen schauten uns an – wir wussten, dass auch er Wache über uns hielt. Bevor ich's noch merkte, war ich schon eingeschlafen. Und wenn ich in dieser Nacht etwas träumte, dann müssen es Träume vom Paradies gewesen sein.

Am nächsten Morgen, Alina schlief noch tief und fest, hörte ich quer durchs Zimmer das Tappen kleiner nackter Füße. Es war Aljoscha, der sich zu einem Rundgang durchs Haus aufgemacht hatte. Mit der uns allen eigenen Fürsorge für die jüngeren Familienmitglieder folgte ich ihm. Ich war beeindruckt von der Schönheit des Hauses, die sich mir jetzt am Tag noch deutlicher zeigte als in der vergangenen Nacht. Ich folgte Aljoscha treppab in die Küche und bis in einen kleinen Raum – die Speisekammer (vielleicht knapp zwei mal drei Meter groß). Nur ganz wenig Licht schien durch das hoch oben angebrachte Fenster, und eine mit einem Riegel gesicherte Tür führte zum Keller. In der Speisekammer selbst befanden sich viele Regale, die voller Einmachgläser standen. Außerdem gab es einige Fässer voller Mehl, Zucker und Reis.

Da stand ein Glas von Großmutters hausgemachter Stachelbeermarmelade (die wurde meine Lieblingsmarmelade) und gleich daneben ein Keramiktöpfchen mit dicker süßer Sahne für das Frühstück. Beide Gefäße waren offen – wie eine Falle, in die jemand tappen sollte! Aljoscha sah sie noch vor mir und quengelte los: „Das will ich! Das will ich!" Um ihn zum Schweigen zu bringen, steckte ich meinen Finger erst in die Marmelade, dann in die Sahne und ließ ihn daran lecken. Mein eigenes Verlangen wurde dadurch so übermächtig, dass ich gleich noch einmal den Finger in Marmelade und Sahne steckte. Es schmeckte himmlisch.

Wie wir da so unser „Frühstück" genossen, schaute ich auf und sah in der Ecke – ja, hier in der Speisekammer – eine Ikone. Jesus sah mich an, als wollte er sagen: „Das habe ich gesehen!" Mir war klar, dass ich eine der schwersten „Sünden" begangen hatte – ich war ohne Erlaubnis bei jemandem eingedrungen. Jetzt musste ich rasch nachdenken. Da, gleich unten beim Regal stand ein Hocker. Ich tauchte meinen Finger noch einmal in Marmelade und Sahne, stellte mich auf den Hocker und schmierte, obwohl ich die Ikone kaum erreichte, Jesu Lippen damit voll. Jetzt, wo er auch etwas davon hatte, würde er mir sicherlich „vergeben".

In diesem Augenblick hörte ich Großmutters Stimme. Zweifellos war sie schon seit Stunden wach und kam von draußen herein. Ich griff nach Aljoschas Hand und witschte gerade noch rechtzeitig aus der Speisekammer. Als sie uns sah, umarmte sie uns. Ich vergaß dadurch ganz, was ich Ungezogenes getan hatte.

Der übrige Tag war für die Erwachsenen sehr arbeitsreich. Es wurde gebacken und gekocht und das Weihnachtsfest vorbereitet. Im Haus duftete es herrlich.

Was ich von der Fensterbank aus sah, bezauberte mich. Nahe dem Haus war ein Teich, bedeckt von einer festen Eisschicht. Zwei Jungen fuhren darauf Schlittschuh. Eine Straße führte an dem Teich vorbei, auf der ab und an ein ein- oder zweispänniger Schlitten mit Holz oder Sonstigem vorbeifuhr. Als Stadtkind aus Rostow war ich eine solche Ruhe, einen solchen Frieden nicht gewöhnt. Das war eine ganz schöne Umstellung. Es waren keine Straßenbahngeräusche zu hören und kaum Menschen zu sehen.

Birken, so hoch, dass man den Kopf in den Nacken legen musste, wollte man ihre Wipfel sehen, standen in einer Reihe an der Seite von Großmutters Haus – stolz standen sie da, und das, obwohl sie nackt und schneebedeckt waren. Großmutter erzählte oft davon, wie Großvater sie gepflanzt hatte. Sie waren ein Geburtstagsgeschenk für Großmutter gewesen und wuchsen nun mit jedem Jahr höher und höher bis auf die eine, in die der Blitz eingeschlagen hatte.

KAPITEL 13

UNSERE SCHÖNE ZEIT BEGINNT

Die Großen kümmerten sich um die Festvorbereitungen, wir Kinder spielten solange mit unseren Puppen. Die Zeit verging wie im Fluge. Am Spätnachmittag gab es noch eine Überraschung. Wir hörten, wie Babuschka rief: „Petrowitsch, hol die Pferde und den Schlitten raus! Wir wollen eine Ausfahrt machen!"

Großmutter freute sich mindestens so sehr auf die Schlittenfahrt wie wir Kinder – wenn nicht mehr. Uns mit dem Schlitten auszufahren machte Petrowitsch mehr Freude als alles, was er sonst zu tun hatte. Seit er bei der Familie lebte, hatte er das getan – im Winter war es seine schönste Aufgabe.

Während wir in unsere wärmsten Sachen gesteckt wurden (Mützen mit Ohrenklappen, Schals, Fäustlinge), öffneten Onkel Shenja und Anatoli draußen bereits die Tore. Ich konnte jetzt den leuchtend angemalten Schlitten sehen und mir gut vorstellen, warum er seit Generationen in unserer Familie als „größter Schatz" galt. Bei Bedarf musste er mit Ölfarbe ausgebessert werden. Es war ein riesengroßer Schlitten, in dem bis zu zwölf Personen Platz fanden. Und je mehr Leute darin saßen, umso wärmer war natürlich die Fahrt. Die Pferde – alle drei – hatten Glöckchen am Zaumzeug. Es war sehr aufregend.

Jeder wollte vorne bei Petrowitsch sitzen, aber natürlich müss-

ten wir uns mit dem Vornesitzen abwechseln. Nachdem wir endlich alle Platz genommen und uns eingerichtet hatten, ging es
los – was für ein himmlisches Gefühl! Der Tag war wie gemacht
für eine Schlittenfahrt. Die Sonne schien, aber es war schneidend
kalt (so um die dreißig Grad minus). Beim Ausatmen konnten wir
sehen, wie sich kleine, wunderschön glitzernde Eispartikelchen
bildeten.

Andere Schlitten vor uns hatten den Schnee auf der Straße
bereits verdichtet, und da unser Schlitten voll beladen war, hielt
er sich problemlos auf der Straße. Als wir außer Sichtweite von
Großmutters Haus kamen, schlug Petrowitsch den Weg nahe
dem Wald ein. Großmutters Gedanke war, dass wir so vielleicht
ein paar Kaninchen oder anderes Getier zu sehen bekämen. Das
Glöckchengeläut und der Kinderlärm sollten die pelzigen Ge-
schöpfe aufscheuchen.

„Nicht zu dicht an den Bäumen, Petrowitsch", sagte Großmutter. „Wir wollen doch nicht Wölfen oder Wildschweinen begeg-
nen." Es machte ihr ganz offensichtlich Vergnügen, uns ein bisschen Angst einzujagen und dann unsere Gesichter zu sehen.

Nach Sonnenuntergang wurden wir alle hungrig und wollten
gern ins Dorf zurück. Petrowitsch war erschöpft und wollte sich
in sein Häuschen zurückziehen, nachdem er die Pferde in den
Stall gebracht und Decken über sie gelegt hatte, um sie vor der
Kälte zu schützen. Trotz der Dunkelheit draußen war noch viel
vom Tag übrig.

Das Schönste sollte noch kommen. Wir kamen im Wohnzimmer
vor dem *Otschag*, dem Kamin, zusammen, wo Großmutter dann
Lotto, ihr Lieblingsspiel, mit uns spielte. Lotto war ein bisschen
wie Bingo, nur dass wir so etwas wie kleine Fässchen aus einem
Sack zogen, auf denen Nummern standen – eine auf jeder Seite.
Jemand nannte laut die Nummern, und jeder Mitspieler verglich
sie mit den Nummern auf seiner Karte. Großmutter war ganz
vernarrt in dieses Lottospiel. Der Preis für den Gewinner waren
dann Plätzchen oder andere Köstlichkeiten, die sie vor unserer
Ankunft zubereitet hatte. Großmutter war für gewöhnlich dieje-

nige, die am häufigsten gewann. Sie saß dann da mit einem Korb voller Preise und besah sich unsere neidischen Mienen. Schließlich meinte sie: „Das kann ich doch nicht alles allein aufessen. Wer möchte auch?" Natürlich nahmen wir dieses Angebot an und füllten uns die Bäuche mit all den Leckereien. Keine Plätzchen haben je so gut geschmeckt wie die von Großmutter.

Wenn das Lottospiel vorbei war, war auch gerade der frisch gebrühte Tee aus dem Samowar fertig. Großmutter erlaubte uns nie, starken Tee zu trinken – der war für sie. Für uns bereitete sie heißen Kakao zu. Kakao war zu dieser Zeit eine Delikatesse, aber irgendwie schaffte Großmutter es immer, irgendwo versteckt einen Vorrat davon zu haben.

Bevor uns vor Übermüdung die Augen zufielen, spielte Großmutter noch ein weiteres Spiel mit uns. Es war das spannendste von allen, dabei erzählte sie uns von ihrer Familiengeschichte. Die Spielregeln lauteten, dass wir diese Geschichten für uns behalten mussten und niemals jemandem außerhalb der Familie etwas davon erzählen durften, was wir hier erfuhren. Großmutter nahm uns das Versprechen ab, ihr zu gehorchen und alles für uns zu behalten – aus Liebe zu Gott, zu unserer Familie und zu unserer Großmutter.

Sie pflegte dann auf Großvaters Portrait zu zeigen, das im Wohnzimmer über dem Kamin hing. Es war das Bild, auf dem er in seiner weißen Kosakenuniform dargestellt war, das Schwert an seiner Seite. Wenn wir dann alle aufmerksam zuhörten, erzählte sie uns alles über unseren Großvater – wie tapfer und großartig er gewesen war. Sie erzählte uns von Dingen, die vor vielen Jahren geschehen waren, als sie noch jünger war. Manche Geschichten waren sehr traurig. Sogar wenn sie gut ausgingen, vergoss sie während des Erzählens ein paar Tränen, und immer versicherte sie uns, dass uns glücklichere Zeiten bevorstünden. Wenn wir dann schließlich im Bett lagen, gab es so viel Schönes, von dem man träumen konnte. Mir ist inzwischen klar geworden, dass Großmutter uns auf diese Weise das Vermächtnis der Familie weitergegeben hat. Ich werde ihr dafür immer dankbar sein.

Der 6. Januar war unser Heiligabend. Unnötig zu sagen, dass alle ganz aus dem Häuschen waren. Draußen schneite es wie verrückt, und wir Kinder trieben uns den meisten Tag im Haus herum. Mama und Großmutter bereiteten in der Küche das Festessen vor. Tante Tonja musste als Babysitterin für Ludmila herhalten – schließlich sollte sie ja bald heiraten und ein wenig Erfahrung sammeln. Großmutter hielt ihr das oft vor Augen. Onkel Leonid spielte in der Hütte Dame mit Petrowitsch. Onkel Shenja und Anatoli spielten im Wohnzimmer Schach und bezichtigten sich ab und zu des Schummelns. Alina und ich spielten mit unseren Puppen. Aljoscha war überall im Haus – zumindest kam einem das so vor, weil jeder ihn wegschickte, er solle doch jemand anderen stören.

Keines von uns Kindern wusste, dass irgendwo im Stall ein großer Baum (eine *Jolka*) darauf wartete, dekoriert und zum „schönsten Baum der Welt!" zu werden.

KAPITEL 14

WEIHNACHTSGOTTESDIENST

Am Weihnachtsmorgen waren wir Kinder schon hellwach, durften aber nicht runterkommen, bis uns Mama abholte. Wir standen aufgereiht – noch immer in unseren Nachthemden –, als wir Babuschkas Stimme an der Küchentür hörten. Es klang, als erteile sie mal wieder freundlich einen ihrer Aufträge, diesmal an Petrowitsch. Großmutter sagte: „Petrowitsch, ich möchte unbedingt, dass du heute deine Festtagsgarderobe trägst – wir haben unser ganzes junges Gemüse hier. Es sollte die Möglichkeit haben zu sehen, wie Weihnachten gefeiert wird. Wir werden also ganz altmodisch zur Kirche fahren."

„Könnte ich wenigstens meine Mütze statt des Zylinders tragen?", bat Petrowitsch.

Die Sache war bald geklärt – zu Großmutters Gunsten. Wie üblich. Petrowitsch würde sich anziehen, wie er es schon an so vielen Weihnachtsfesten getan hatte, bevor sich alles so verändert hatte.

Mama reihte uns also (wir immer noch in den Nachthemden) vor der verschlossenen Wohnzimmertür auf. Es war Großmutter, die die Tür öffnete. Und da, mitten im Wohnzimmer, stand der wunderschönste Weihnachtsbaum, den ich je gesehen habe. Die Kerzen am Baum waren schon angezündet und der gesamte Raum war ein Meer aus Lichtern und Geglitzer.

Plötzlich war jeder hellwach. Das Funkeln der Kinderaugen erinnerte an den Sternenhimmel. Alle hielten wir uns an den Händen und liefen – Kinder und Erwachsene – mindestens dreimal um den Baum herum. Großmutters Beispiel folgend, umarmten und küssten wir uns anschließend und wünschten uns „alles Gute zu Christi Geburtstag". Nach diesen Wünschen, dem Umarmen und Küssen begannen wir, nach den am Baum hängenden Überraschungen zu suchen. Da gab es kegelförmige Tüten, auf denen unsere Namen standen. Aber die mussten wir am Baum hängen lassen, bis wir von der Kirche zurückkamen. Da wir also den ganzen wundervollen Weihnachtstag noch vor uns hatten, waren wir entsprechend aufgekratzt.

Der Neuschnee war mindestens knietief und bedeckte in Sichtweite einfach alles. Petrowitsch in Frack und Zylinder saß bereits auf dem Schlitten und bemühte sich, die drei Pferde ruhig zu halten. Sie waren mit Kränzen und schön gebundenen roten Schleifen geschmückt. An ihrem Zaumzeug hatten sie außerdem Glöckchen, alles war farbenfroh und fröhlich – und so aufregend wie der ganze bisherige Morgen.

Alle außer Onkel Shenja, der auf Ludmila aufpasste, kletterten in die Kutsche, die auf dem eigentlichen Schlitten montiert war. Draußen war es noch dunkel – es kann kaum später als sechs Uhr gewesen sein. Die Fahrt zur Kirche muss mindestens fünfundzwanzig Minuten gedauert haben. Was waren wir aufgeregt! Anatoli hänselte Petrowitsch, und jeder lachte, weil Petrowitsch unter seinem Zylinder so klein aussah, aber Großmutter schimpfte uns dafür, dass wir uns über ihn lustig machten.

In der Stille des frühen Morgens konnten wir schon lange vor der Kirche viele Glocken läuten hören. An ihrem Klang erkannte ich, dass wir der Kirche näher kamen. Bald erreichten wir eine lange, schmale und von hohen Birken gesäumte Straße, die direkt zur Kirche führte. Es war eine einzigartige Kirche: Natürlich war ich in Rostow schon in orthodoxen Kirchen gewesen, aber so viele Zwiebel- und Spitztürme hatte ich noch nie auf einmal gesehen. Jeder Turm wurde von einem großen Kupferkreuz gekrönt und selbst im Dunkeln konnte man ihren Schein erkennen. Im fahlen Dämmerlicht sahen sie aus wie Gold. Bevor man die Kirche betrat, konnte man gar nicht anders als erst einmal dazustehen und dieses Aufgebot von Türmen und Kreuzen zu bestaunen – wie alt sie wohl waren und wie viele Gläubige sie schon bestaunt hatten? Wer auch immer die Idee zu einem so geformten Kirchturm gehabt hatte, war schon lange tot – aber er hatte etwas für die Ewigkeit hinterlassen.

Um den starken, stolzen Turm in der Mitte standen fünf kleinere herum. Das Kreuz des großen Turms ragte so hoch auf, dass man meinte, es berühre gar den Himmel. Man hatte den Eindruck, die Türme wollten das eigentliche Kirchengebäude übertreffen. Der Eingang zur Kirche war ein großes Portal, dessen oberer Teil genau wie die Türme aussah.

Rechts und links von der Tür waren Bettler. Ein Mann hatte überhaupt keine Beine, sein Rumpf war auf ein Wägelchen geschnallt. Gegenüber war eine blinde Frau mit einem kleinen Jungen an ihrer Seite, der einen Becher hielt. Weitere Bettler waren an den Stufen, die zur Kirchentür führten. Für uns Kinder war, was wir sahen, sehr eindrücklich – ich weiß noch, dass ich mich ziemlich fürchtete.

GEGENSATZ • Nonna bestaunte als Kind die Großartigkeit russisch-orthodoxer Kirchen, die Symbolträchtigkeit und Bedeutungsschwere der Kuppeln, Kreuze und Türme. Sie nahm aber auch wahr, dass unter diesen Türmen Verarmte um Essen und Geld bettelten. Ende 1932 verhungerten bereits Menschen. Es war der Beginn des *Holodomor*, der sowjetischen Aushungerungspolitik, die in weniger als einem Jahr 6 – 8 Millionen Opfer forderte.

Gleichzeitig mit uns kamen noch andere Familien, allerdings kamen die, wenn man sich Petrowitsch so ansah, nicht so vornehm an wie wir. Babuschka schubste uns Kinder sachte durch die riesige Tür, während Petrowitsch sich mit den Pferden beschäftigte.

Er tat so, als hätte er zu tun, aber Großmutters Klarsicht übertraf seine Bauernschläue. Als er schon dachte, nicht mit in die Kirche zu müssen, winkte ihn Großmutter auch schon zu sich, und Anatoli schenkte ihm ein ermutigendes Lächeln. Wenigstens konnte Petrowitsch zu seiner großen Erleichterung den Zylinder abnehmen, solange er in der Kirche war.

Die Atmosphäre in der Kirche erschlug mich fast – all die Menschen und die vielen Kerzen (es müssen Hunderte gewesen sein), große und kleine. Jeder, der in die Kirche ging, musste sich eine kleine Kerze nehmen und an einer der großen anzünden, die links und rechts vom Eingang standen. Dann ging man weiter ins Kircheninnere. In der Mitte der Kirche versammelten sich alle um einen kanzelartigen Tisch, der von vier riesigen Kerzen umstellt war.

Auf dem Tisch lag unter Glas eine Ikone, auf der Maria und das Jesuskind abgebildet waren. Der Reihe nach traten die Besucher herzu, küssten die Ikone bzw. das Glas und stellten eine Kerze daneben. Als wir an der Reihe waren, drehte sich Anatoli weg. Mama sah ihn tadelnd an und schob ihn auf die Ikone zu. Und natürlich – Babuschka war ja hinter uns – taten wir, was alle taten. Wir küssten die Ikone und gingen weiter. Es war unglaublich still, als die Menge sich so voranbewegte – nur das Scharren der Füße war zu hören.

Ganz plötzlich ließ der Chor ein lautes Halleluja erschallen. Es war, als erfüllten Tausende Engel die Kirche. Der Chor sang jetzt die Kantate. Sie dauerte lange und wurde nur ab und zu unterbrochen von der tiefen Stimme des Priesters. Das Priestergewand war ein einziges Geglitzer, die Lichter der Kerzen wurden davon reflektiert. Ab und an verschwand der Priester hinter dem Vorhang, um mit dem Weihrauchfass wiederzukommen, das er dann – Weihrauchduft verbreitend – schwang.

Meine kleinen Füße wurden schon bald müde. Wie gerne hätte ich mich hingesetzt, aber es gab keine Stühle – die Gläubigen standen entweder oder knieten. Als ich Großmutter dabei sah, kniete auch ich mich hin. Für ein Weilchen konnten sich meine Füße ausruhen. Zumindest wir Kinder (und ich wette, auch

Petrowitsch) waren froh, als der Chor endlich das letzte Amen sang. Vor der Kirche standen die Leute, umarmten sich, küssten sich und wiederholten, was wir uns bereits zu Hause gewünscht hatten, nämlich: „Alles Gute zu Christi Geburt".

Als wir wieder in der Kutsche saßen, war die Spannung – wenigstens für uns Kinder – kaum noch auszuhalten. Wir wussten: Noch eine kleine Weile, dann würden wir unsere kegelförmigen Tüten öffnen und uns die Bäuche mit den köstlichsten Leckereien vollstopfen. Die Kirchenglocken läuteten in einem fort und selbst die Pferde schienen nun rasch ins Dorf zurückzuwollen. Petrowitsch fing an, ein Festtagslied zu summen, und schon bald sang jeder mit. Anatoli stand mitten in der Kutsche und tat, als dirigiere er einen Chor.

Noch bevor wir das Dorf erreichten, fing es heftig zu schneien an. Die Schneeflocken waren ganz dick und schienen an unseren Gesichtern kleben zu bleiben. Wenn es noch ein paar Stunden so weiterschneite, läge für die kommenden Tage eine grandiose Zeit vor uns: Schnee genug, um Schneemänner und Iglus zu bauen.

Die Tore waren offen. Petrowitsch ließ uns in der Kutsche sitzen, bis die Pferde direkt am Stall waren. Deutlich konnte man sehen, dass er froh war, heim und aus seiner „Weihnachtsuniform" herauszukommen. Er war der Erste, der in seinem Häuschen verschwand, um sich umzuziehen. Wenige Minuten später kam er zurück, um die Pferde in den Stall und die Kutsche in die *Saraj*, eine Art Garage, zu bringen. Bevor wir ins Haus gingen, nutzen wir die Chance, uns noch mit ein paar Schneebällen zu bewerfen, wobei wir sorgfältig darauf achteten, nicht etwa Babuschka zu treffen. Anatoli schnappte sich eine Handvoll Schnee und rannte damit auf der Suche nach Onkel Shenja ins Haus. Als er ihn fand, stopfte er ihm den Schnee in den Kragen, woraufhin Onkel Shenja ihn durch die gesamte Küche jagte, bis ihnen Großmutter durch ein Handzeichen zu verstehen gab, dass augenblicklich Ordnung zu herrschen habe. Anatoli musste die Schneepfütze aufwischen, aber keiner schien sich um Ungezogenheiten zu kümmern – es war ja alles so aufregend.

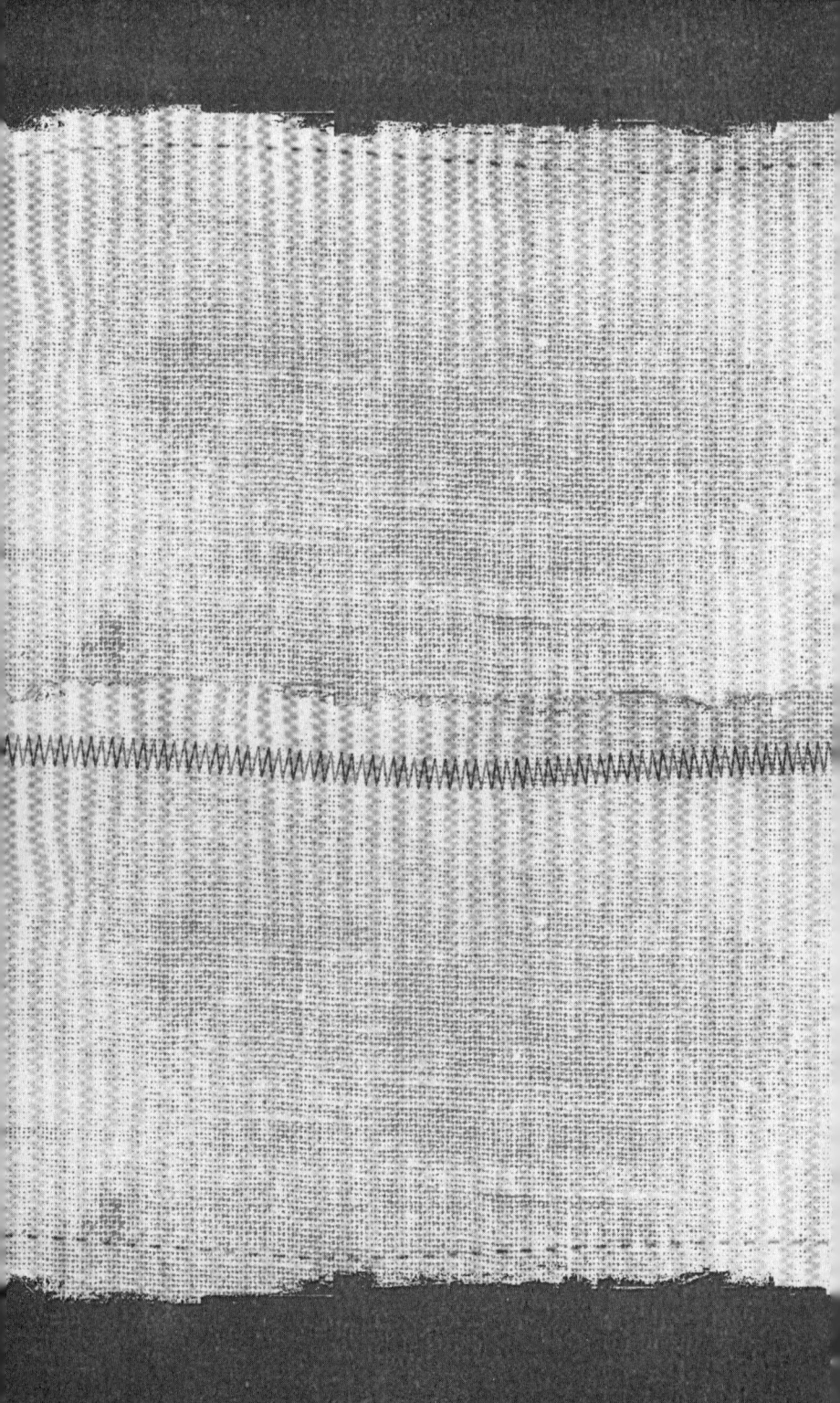

KAPITEL 15

WEIHNACHTEN
1932

Während wir jüngeren Kinder eifrig unsere „Kegel" vom Weihnachtsbaum auspackten, richteten Großmutter und Mama all das Essen her, das sie so aufwendig zubereitet hatten. Ein umwerfender Duft kam aus der Küche. Schon bald roch es im ganzen Haus nach Vanille, Mandel, Ingwer und allem, was ein Festessen so zu bieten hat. Ich glaube nicht, dass ich an diesem Tag nur drei Mahlzeiten hatte. Essen stand auf jedem Tisch, und wir aßen und aßen. In den nächsten zwölf Tagen, so will es mir heute scheinen, taten wir nichts anderes als essen! Der Samowar bereitete Tee rund um die Uhr, und die Großen ergingen sich in Erinnerungen – außer Onkel Leonid, der viel Zeit mit Petrowitsch in dessen Hütte verbrachte. Sie spielten Dame und sprachen viel über längst vergangene Zeiten. Onkel Leonid war immer der Stille. Ich kann mich nicht erinnern, dass er viel sagte oder jemals ärgerlich war, wenn er bei uns war. Er hatte immer einen milden Gesichtsausdruck und lächelte viel.

Onkel Shenja war das ganze Gegenteil – er war eine aufregende Persönlichkeit. Seine fast schwarzen Augen funkelten und er hatte diesen gewissen Schalk. Ich denke, dass er mehr als jedes der anderen Kinder Großvater Jakow ähnlich war. Vielleicht wollte Großmutter auch deshalb, dass er Kosake wurde. Onkel Shenja und Tante Xenja waren die Einzigen aus der Familie, die Großvaters dunkelbraune Augen geerbt hatten. Meine anderen Onkel und Tante Tonja hatten blaue oder nussbraune Augen wie Großmutter.

Wie wir gehofft hatten, schneite es den ganzen Tag – überall türmte sich pappiger Schnee. Der Teich war unter mindestens einem halben Meter Schnee verborgen, und wenn man nicht wusste, wo er war, konnte man den Teich gar nicht ausmachen. Überall dasselbe: WEISS! Es bestand natürlich keinerlei Gefahr, in den Teich zu plumpsen – das Wasser war schon lange dick zugefroren gewesen, bevor der Schneefall eingesetzt hatte. Und hier am Teich hatten wir alle den meisten Spaß. Der Schnee wurde hin und her geschaufelt, um das Eis fürs Schlittschuhlaufen freizulegen. Darin waren Onkel Shenja und Anatoli Experten. Alina und ich hatten unseren Schlittschuhunterricht noch vor uns.

Zuerst mussten wir lernen, wie man mit nur einem Schlittschuh fährt – einem hölzernen, nicht etwa einem aus Metall. Mit dem freien Fuß stießen wir uns ab und glitten dann auf dem einen Schlittschuh. Im nächsten Schritt lernten wir, wie man auf zwei Schlittschuhen steht, und dann – bevor wir damit aufs Eis durften –, wie man mit ihnen auf Schnee geht. Das kam uns eigentlich ganz einfach vor – wir mussten nur lernen, uns auszubalancieren. Als wir das dann beherrschten, mussten wir uns nur langsam bewegen und unsere Oberkörper nach vorne bringen. Es gab allerdings schon ein paar Stürze, bevor wie es richtig packten, und auf Eis tat das auch ein bisschen weh – wir landeten dauernd auf unserem Steißbein. Also musste jemand eine Weile neben uns herlaufen und uns Halt geben, indem er uns von hinten an den Schultern fasste, bis wir sicherer waren. Der Durchbruch war geschafft, wenn wir unsere ersten Schritte ganz ohne fremde Hilfe taten. Nichts hätte uns stolzer und froher machen können – wir fühlten uns wie ein Vogel, der eben das Fliegen gelernt hat.

Es gab verschiedene Schlittschuhe zur Auswahl. Wir hatten damals keine besonderen Eislaufschuhe – die Schlittschuhe wurden mit Halterungen und einem dazugehörigen Schlüssel an den Sohlen von allen möglichen Schuhen befestigt, Hauptsache derb und hochgeschlossen. Die hölzernen Schlittschuhe mit den breiten Kufen waren für die Anfänger gedacht und wurden mit kräftigen Lederriemen festgeschnallt. Die übrigen Schlittschuhe waren aus verschiedenen Metallarten hergestellt. Die wertvollsten davon (nur von Experten benutzt) waren aus Sterlingsilber gefertigt. Anatoli bekam zu seinem zwölften Geburtstag ein Paar solcher silbernen Schlittschuhe – ich werde nie die Freude in seinem Gesicht vergessen, als er die Schachtel aufmachte und diese silbernen Schlittschuhe darin fand.

Immerzu, so schien es, war da auch noch ein Haufen anderer Kinder, die am Teich spielten und dort Schlittschuh liefen, und ein Fiesling war immer dabei, der Probleme machte. Die älteren Kinder spielten den jüngeren Streiche – meistens gemeine und gefährliche Streiche. Irgendjemand sagte zum Beispiel nach einer Weile: „Zieh mal die Handschuhe aus und fass an die Kufen deiner Schlittschuhe." Die Finger „klebten" dann am Metall der Kufen fest, so kalt waren sie. Manchmal kam es vor, dass die Haut von den Fingern gerissen wurde und es furchtbar wehtat. Am schlimmsten allerdings war es, wenn man die Kufen mit der Zunge berührte – das gab immer eine böse Verletzung an der Zunge und das betreffende Kind musste zum Arzt gebracht werden. Natürlich passten Onkel Shenja und Onkel Leonid gut auf uns auf und schärften uns ein, nicht auf die anderen Kinder zu hören. Wurde eines erwischt, wie es jemandem einen Streich spielen wollte, wurde es von unserem Teich verjagt und durfte nie wieder hier aufkreuzen!

Nachdem sich die ganze Aufregung langsam gelegt hatte, versammelten wir uns an diesem Abend, dem Weihnachtsabend, am *Otschag.* Wir lauschten den Geschichten aus Großmutters Leben, Geschichten, die nie ihren Reiz verloren. Wenn wir ihr so zuhörten, dann war es, als erlebten wir alles mit. Wir waren umgeben von Liebe – und Magie: die Wärme des Kaminfeuers, der Duft von Weihnachten und Babuschka, wie sie mit im Schoß gefalteten Händen dasaß, noch immer in ihrem schönen, dunkelgrünen Samtkleid mit einem Besatz aus selbst gefertigter Spitze, mit ihrer so sanften und gleichzeitig starken Stimme und dem freundlichen Blick ihrer Augen. All das ist mir für immer in Erinnerung. Immer wenn ich in diese zauberhafte Zeit meines Lebens zurückkehren möchte, kann ich sie so sehen, wie sie damals war. In meiner Erinnerung wird dieses Bild von ihr unvergesslich bleiben. Es wird sich nicht verändern, selbst wenn ich hundert Jahre alt werden sollte. Wenn ich mich unglücklich oder einsam fühle, trösten mich solche Erinnerungen, die ich ja stets bei mir trage.

Das Letzte, was wir an diesem Abend hörten, nachdem wir alle glücklich zu Bett gegangen waren, war das Schlagen der Standuhr. (Wie viele Schläge? Zwölf? Oder weniger?) Keiner von uns wusste, was Mutter Natur draußen trieb. Die großen Fenster hatten Läden, von innen angebracht, die geschlossen gehalten wurden, um das Eindringen der Kälte zu verhindern.

Als wir am nächsten Morgen aufwachten, war es unglaublich still überall – nichts war von draußen zu hören. Es war ein eigenartiges Gefühl, jeder fragte sich, was hier los war. Als die Fensterläden geöffnet waren, war außer dem Schnee, der die Fensterscheiben bedeckte, nichts zu sehen. Von irgendwo draußen vor der Küche rief uns Petrowitsch zu, er sei dabei, den Schnee vom Eingang fortzuschaufeln. Er musste sich wohl aus seiner Hütte herausgegraben haben. Es dauerte lange, bis wir kapierten, was geschehen war.

Für uns war das alles sehr aufregend, denn wir hatten noch nie so viel Schnee auf einmal gesehen. Der Schneesturm war durch unser Dorf gefegt und hatte mit heftigen Winden so viel Schnee angeweht, dass unser zweistöckiges Haus bis zu den oberen Fenstern bedeckt war. Nachdem Petrowitsch den Weg zur Tür und auch den Kücheneingang freigelegt hatte, durften wir uns alle anziehen, um ihm beim Schneeschippen hinter dem Haus zu helfen. Wie hoch der Schnee an der Vorderseite des Hauses war, kümmerte keinen – tagelang benutzten wir den Kücheneingang.

Während wir eifrig Schnee schaufelten, sah ich beim Stall eine

Bewegung – etwas Rotes, Buschiges, das hinter dem Stall verschwand. Ich schrie auf und zeigte in Richtung Stall. Alle rannten – der Spur des Tieres folgend – hinter den Stall. Und was fanden sie? Zusammengekauert in der Ecke zwischen Zaun und Stall saß da ein Rotfuchsjunges. Es war sehr klein, kaum größer als ein Welpe oder eine große Katze. Irgendwie war es von seiner Mutter getrennt worden und in unseren Hinterhof geraten. Alle wollten wir es streicheln und auf den Arm nehmen, aber Petrowitsch wies uns an, das Tier nicht mit bloßen Händen anzufassen, denn wenn ein Mensch ein Wildtier berührt, verstößt die Mutter es, sodass es garantiert verhungern muss. Also packte er das Fuchsbaby in einen Sack, stieg auf ein Pferd und brachte es in den Wald zurück. Wir standen alle da, sahen ihn davonreiten und winkten unserem unerwarteten Gast ein Lebewohl hinterher.

Bis nach Einbruch der Dunkelheit (so etwa gegen vier Uhr nachmittags) blieben wir draußen. Wir hatten einen Heidenspaß, denn mit dem inzwischen recht pappigen Schnee konnte man viel anfangen. Wir bauten Iglus mit langen Tunneln dazwischen und krochen hindurch. In den Tunneln war es warm. So lernten wir bei dieser Gelegenheit, warum die Eskimos Schneehäuser bauen und die Kälte überleben. Da kein Wind ging, war es eigentlich gar nicht so kalt, und als die Nacht hereinbrach, schien der Vollmond. Man konnte bei der Menge an Schnee gar keinen Horizont ausmachen – der Mond schien einfach mit dem Himmel zu verschmelzen. Umwerfend war die unglaubliche Ruhe – tags wie nachts. Gelegentlich hörte man irgendwo einen Hund bellen, nachts drang das Heulen eines Wolfes aus dem fernen Waldgebiet zu uns.

Wir Kinder allerdings machten beim Spielen im Freien ganz ordentlich Lärm. Man konnte den Rauch aus den Kaminen riechen – gemischt mit dem Geruch nach Frost und Schnee ergab sich ein Duftgemisch, das einem unvergessen blieb. Mir kam es vor, als hätte sich in der gesamten Zeit, die wir bei Großmutter verbrachten (also zwölf Tage lang) das Wetter nicht verändert – von der Sonne war zwar nicht viel zu sehen, aber nachts schien immer der Mond. Nach dem großen Schneesturm fiel kein weiterer Schnee, aber es war genug Schnee gefallen, dass er sicherlich noch lange Zeit liegen blieb.

Doch irgendwann war es so weit, dass Mama, Anatoli und ich wieder nach Hause mussten. Plötzlich vermisste ich Papa und wollte heim zu ihm.

Diese zwei Wochen meines Lebens haben einen Eindruck hinterlassen, der mir ein Leben lang erhalten bleiben wird. Fast jedes Jahr in der Vorweihnachtszeit kann ich Stunde um Stunde damit verbringen, in Erinnerungen an diese herrliche Zeit zu schwelgen. Es ist dann, als ginge ich in der Zeit zurück, um alles noch einmal zu erleben, wie es damals war – die Schönheit, die Düfte, die Liebe und Zärtlichkeit, den Spaß, die Berührungen meiner Lieben – besonders meiner lieben Babuschka. Ich danke Gott, dass er mich dieses besondere Weihnachten hat erleben lassen – eines, das für immer bei mir bleiben wird!

* * *

WINTERTAG
Es war ein herrlicher Dezembertag,
mit reifbedeckten Bäumen,
leuchtend in der strahlenden Sonne.
Die Schlittenkufen kreischten
auf dem gefrorenen Schnee,
als Papa den Schlitten zog.
Da lag ich
und schaute in den strahlend blauen Himmel.
Was ging wohl durch meinen kleinen Kopf
damals?
Ich kann mich nicht daran erinnern,
aber ich hatte absoluten Frieden,
war glücklich und geborgen.

KAPITEL 16

Kindheitserinnerungen

Als alternde Frau saß Nonna auf dem Dachboden, in der Hand einen Stift, und schrieb ihre Erinnerungen an eine glückliche Kindheit nieder. An diesem Punkt hält sie im Erzählen inne und sinniert einfach über Bilder und Gerüche dieser magischen Jahre, in denen sie so glücklich, voller Frieden und Geborgenheit war – Erinnerungen, die wieder einmal im Kontrast stehen zu den üblichen leidvollen Berichten aus der Zeit unter Stalin. In der Rückschau und vor dem Hintergrund ihrer späteren Kriegserlebnisse verblasste wohl jegliches Leid, das ihr damals – dank dem Wohlstand ihrer Familie – angenehmes Leben störte.

Kindheit! Warum nur sind diese Eindrücke so frisch, so lebhaft? Ich bin jetzt über fünfzig, nähere mich den sechzig und lebe in einem fremden Land weit weg von allem, was mir heimisch ist, und doch sehe ich sie ganz klar, fühle sie, nehme ihren Duft wahr – und das nicht im übertragenen, sondern im wörtlichen Sinne! Im Leben eines Kindes spielen die fünf Sinne eine herausragende Rolle, und gleich nach dem Sehen ist natürlich das Riechen am wichtigsten. Wenn ich mich in die Vergangenheit zurückversenke, dann lässt vor allem die Erinnerung an einen bestimmten Geruch das Geschehen von damals lebendig erscheinen – zum Beispiel der Geruch von Flieder unter meinem Fenster in Großmutters Großem Haus oder vielleicht Großmutters berühmter Plumpudding, den sie so sorgfältig zubereitete und zur Weihnachtszeit servierte. Man goss Rum darüber, zündete ihn an und stellte ihn noch brennend auf den Tisch.

Irgendwie sind Erinnerungen meistens mit dem Geruch von Lieblingsspeisen aus der Kinderzeit verknüpft – wie Kirschtaschen, *Piroschki* genannt. Sie wurden in der Küche vorbereitet und gebacken. Meine Mutter machte sie nach demselben Rezept wie meine Großmutter, und wenn sie im Ofen waren, verbreitete sich ihr Duft im gesamten Haus. Auch der Duft der frischen Blumen, die rund ums Haus gepflanzt waren, und der blühenden Bäume (Kirsch-, Apfel-, Birn-, Pfirsich- und anderer Bäume) habe ich noch in Erinnerung.

Ich verbrachte viel Zeit mit Lesen und Hausaufgabenmachen im Obstgarten. Diese Zeiten werden mir auf immer besonders fest im Gedächtnis haften bleiben. Ich las auch Bücher, auf die ich deutlich neugieriger war als auf meine Schulbücher oder die aus der Bücherei. Manchmal ging ich durch Vaters Bibliothek und stibitzte mir ein paar von seinen Büchern. Viel verstand ich allerdings nicht – ich war ja erst acht oder neun Jahre alt.

„IM OBSTGARTEN“ ... „DURCH VATERS BIBLIOTHEK“ • Nonna erinnert sich an eine Zeit im Großen Haus, die nichts mit ihrem ersten Weihnachtsbesuch zu tun hat. Wahrscheinlich gehört die Erinnerung an Vaters Bibliothek in Verknüpfung mit Großmutters Obstgarten in die Zeit, als Jewgeni und Anna später bei Feodosija einzogen.

Meine Tante Xenja erlaubte es mir, auch von ihren Büchern welche auszuleihen. Das waren dann Romanzen, die von Königen, Prinzen und Prinzessinnen handelten. Ich verschlang sie und hatte viele süße Tagträume davon. Jetzt kommt mir das geradezu komisch vor, weil sie so naiv geschrieben waren. Aber egal – ich las sie mit Begeisterung, vor allem, weil manches davon für junge Mädchen meines Alters eigentlich verboten war. Wenn man sie mit dem vergleicht, was Kinder heutzutage so lesen, kommen sie einem richtig unschuldig vor. Ich las sie gerne.

Kindheit war etwas Aufregendes für mich, wenn ich so auf die vergangenen Jahre zurückblicke!

KAPITEL 17

Zurück zur Realität

1933

Als wir in den Zug stiegen, der uns nach Rostow zurückbringen sollte, freute ich mich sehr auf das Wiedersehen mit Papa, andererseits war ich traurig, dass wir von Babuschka Abschied nehmen mussten. Jetzt, wo ich älter bin, kann ich sehen, was für eine ungeheure Mühe sie sich gegeben hatte, ihren Kindern und Enkeln ein Weihnachten zu bescheren, das keiner von uns jemals vergessen würde. Großmutter hatte schon so viele Veränderungen durchlebt – sicherlich wusste sie, dass sich noch viel mehr verändern würde.

Wie freute sich Papa, als wir zu Hause ankamen! Und natürlich hatte ich ihm eine Menge zu erzählen, was während unseres Besuches bei Großmutter alles passiert war. Unser Leben nahm seinen gewohnten Gang – Anatoli und ich gingen zur Schule, Mama und Papa hatten ihre regelmäßigen Verpflichtungen. Mama hatte mit ihren gesellschaftlichen Aktivitäten viel zu tun und gab Klavier- und Violinkonzerte. Papa arbeitete noch immer in der Maschinenfabrik, wo er auch viele neue Freunde hatte. Mama und Papa hatten auch neue Freunde an der Universität von Rostow. Oft unternahmen wir Ausflüge nach Natschitschewan, wo sich die Universität befand. Wir nahmen dann die Straßenbahn und waren von zu Hause aus etwa vierzig Minuten bis dorthin unterwegs. Da Papa ein paar zusätzliche Aufgaben hatte und einige der medizinischen und Laborinstrumente der Universität reparieren musste, war er oft dorthin unterwegs.

DIES UND DAS • In einem frühen Tagebuch schrieb Nonna ab und zu etwas über diese Zeit. Hier eine ihrer Aufzeichnungen: „Heute haben wir viel Zeit im Park verbracht – und hatten riesigen Spaß dabei – nur Mama und ich. Wir werden noch zur Universität nach Rostow (Natschitschewan) fahren, um Mamas Freunde zu treffen. Hoffe, wir können bei Frau Solschenizyna übernachten. Als wir das letzte Mal dort waren, war das eine Mordsgaudi. Warum wohnen die nur so nahe an der Kathedrale? Andauernd sehe ich Popen (Priester) aus den Seitentüren kommen."

Mama hatte sich mit einer anderen hochbegabten Musikerin namens Frau Solschenizyna angefreundet. Alexander Solschenizyn lernten wir, glaube ich, kennen, als wir sie einmal zu Hause besuchten. Er gehörte zur Chemischen Fakultät der Universität. Ich genoss es immer, Frau Solschenizyna zu besuchen. Auch an ihren Sohn Sascha erinnere ich mich und dass er mit einem komischen weißen Mantel zum Mittagessen nach Hause kam. Er hatte große Ohren und war eher schweigsam. Ich fand es lustig, wie er seine Kekse verschlang und schnell seine Milch trank. Ich liebte den Napoleonkuchen, den ihr Koch backte – einsame Spitze!

Eines Tages beschlossen Mama und ich, Frau Solschenizyna einen Besuch abzustatten – wir freuten uns sehr darauf, sie zu sehen. Es war ein herrlicher Morgen. Nachdem Anatoli zur Schule und Papa zur Arbeit aufgebrochen waren, entschied Mama, mich heute nicht zur Schule zu schicken, damit ich ihr bei ihrem Ausflug nach Natschitschewan Gesellschaft leisten könne. Es war einer der schönsten Maitage und die Blumen standen in voller Blüte. Wir gingen die paar Blocks bis zur Straßenbahnhaltestelle und stiegen ein. In unserem Wagen waren nur wenige Leute, wir konnten uns also ans Fenster setzen und beobachten, wie die

Menschen draußen zur Arbeit, Schule oder wohin auch immer eilten.

Schneller als gedacht erreichten wir Natschitschewan. Wir stiegen in der Nähe des Theaters aus und gingen die Straße entlang, an Park und Theater vorbei in Richtung Kathedrale. Da wir kein Telefon hatten, kamen wir bei Frau Solschenizyna gänzlich unangekündigt an, was Mama einigermaßen unangenehm war. Eigentlich gefiel es ihr gar nicht, einfach so „reinzuschneien", ohne wenigstens eine Nachricht geschickt zu haben. Aber egal – diesen Ausflug hatten wir aus einer Laune heraus gemacht, und überhaupt hätte es mehrere Tage gedauert, eine Nachricht zustellen zu lassen. Heute war es Mama eben danach, eine Freundin zu besuchen, da wollte sie nicht noch ein paar Tage warten. Ich fand die Idee klasse! Ich war froh darüber, mal einen Tag Schule schwänzen zu können und mit Mama unterwegs zu sein. Sie hatte für Papa einen Zettel auf den Küchentisch gelegt, auf dem stand, wo wir waren.

Frau Solschenizyna freute sich sehr, uns zu sehen. Wir kamen an, als sie gerade zu einem Einkaufsbummel aufbrechen wollte. So beschlossen wir, zu dritt die Hauptstraße Rostows entlangzuspazieren. Mit der Straßenbahn fuhren wir hin.

Unseren ersten Halt legten wir bei einer Eisdiele ein, vor der runde Tische unter Sonnenschirmen standen. Wir müssen zu dieser frühen Stunde wohl die einzigen Besucher gewesen sein. Ich aß so viel Eis, dass sich mein Magen wie eingefroren anfühlte. Danach ging es weiter zu den Buchhandlungen. Als wir allerdings an einem Spielzeugladen vorbeikamen, fragte Mama: „Da wollen wir doch wohl nicht reingehen, oder?" Sie hatte die Frage noch nicht zu Ende ausgesprochen, da war ich schon am Ladeneingang.

Ich schaute mir alles in den Regalen nur an, denn man hatte uns beigebracht, dass wir das Spielzeug nicht einfach herausnehmen durften, sondern warteten, bis wir gefragt wurden, ob es wohl etwas gäbe, das Mama für uns aussuchen sollte. Mein Blick fiel auf eine kleine Plastikpuppe (sie stellte einen Jungen dar) in Matrosenuniform mit einem kleinen Boot in der Hand. Ich hatte diese Puppe viele Jahre. In meinen Spielzeugregalen hatte sie immer einen besonderen Platz, weil sie mich immer an diesen erfreulichen Ausflug zur Hauptstraße erinnerte.

Als wir dann mit der Straßenbahn zurück zu Frau Solschenizynas Haus fuhren, hielten wir bei einem Musikgeschäft an. Mama und Frau Solschenizyna kauften sich ein paar neue Notenhefte. Als wir wieder zu Hause waren, probierten sie die neuen Musikstücke gleich aus und waren mit ihrer Wahl sehr zufrieden. Der Koch hatte wunderbare Kekse gebacken und uns frischen Tee aufgebrüht. Der Tag verging wie im Fluge – schon mussten Mama und ich wieder aufbrechen.

Als wir uns anschickten zu gehen, schaute Mama zum Himmel und sah hässliche schwarze Wolken. Der Wind hatte aufgefrischt, die Menschen beeilten sich, irgendwo Schutz zu finden. Frau Solschenizyna überredete uns zu bleiben, da ganz offensichtlich das schöne Wetter kippte und ein großer Sturm im Anzug war. Mama war beunruhigt, weil Papa und Anatoli sich um uns Sorgen machen würden, aber es gab keine Möglichkeit, die beiden wissen zu lassen, dass wir in Sicherheit waren. Draußen wurde es schrecklich dunkel. Der Priester in der Kirche öffnete die großen Türen, um Leute von der Straße hereinzulassen.

Zweifellos war ein richtiger Sturm im Anmarsch. Allesamt gingen wir mit Kissen und ein paar Decken in den Keller. Wir verbrachten den Abend (oder wenigstens den halben) mit Karten- und anderen Spielen und mit Singen und Lesen, bis der Sturm sich gelegt hatte. Wir beschlossen, bei Frau Solschenizyna zu übernachten und erst am nächsten Morgen nach Hause zu fahren.

Dies war einer der Ausflüge nach Natschitschewan, die ich nie vergessen werde. Er war so schön und gleichzeitig aufregend und unheimlich. Unnötig zu sagen, dass Papa und Anatoli sehr froh waren, uns am nächsten Morgen, als wir nach Hause kamen, gesund und munter anzutreffen.

Nonnas kind-
liche Beschreibungen von Alexander waren treffend, sie bewahrte
sogar über den Krieg hinaus ein Foto von Taissia auf – das gibt es
noch heute. Trotz ihrer Erinnerungen an den Koch, an die Zutaten
für Napoleonkuchen oder den Erwerb von Noten lebten Taissia und
Alexander in relativer Armut in ihrer kleinen Wohnung in Rostow am
Don. Ihre vielen Familienbesitztümer und ihr Geld waren von der
Regierung beschlagnahmt worden. Vermutlich hat Nonna als Kind
nie verstanden, in welcher Situation die andere Familie lebte.

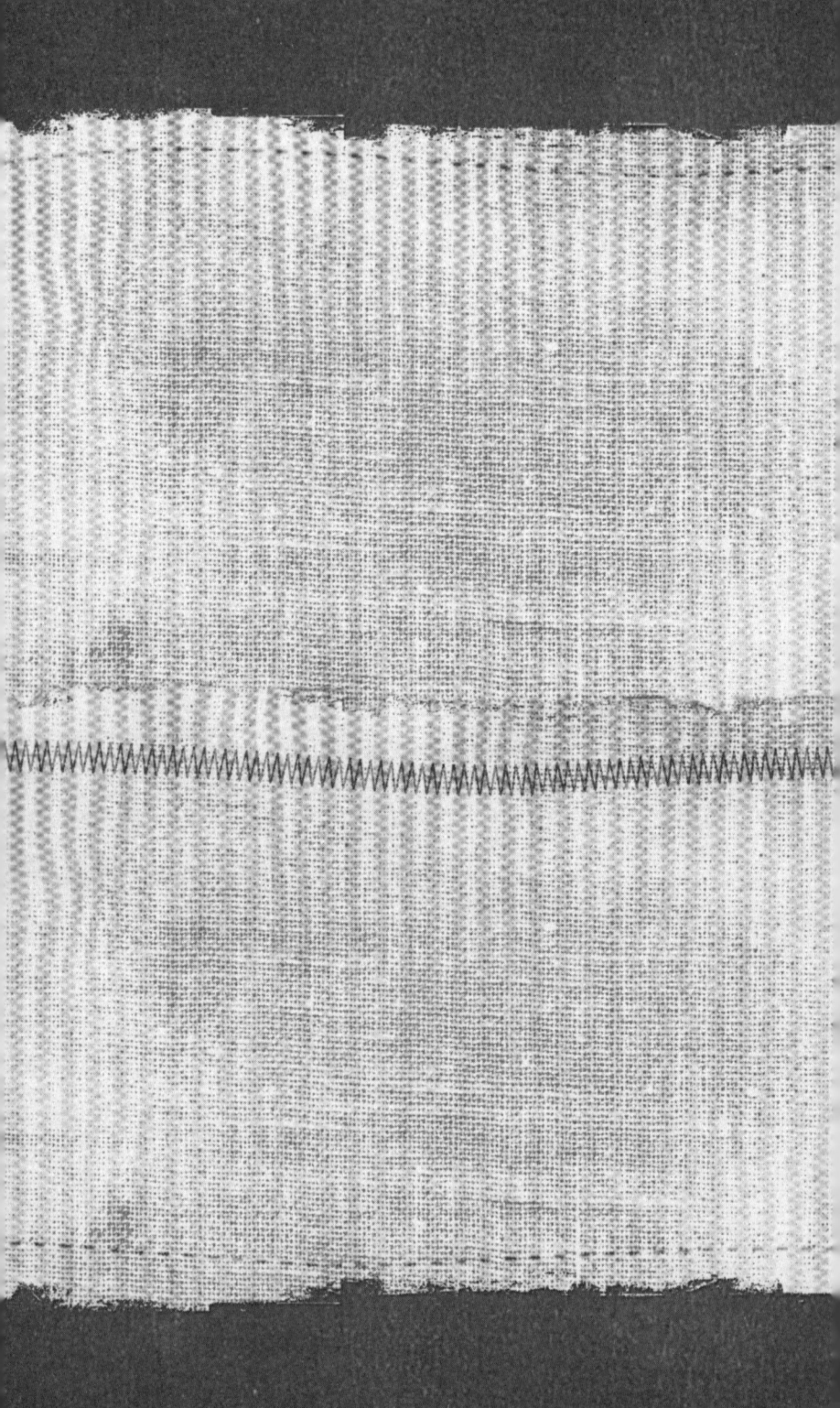

KAPITEL 18

Schwere Zeiten
1933-34

In ganz Russland breiteten sich Kriegsgerüchte aus. Dass schwere Zeiten auf uns zukamen, schien unausweichlich. Papa arbeitete noch immer in der Maschinenfabrik und hatte Kontakt zu vielen Ausländern aus westlichen Ländern. Wir hatten auch viele ausländische Besucher bei uns. Papa pflegte sie in seine Bibliothek einzuladen und dort mit ihnen lange Unterhaltungen zu führen. Ich konnte diesen Gesprächen nie so richtig folgen, da sie in verschiedenen Sprachen geführt wurden. Papa schien auf alle Fälle besorgt zu sein, auch wenn er die Situation mit Anatoli und mir nie besprach. Er verbrachte so viel Zeit mit uns, wie er nur konnte, und versuchte dabei immer, fröhlich zu sein, brachte uns aber auch immer Dinge bei, die uns später von Nutzen sein würden.

Der Schulbetrieb lief weiter, auch wenn sich die Russen auf einen Krieg vorbereiteten. Wir hatten Übungen, bei denen wir lernten, wie wir uns im Falle eines Bombenangriffs zu verhalten hätten. Während solcher Übungen flog die russische Luftwaffe über uns und ließ Bombenattrappen fallen. Die zivile Bevölkerung wurde angewiesen, in ihren Höfen Schützengräben zu buddeln. Große Gräben mussten dazu ausgehoben werden, in einer Art Zickzack, damit die Leute im Falle eines Angriffs hineinspringen konnten. Diese großen Gräben waren mit Brettern bedeckt, damit keine kleinen Kinder dort hineinfallen konnten. Die Regierung installierte auch eifrig Luftschutzsirenen als Alarmsystem.

In der Schule machte ich mich sehr gut – mit einem glatten Einserdurchschnitt. All diese Dinge allerdings lenkten stark ab. Ich erinnere mich an den Tag, an dem ich dieselbe Lektion zweimal lernen musste – zuerst von meinem Algebralehrer, Dr. Schutzburg, dann von meinem Papa.

Ich konnte meinen Mathelehrer nicht leiden. Als er also eine Aufgabe an die Tafel schrieb, musste ich es ihm unbedingt zeigen! Als er nach jemandem fragte, der freiwillig vorkommen und die Aufgabe lösen wollte, meldete ich mich natürlich (niemand sonst wollte an die Tafel). Er rief mich auf und ich ging zur Tafel, nahm die Kreide und fing an hinzuschreiben, was mir gerade so in den Sinn kam – egal, wie blöd. Als ich am Tafelende ankam, schrieb ich das Zeichen für „fertig". Ich genoss den Ausdruck auf Dr. Schutzburgs Gesicht, als es zornesrot wurde. Er ließ mich an meinen Platz zurückgehen und die Aufgabe noch einmal ganz genauso machen, wie ich es an der Tafel gemacht hatte. Ich tat, was er mir aufgetragen hatte. Er verlangte mein Heft und schrieb mit rotem Stift eine dicke „6" hinein. Er fügte die Frage „Warum?" hinzu. Dann schrieb er seine Initialen unter die Frage und sagte mir, ich solle am nächsten Tag mein Heft wiederbringen – mit der Unterschrift meines Vaters.

Als ich an diesem Nachmittag nach Hause kam, saß Papa in seinem Arbeitszimmer. Ich brachte ihm mein Heft und wartete auf das, was da wohl auf mich zukommen würde. Zu meinem Erstaunen lachte Papa los (er wusste, dass ich Algebra eigentlich mochte und immer hervorragende Noten bekam). Er fand das wohl lustig. Aber dann erklärte er mir mit sehr strenger Miene, dass das, was ich getan hatte, falsch gewesen war. Zur Strafe musste ich an seinem Tisch sitzen und dort so lange sitzen, bis ich die Aufgabe gelöst hatte. Es kostete mich zwei Stunden, damit fertig zu werden – etwa zwei Seiten Rechenarbeit –, und Papa schaute es sich an, unterschrieb und trug mir auf, das Heft am nächsten Tag in die Schule mitzunehmen. Er sagte mir auch, dass Dr. Schutzburg vielleicht nicht so tolerant sei wie er, dass ich mich also entschuldigen und den Lehrer bitten solle, mir noch eine Chance zu geben – also eine vergleichbar schwere Aufgabe, die ich lösen müsse.

Ich stand im Gang und wartete auf Dr. Schutzburg. Dann gab ich ihm das Heft und entschuldigte mich, wie Papa es gesagt hatte. Ich war sehr erstaunt, als er O.K. sagte. Das Erste, was er tat, als er das Klassenzimmer betreten hatte, war, noch eine Aufgabe an die Tafel zu schreiben und mich aufzurufen.

Alle sahen vergnügt zu, wie ich da wieder nach vorne an die Tafel marschierte, denn sicherlich erwarteten alle, wieder etwas zu lachen zu bekommen. Ich arbeitete diesmal sehr schnell und schrieb alle Antworten Schritt für Schritt auf. Ich drehte mich nicht um, als ich schließlich fertig war. Dr. Schutzburg sah es sich an, wandte sich der Klasse zu und sagte mit sanfter Stimme: „Nun, ich hoffe, ihr habt alle etwas aus dieser Geschichte gelernt – und dass hier keiner mehr mit solchen Späßen ankommt. Fräulein Lisowskaja wird nun statt der 6 eine 1+ erhalten." Von da an mochte ich ihn, und Algebra war weiterhin eines meiner Lieblingsfächer.

Eine andere Lektion, die aus meinen Erinnerungen hervorsticht, lernte ich mit sechs Jahren, als ich in der ersten Klasse war. Woran ich mich am besten erinnere, ist, dass Papa mir unbedingt diverse Sprachen beibringen wollte als ich noch sehr klein war. Als ich mit fünf in die Schule kam, sprach ich drei Fremdsprachen schon richtig gut, nämlich Polnisch, Jiddisch und Deutsch. Von diesen drei Sprachen waren Deutsch und Jiddisch für mich sehr leicht zu lernen, Jiddisch am allerleichtesten. Überhaupt sind sich Deutsch und Jiddisch recht ähnlich. Als ich dann sechs war, war ich ganz schön stolz darauf, verschiedene Sprachen zu beherrschen. Eines Tages wurde ich sauer auf eine Klassenkameradin und beschimpfte sie – mit ganz harmlosen Ausdrücken zwar, aber ich hatte sie eben auf Jiddisch beschimpft. Der Lehrer bestellte Papa ein, der dann ins Rektorat kommen und sich rasch eine Erklärung zu meinem Verhalten in der Schule ausdenken musste und warum ich Jiddisch sprach. Papa musste der Direktorin erzählen, dass er mich einige Sprachen gelehrt hatte. Er war stinkesauer auf mich und machte mir klar, dass ich so etwas nie wieder tun dürfe.

Von da an wurde in der Schule jeder meiner Schritte von den Lehrern überwacht. Sie hatten auch auf meinen Bruder Anatoli ein Auge – ebenso wie auf meine gesamte Familie. Die Lehrer befragten Anatoli und mich, ob wir Juden seien. Ich vermied es ab dann sorgfältig, meine Sprachbegabung in der Schule zur Schau zu stellen. Die Kriegsgerüchte und die Verdächtigungen von allen Seiten vermiesten mir meine Freude an der Schule – ich war dort nicht mehr so fröhlich wie zu Beginn.

KAPITEL 19

VERÄNDERUNGEN
1934 – 35

Die meisten Bauerngüter der Sowjetunion waren zu staatlichen Kolchosen geworden. Die Kommunisten hatten private Ländereien und Viehherden übernommen. Nonnas Familie – ganz besonders Feodosija – verlor während dieser Jahre einen Großteil ihres Reichtums und Besitzes, Vieh eingeschlossen. Nonna konnte die drastischen Veränderungen sehen, als sie wieder einmal im Großen Haus zu Besuch war.

Die Gesetze, die die kommunistische Regierung anderen Dörfern bereits in aller Strenge auferlegt hatte, kamen nun auch in Konstantinowka zur Anwendung. Sie hatten große Auswirkungen auf Großmutter, Petrowitsch und das Große Haus mit seiner Mühle, dem Land und den Obstgärten.

1934/35 war ich das nächste Mal bei Großmutter zu Besuch. Die Dinge hatten sich mittlerweile drastisch verändert, nun war eben die Sowjetregierung an der Macht. Fast jedem wurde ein neuer Lebensstil aufgezwungen. Großmutter hatte ihre Pferde nicht mehr – sie waren den Kolchosen „geschenkt" worden, die überall in den Dörfern gegründet worden waren. Der Obstgarten gehörte ihr noch, zusammen mit dem leeren Stall. Aber der Besitz war mit hohen Steuern belegt – fast alles, was Großmutter gehörte, musste der „neuen Regierung" übergeben werden. Auch das Haus gehörte zwar noch Großmutter, aber sie wurde nicht mehr als private Besitzerin angesehen. Sie musste hohe Steuern darauf bezahlen.

Großmutter lebte weiterhin mit einigen ihrer Kinder dort. Sie behielt auch Petrowitsch bei sich, der nach wie vor in seinem Häuschen lebte. Allerdings war er nicht länger ihr „Knecht", da es mittlerweile ungesetzlich war, Angestellte zu haben. Damit er bleiben konnte, musste Großmutter einen Verwandten aus ihm machen – also bezeichnete sie ihn als ihren Vetter. Er half Großmutter weiterhin und kümmerte sich um den Obstgarten und was Großmutter sonst noch behalten konnte. Großmutter begann eine kleine Schweinezucht, hatte haufenweise Hühner, Gänse und Enten, dazu ein paar Ziegen, die sie wegen der Milch für sich und ihre Familie hielt. Sie gab die Mühle und die Felder drum herum auf und behielt nur das Land direkt am Haus. Kutsche und Schlitten verblieben im Stall und wurden zu wertvollen Symbolen zur Erinnerung an bessere Zeiten. Den Leuten wurde vorgeschrieben, wie viel „Lebendiges" (Ziegen, Schweine, Hühner und so weiter) sie besitzen durften. Alles darüber hinaus musste den Kolchosen übergeben werden. Die Regierung sprach hierbei von „Schenkungen" – alles für diejenigen, die „weniger gut dran" waren. Wenn Schweine geschlachtet wurden, durfte man das Fleisch (Schinken, Speck und so weiter) behalten, musste aber die Haut und die Innereien an die Regierung abgeben. Aus der Haut wurde dann Leder gefertigt, aus den Innereien Würste.

Großmutter gab ihre Ansprüche auf einen großen Teil ihres Grundbesitzes auf, sobald die „neue Regierung" das Dorf übernahm. Die Kirche blieb zwar, aber ihre Türen waren verriegelt und mit Brettern vernagelt, die Gläubigen blieben ihr fern. Der Priester war, ebenso wie andere Geistliche, auf geheimnisvolle Weise verschwunden. Keiner wagte darüber zu reden. Großmutter brachte alle Ikonen und andere wertvolle Dinge auf den Dachboden. Manches vergrub sie im Kellerboden, nachdem sie es in schwere Metalltruhen verpackt hatte. Man konnte nie wissen, wann eine Truppe der neuen „Miliz" aufkreuzen und das Haus durchsuchen würde, nur um wegzunehmen, was ihnen in den Kram passte. Bibeln und Ikonen wurden gleich an Ort und Stelle verbrannt, Religion war etwas Verbotenes. Wer sich dagegen auflehnte und es wagte, sie weiterhin auszuüben, wurde verhaftet und nach Sibirien verbannt.

Das Große Haus wurde in einzelne Parteien mit separaten Eingängen aufgeteilt. Einige von Großmutters Kindern und deren Familien wohnten dort. Andere überlegten, wieder dorthin zurückzuziehen. Für diejenigen von uns, die bisher unter ganz anderen Umständen gelebt hatten, war diese „neue Regierung" untragbar. Aber es gab keinerlei Möglichkeit, sich gegen sie zu wehren.

Auch Mama und Papa sprachen über Rückkehr. 1937 schließlich verließen wir Rostow am Don und zogen ebenfalls ins Große Haus. Das Dorf Santurinowka wurde der Stadt Konstantinowka zugeschlagen und unter deren Namen bekannt. Bald darauf bekamen die Straßen Namen, und neue Häuser und Geschäfte – vor allem Lebensmittelgeschäfte – wurden um unser Heim gebaut. Die Straßenbahnschienen wurden weitergeführt, sodass die Straßenbahn bald den ganzen Weg an unserem Haus entlang vorbeifuhr.

Wir hatten zwar noch immer viele Nachbarn, die Großmutter und ihrer Familie nach wie vor mit großer Achtung begegneten, aber für Großmutter war es schwierig, diesen neuen Lebensstil anzunehmen. Doch was blieb ihr anderes übrig? Um zu überleben, musste sie sich anpassen. Obwohl sie vieles verändern musste, blieb sie doch genauso stolz und couragiert wie immer. Ihre schöne Kleidung und ihr Schmuck wurden weggepackt. Ein Teil des Goldes, des Silbers und der Edelsteine waren in den Truhen gelandet, die – ebenso wie Großvaters Portrait, seine Uniformen, Uhren und andere wertvolle Erinnerungsstücke – vergraben worden waren. Großmutter gab ihren Kindern und Enkeln noch immer ihre liebevollen Befehle, und für uns alle blieb sie „Babuschka", die wir so sehr liebten!

„LIEBEVOLLE BEFEHLE" • Nonna beschrieb ihre Großmutter als freundlich und liebevoll, aber auch als „streng" und „kommandierend". Feodosija muss wohl gelernt haben, fest und streng zu sein, ebenso mutig und ausdauernd. Als junge Frau hatte sie ihren Mann durch einen gewaltsamen Tod verloren. Sie war fortan alleinerziehende Mutter von sechs Kindern in der Zeit des Zusammenbruchs der Romanow-Dynastie und des bolschewikischen Bürgerkrieges. Feodosija erwies sich als Überlebenskünstlerin, als starke russische Frau.

KAPITEL 20

ZEIT DER WEINVERKOSTUNG

Sogar aus diesen wirren Zeiten habe ich viele frohe und ange-
nehme Erinnerungen, die mich begleiten – wie die Geschichte,
die im Folgenden erzählt wird.

Eine Spezialität meiner Großmutter war die Zubereitung selbst
gemachten Kirschweines. Die Weinverkostung fand im Obstgarten statt, wo zu diesem Zweck ein Tisch aufgestellt worden war.
Die Juroren waren üblicherweise ihre älteren Kinder: Onkel Iwan,
Tante Xenja und ihr Mann, Wladimir, Mama und Tante Antonia.

Großmutter war auf ihren Wein sehr stolz. Jedes Frühjahr brachen im Obstgarten die herrlichsten Blüten auf. Sie waren das
Zeichen, dass die Zeit für das spezielle Ereignis gekommen war.
Dann öffnete Großmutter die Weinflaschen, die sie seit der Zeit
der Weinherstellung (im letzten Spätsommer) im Keller gelagert
hatte. Sie hatte eine ganze Winzerausrüstung, bestehend aus speziellen Blechtöpfen, Gärröhrchen und so weiter. In dieser Zeit war
Großmutter für mindestens acht bis zehn Tage sehr beschäftigt.
Sie hatte zur Weinbereitung nur ein kleines Zeitfenster, wenn
nämlich die Früchte ihre volle Reife erlangt hatten. Den Kindern
wurde das Pflücken der Kirschen übertragen, den Rest übernahm
sie.

Unnötig zu sagen, dass wir Kinder uns auf unsere Aufgabe freuten! Schließlich durften wir dann doch auf die größeren Bäume klettern, und außerdem konnten wir der Versuchung, uns mit den reifen Kirschen die Bäuche vollzuschlagen, einfach nicht widerstehen. An den folgenden Arbeitstagen hatten wir entsprechend Bauchschmerzen. Großmutter stellte uns dann in einer Reihe vor sich auf und verpasste uns Rizinusöl. Dieser großmütterlichen Behandlung konnte sich niemand entziehen.

Sie hatte zwei Kirschbaumsorten. Die größeren Kirschen verarbeitete sie zu Konserven, die kleinen (ganz dunkelrote) verwendete sie für Wein. Wir liebten es, wenn Großmutter einkochte, denn sie ließ uns immer von dem *Schum*, dem Schaum kosten, der sich beim Kochen an der Oberfläche bildete. Er schmeckte himmlisch. Wir standen Schlange für diesen Genuss und Großmutter füllte unsere Becher.

Die leeren Weinflaschen wurden mit Wein gefüllt und dann mit Korken verschlossen, in denen kleine Röhrchen steckten. Das musste so sein, erklärte Großmutter, damit Gase entweichen konnten. Man konnte sehen, wie Blasen zum oberen Rand hochstiegen und verschwanden – der Wein konnte gären, ohne dass es dabei die Flaschen zerriss. Gelegentlich verstopfte aber doch einmal ein Röhrchen. Dann explodierte die Flasche wie eine kleine Bombe. Um Schäden oder Verletzungen zu vermeiden, ließ Großmutter Petrowitsch die Flaschen im Keller in Sand eingraben.

Irgendwie schaffte sie es immer, so viel Wein herzustellen, dass der Vorrat bis zur nächsten Saison reichte – manchmal sogar darüber hinaus. Großmutter schenkte ihren Wein zu jedem größeren Essen aus, ließ ihn aber nicht einfach so trinken. Nur bei speziellen Anlässen wie Geburtstagen oder Feiertagen gab es ihn.

Wir hatten auch unseren Spaß, wenn Großmutter die Überbleibsel der zu Wein verarbeiteten Kirschen ihrer Gänseschar verfütterte. Sie hielt die Gänse für die Weihnachtsfeiertage oder andere Gelegenheiten, wo man Fleischbedarf hatte. Truthahn wurde bei uns nie gegessen – nur Hühner und fette Gänse. Rindfleisch gab es sehr selten in diesen Tagen – die Rinder wurden für gewöhnlich an die Kolchosen abgegeben und für die Fleischmärkte der Regierung geschlachtet. Den Leuten war es aber erlaubt, Schweine und Geflügel zu halten.

Aber zurück zu unserem Spaß – zum Füttern der Gänse mit den Kirschen. Eines Morgens hörten wir Großmutter einen alarmierenden, verzweifelten Schrei ausstoßen. Sie war hinter den Stall gegangen und hatte dort eine ganze Reihe Gänse vorgefunden, wie sie sich auf dem Boden wälzten und sich wie krank benahmen. Sie war ganz aufgelöst und rief einen Tierarzt, der sich die Gänse ansehen sollte. Der Tierarzt sagte Großmutter, die Vögel seien vom Fressen der Weinkirschen betrunken geworden. Wir lachten uns schief darüber und hänselten Großmutter noch lange Zeit damit. Es war eine sehr witzige Begebenheit.

Nach Beginn des Zweiten Weltkriegs musste Großmutter ihre Weinherstellung aufgrund des Zuckermangels aufgeben, denn den brauchte man dazu. Vieles verschwand sehr schnell. Die Bäume aber blühten nach wie vor jeden Frühling und immer gab es reichlich Kirschen und anderes Obst. In jedem Frühling war alles rund um den Obstgarten erfüllt vom himmlischen Duft der Blüten. Großmutter erlaubte im Herbst sämtlichen Nachbarn, sich an dem Obst zu bedienen – es zu verkaufen war sowieso nicht möglich, denn wegen des Krieges war Geld wertlos. Manchmal allerdings tauschten Großmutter und andere das eine für das andere – was sie eben so hatten. Jeder half jedem auf alle erdenkliche Weise zu überleben.

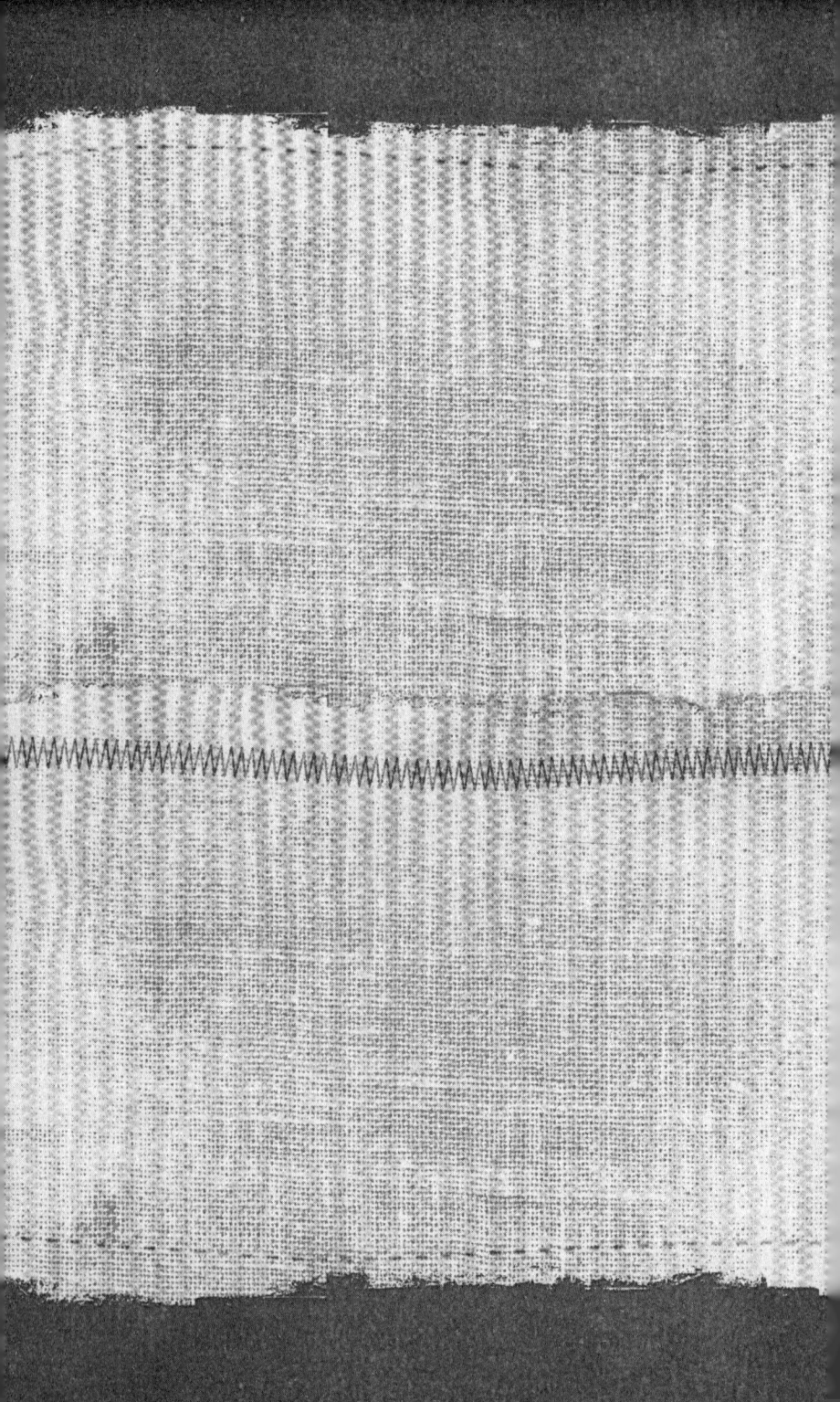

KAPITEL 21

ZEITEN DER UNSICHERHEIT
1937

Als wir wieder zu Großmutter gezogen waren – zusammen mit anderen Mitgliedern der Familie Ljaschow –, hatte zwar jede Familie ihren eigenen Wohnbereich in dem riesigen Siebenunddreißigzimmer-Haus, dennoch waren wir denen nahe, die wir liebten. Trotz der unsicheren Zeiten erlebten wir uns doch auch als Familienbund – und es war sicherlich Großmutter, die hauptsächlich dazu beitrug, alles zusammenzuhalten.

Papa und Mama eröffneten ein Portrait- und Fotografiestudio in Konstantinowka. Mama engagierte sich auch eifrig in der Mitarbeit beim Kleinen Theater im Bürgerverein, der sich gleich neben dem Studio befand. Sie stellte dort auch einen Musikverein für junge Mädchen auf die Beine und verbrachte damit viel Zeit. Papa versuchte nach wie vor, für seine Familie einen Weg raus aus Russland zu finden. Mit zunehmender Unsicherheit verdoppelte er seine Anstrengungen. Papa hielt auch weiter den Kontakt zu seinem rumänischen Studienkollegen aufrecht. Der wollte Papa gerne helfen, Russland zu verlassen und in irgendein westliches Land zu kommen. Papa reiste nach Jalta auf der Halbinsel Krim am Schwarzen Meer (ein Erholungsgebiet), um sich dort mit seinem Freund zu treffen. Er war jetzt bereit, einen ersten

Schritt in die Freiheit zu machen und zunächst nach Rumänien zu gehen. Papa verbrachte einige Tage in Jalta und arbeitete mit seinem Freund Pläne aus, die dieser so rasch wie möglich in die Tat umsetzen sollte.

Es gab noch weitere dringend zu lösende Probleme, mit denen Papa sich auseinandersetzen musste, und zwar ging es dabei um meinen Bruder Anatoli. In der damaligen Zeit steckten die Sowjets junge Männer, die Anatolis Alter erreicht hatten, in eine kommunistische Jugendgruppe, ein *Komsomol*, und zogen sie dann später zur Armee ein. Papa war strikt dagegen, dass Anatoli einem Komsomol beitreten und Kommunist werden sollte. Allerdings durften nur junge Männer, die dem *Komsomol* angehörten, auch die Universität besuchen. Das war ein weiteres Problem für Anatoli. Es wurden bereits Pläne geschmiedet, Anatoli zu entfernten Verwandten nach Riga in Lettland zu schicken, aber Papa nahm Anatoli nach St. Petersburg mit, wo er ihn an der dortigen Universität einschrieb und wo er bei irgendwelchen Verwandten wohnen konnte. Ich bin sicher, Papa ließ hierbei seine Beziehungen zu einflussreichen Leuten spielen.

Da ich nicht verstand, was eigentlich los war, war das eine sehr traurige Zeit für mich, aber ich sah den Ausdruck von Besorgnis auf Papas Gesicht und wusste, dass wir in Schwierigkeiten steckten. Zwischen Mama und Papa gab es damals heftige Auseinandersetzungen. Mama war dagegen, Anatoli fortzuschicken. Dennoch versuchte sie, mir zu versichern, alles sei in Ordnung und diese Entscheidung die richtige. Das erste Mal in meinem Leben nahm ich Papa etwas übel, aber ich konnte ja nichts dagegen tun.

DAS LETZTE TREFFEN • Großmutter plante für 1938 ein Familientreffen. In diesem Jahr annektierte Hitler Österreich. Jedes einzelne Familienmitglied erschien. Bei dieser Gelegenheit, so sollte sich zeigen, war Nonnas Verwandtschaft mütterlicherseits das letzte Mal vollständig versammelt. Nonna erinnerte sich an dieses Treffen in vielen Einzelheiten. Den ganzen Krieg hindurch hielt sie Fotos davon versteckt. Diese Fotos existieren bis heute.

Ich erinnere mich an ein Familientreffen im Sommer 1938. Jeder aus der Familie war in Großmutters Großes Haus gekommen. Sogar diejenigen, die weit weg wohnten, waren gekommen. Die Kirschbäume waren schon verblüht, dafür aber beladen mit Kirschen – allerdings noch zu grün zum Essen. Auch die anderen Bäume hingen voller Obst, das in den nächsten Wochen zur Reife gelangen würde. An diesem ganz besonderen Abend, an dem wir unser Festessen hatten, war der Obstgarten sehr schattig und kühl. Großmutter stellte zwei große Tische auf und legte Tischtücher auf. Die älteren Familienmitglieder halfen dabei, das Essen vorzubereiten. Wir Kinder (neun insgesamt) spielten mit den Enten, die im Hinterhof auf dem von Großmutter eigens für sie angelegten Teich schwammen. Sie hatte dort sogar ein paar Wasserlilien gepflanzt. Da saßen wir also, die Füße im Wasser, und fütterten die Enten. Nach jedem von uns war eines der Küken benannt worden.

GROSSMUTTERS ENTEN • Nonna hatte ein ganz besonderes Faible für diese Enten. 1935 schrieb sie: „Es hat die ganze Nacht geregnet, der Teich läuft über – arme kleine Enten! Mein Liebling ist die eine mit dem weißen Schwanz. Ich nenne sie ‚Pierre'. Er kommt immer aus dem Wasser und läuft dann mit mir bis zum Tor. Ich würde ihn so gerne mit ins Haus nehmen. (Vielleicht könnte ich ihn im Keller verstecken.)"

Nachdem wir unser Festessen beendet hatten – es hatte, ganz Großmutters Stil entsprechend, drei Gänge –, vergnügten wir uns mit Spielen. Zwischen den Pfirsich- und den Kirschbäumen hing eine riesige Schaukel, auf der ich ganz besonders gerne schaukelte. Der große Obstgarten war zwar eingezäunt, aber außerhalb des Gartentores war viel Platz – hier konnten wir herumtollen und uns frei bewegen. Innerhalb des Hofes wuchsen schöne Blumen und in den Ecken des Hinterhofes gab es Sonnenblumen – riesig und strahlend.

Neben dem Obstgarten stand das Häuschen, in dem Petrowitsch wohnte und in dem früher schon andere Angestellte gelebt hatten. Es war geräumig und hatte kleine Fenster, vor denen die Blumenkästen aber immer voller hübscher Blumen waren. Wir Kinder liebten es, Petrowitsch in seinem Häuschen zu besuchen und seinen faszinierenden Geschichten zu lauschen. Nebenan stand ein riesiger Stall. Pferde waren keine mehr darin. Großmutter lagerte jetzt ihr Feuerholz dort, Gartenstühle und was eben sonst noch so verräumt werden musste. Der berühmte Schlitten war immer innen an der Rückwand des Stalles abgestellt. Großmutter nannte ihn unser Familienerbe oder -schmuckstück. Hier stand er, wie schon so viele Jahre vorher – der Schlitten, den wir im Winter für unsere Ausfahrten verwendet hatten.

An diesem speziellen Abend nun beschlossen wir allesamt, im Freien zu übernachten – es war angenehm warm und der Mond schien leuchtend hell. Wir schleppten an Bettzeug herbei, was immer wir konnten, und jeder suchte sich einen Platz. Alina, Zina, Luki und ich entschlossen uns, zwischen zwei hohen Bäumen nahe der Schaukel zu schlafen. Die Jungs wollten bei der Hütte übernachten und luden Petrowitsch ein, sich ihnen anzuschließen. Die ganze Nacht hindurch gab es so viel Gelächter und Lärm, dass ich mich frage, ob hier überhaupt geschlafen wurde. Ich kann mich nicht daran erinnern, was die anderen nach zwei Uhr früh taten. Alina und ich jedenfalls zogen es vor, wieder ins Haus zu gehen und in unseren Betten zu schlafen.

Dies war eines der Male, wo wir alle unbeschwert beieinander waren – schließlich wusste ja niemand, was die Zukunft brachte. Geliebte Erinnerungen sind es, die mir wertvoll sind.

KAPITEL 22

ERINNERUNGEN

An diesem Punkt ihrer Aufzeichnungen unterbrach Nonna ihre Geschichte, nahm ihre Kindertagebücher zur Hand, blätterte sie durch
und sinnierte, den Stift in der Hand. Sie schlug verschiedene Absät-
ze auf und übersetzte sie einfach so, wie sie sie als Kind niederge-
schrieben hatte.

Hier erwähnt sie, dass sie ihren ersten Tagebucheintrag im Alter
von acht Jahren gemacht hat, an allen anderen Stellen aber spricht
sie von neun Jahren.

* * *

1935/36
IM GROSSEN HAUS: ZEITEN DER UNSICHERHEIT

Eine dieser Sommernächte (wie es sie manchmal im Juni gibt),
in denen das Schlafzimmerfenster offen steht. Mein Bett steht
am Fenster. Ich liege da und höre all die kleinen Geräusche, die
man hören kann, wenn die übrige Welt schläft. Irgendwo gleich
am Fenster sitzt eine Grille und zirpt vor sich hin. Sehr schwach,
aber doch bestimmt singen die kleinen Frösche im nahen Teich
ihre Weisen. Eine leichte Brise weht durch das offene Fenster und
streichelt sanft mein Gesicht.

Es ist Vollmond, und die kleinen Schatten der Blätter von den großen Bäumen tanzen auf der Wand – wie ein Flackern. All das ist so angenehm wie ein süßes Wiegenlied. Gerade bevor ich in friedlichen Schlummer hinübergleite, ist da eine letzte Sache, die ich wahrnehme. Es ist der schwersüße Duft des Flieders, der genau unter meinem Fenster wächst. Er ist das Letzte, was ich noch bewusst mitbekomme – so angenehm, als hätte der Duft vor, mich in tiefen Schlaf zu versenken. Wann immer ich seitdem Flieder rieche, bin ich sofort zurückversetzt in diese eine Nacht vor so vielen Jahren. Die Erinnerung schließt mich so liebevoll ein, als wäre ich wieder dort. Dann fühle ich mich warm und voller Frieden.

* * *

1938/39
ANATOLI WIRD FORTGESCHICKT

Mein kleines Herz ist gebrochen, ich fühle mich so hilflos, vor allem deshalb, weil ich nicht begreife, warum das alles geschieht – warum mein Bruder Anatoli fortgeschickt werden muss. Ich kann mir kaum vorstellen, wie es sein wird, ihn nicht mehr um mich zu haben. Aber in Papas Augen ist so viel Sorge. Ich verstehe nicht, wovon sie alle reden. Ich bin wütend, weil ich von ihren Plänen nichts verstehe, und das erste Mal in meinem Leben, nehme ich Papa ein Vorhaben übel. Ich fühle mich so einsam und hilflos. Ganz egal, wie sehr Mama und Papa auch versuchen, mir einzureden und mir zu versprechen, dass es das Beste sei für Anatoli und uns alle – ich fange langsam an, mir das Schlimmste auszumalen.

An Tagen, die ich lieber nicht in der Schule verbringen wollte, packte ich zwar meine Schulbücher ein, aber ebenso auch meine Notenhefte und Schlittschuhe. Ich verließ die Schule dann in der großen Pause und machte mich auf zur Musikschule. Manchmal ging ich auch über die Straße ins Theater, an dem Mama und ich oft auftraten. Ich tanzte auf der Bühne Ballet, während Mama mich am Klavier dazu begleitete. Das Theater war dann leer – abgesehen vom Hausmeister und den Reinigungskräften. Ich übte meine Musikstücke am Klavier, bei geöffnetem Vorhang, sodass ich in die Publikumsreihen sehen konnte. So konnte ich mir vorstellen, das Theater sei voller Menschen. Wenn ich dann tatsächlich wieder einmal auf der Bühne stehen würde, so hoffte ich, wären mir die Zuhörer egal und ich hätte weniger Lampenfieber.

Manchmal erwischte mich meine Klavierlehrerin. Sie sah dann von hinter der Bühne aus zu, wie ich übte, und hielt mir eine ordentliche Standpauke. Ich dachte, sie würde es meinen Eltern sagen. Das tat sie aber nie. Trotzdem glaube ich, dass meine Eltern wussten, was ich tat, und mich einfach machen ließen. Ich brachte ja weiterhin gute Noten nach Hause, und unser Hauslehrer kam regelmäßig zu uns. Die russische Schule und was immer dort vor sich ging, langweilten mich schrecklich. Jeden Tag hatten wir acht Stunden Unterricht und drei Pausen: zwei kleine zu je fünfundzwanzig Minuten und eine große, die fünfundvierzig Minuten dauerte. Meine Klassenarbeiten machte ich immer sehr schnell, was meine Lehrer aufregte.

* * *

1939/40
Frühling im Jahr 1939. Überall steht der Flieder in Blüte und hängt in Büscheln über jedermanns Gartenzaun. Die gesamte Stadt ist erfüllt von herrlichem Fliederduft und dem der anderen blühenden Blumen. Fast jeder hier in der Stadt und auf dem Dorf hat einen Obstgarten – egal, wie groß oder klein er auch sein mag – und manche Bäume stehen auch schon in Blüte. Es ist ein wunderschöner Anblick, der einen in eine Welt der Träume und Hoffnungen zu versetzen vermag.

Und trotzdem – es herrscht KRIEG! Hitler ist in Polen einmarschiert. Es ist der schlimmste Krieg, den unser Land, selbst ganz Europa, je erlebt hat. Der Zweite Weltkrieg hat begonnen und er überzieht den gesamten Kontinent. Hitler ist fest entschlossen, alles zu bekommen – alles oder nichts. Für fast jeden steht das Leben still. Die Träume und das Glück, für die wir lebten, sind auf Eis gelegt. Die Russen haben die Kommunikation mit dem Westen abgebrochen und beobachten argwöhnisch diejenigen, die es wagen, Kontakt nach draußen aufzunehmen. Großmutter entlässt alle Angestellten bis auf Petrowitsch. Unsere Familie macht sich furchtbare Sorgen, was wohl werden wird.

Anatoli kommt zu einem letzten Familienbesuch nach Hause – Großmutters Bruder aus Riga nimmt ihn dann mit. Die gesamte Familie ist von den Ereignissen sehr berührt und durcheinander. Mama will Anatoli eigentlich nicht wegschicken, aber die Entscheidung ist gefallen, um ihn vor dem Krieg zu bewahren. Zwischen Mama und Papa gab es heftige Auseinandersetzungen.

Großmutters Bruder nahm Anatoli mit nach Riga. Wir sahen ihn nie wieder.

Mama war schwanger und stand harte Zeiten durch bei all dem emotionalen Stress, den sie hatte. Papa kümmerte sich um sie, so gut er konnte. Es war eine traurige Zeit für uns alle – besonders aber für mich. Ich war noch so klein, und alles, was ich denken konnte, war, wie unglücklich ich darüber war, meinen Bruder zu verlieren und all die anderen Dinge, die meine Welt ausmachten. Mama hatte eine komplizierte Schwangerschaft, da sie an Malaria erkrankte. Sie hatte sich die Krankheit zugezogen, als sie bei einem Angelausflug mit Papa von einem Moskito gestochen worden war. Sie bekam hohes Fieber und hatte immer wieder Fieberschübe, sodass sie im Bett bleiben musste. Es war kaum medizinische Hilfe zu bekommen, und während dieser Jahre war es ganz unmöglich, moderne Arzneien aufzutreiben.

Mama konnte das Baby austragen. Am 29. August 1940 brachte sie ein hübsches Mädchen zur Welt, das sie ihrer lieben Freundin Frau Solschenizyna zu Ehren „Taissia" nannte. Leider wurde die kleine Taissia mit Malaria geboren. Die Krankheit hatte ihre Leber und die Nieren angegriffen. Am 3. September starb die kleine Taissia, das war der Tag, an dem ich meinen Papa zum ersten Mal weinen sah. Es war wohl die schwerste Zeit meines Lebens, aber dank meiner Großmutter überwand ich meine Traurigkeit.

* * *

DIE KLEINE TAISSIA • Nonna schrieb dieses Anatoli gewidmete Gedicht im April 1945. Sie spricht von „drei Tagen", was aber ihren Erinnerungen an Geburts- und Sterbedatum des Babys widerspricht. Demnach wurde Taissia fünf Tage alt.

DIE KLEINE TAISSIA
Weißt Du, dass wir eine Schwester bekamen?
Ganz blauäugig, Bruder, und winzig klein.
Taissia gab ihr Mutter als Namen.
Ein Püppchen – wie könnt sie Ersatz für Dich sein?

Nach ihrer Geburt vergingen drei Tage.
Ein Lager wurd' ihr statt der Wiege bereitet.
Da stand unsre Mutter, das Herz voller Klage,
als Engel ihr Kindchen zum Himmel geleitet.

Die Trauer erfüllte alles hier.
Es weinte, ich sah es, sogar der Papa.
Mutter braucht Trost, mein Bruder, von Dir.
Vergebens wünschte ich, Du wärest da.

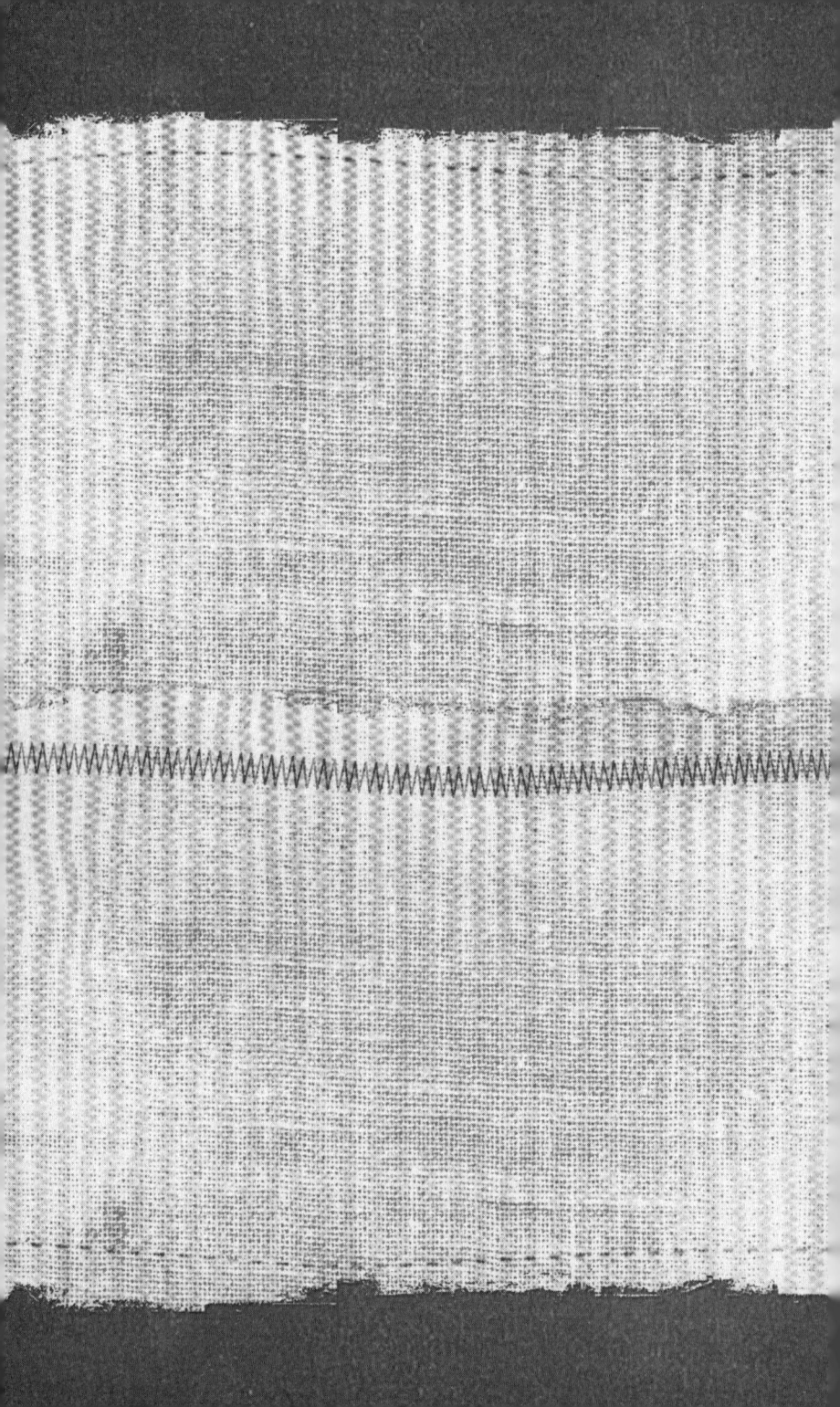

KAPITEL 23

DEUTSCHLAND GREIFT RUSSLAND AN

Spätsommer 1941

Die letzten Monate waren für mich sehr verwirrend. Ich konnte meine Schule nicht mehr leiden und versuchte, zu schwänzen und zu Hause zu bleiben, wann immer ich es einrichten konnte. Meine Noten verschlechterten sich von den ganzen Einsern hin zu Zweiern und sogar ein paar Dreiern. Mama und Papa machten sich bald schon ernsthaft Gedanken und entschlossen sich dann, mich lieber in eine ukrainische Schule nur wenige Blocks von uns entfernt zu schicken. Allerdings ergaben sich dadurch für mich neue Probleme: Ich war umgeben von Fremden und der gesamte Unterricht wurde auf Ukrainisch gehalten. Ich blieb dem Unterricht immer öfter fern und verbrachte viel Zeit in meiner Musikschule, wo ich tanzte und für meine Klavierstunden übte (hatte ich Musik, musste ich sonst nichts hören). Ich malte auch viel und las in meinem Zimmer stundenlang Papas deutsche, polnische und litauische Bücher.

Alle redeten vom Krieg. Die Deutschen rückten auf uns zu. Was sollte nur aus uns allen werden? Ich war erleichtert, mir um die Schule keine Gedanken mehr machen zu müssen – zumindest für den Augenblick, denn die Schulen blieben die meiste Zeit geschlossen –, besonders als die Deutschen anfingen, unsere Stadt regelmäßig zu bombardieren. Irgendwie war mir klar, dass ich in eine solche Schule nicht mehr würde gehen müssen. Aber egal, was ich davon hielt – all das Unbekannte war doch sehr beängstigend.

Um zu vergessen, was rund um mich vor sich ging, spielte ich Klavier und las und las. Die nächsten Wochen waren voller Durcheinander und Angst. Die deutschen Flugzeuge bombardierten unsere Stadt jetzt regelmäßig. Das russische Militär rückte aus und brachte alle in Sicherheit, die das wollten. Täglich waren die Züge voller Menschen. Die Menschen waren verunsichert – sollten sie ihr Zuhause verlassen und in die Züge steigen oder sollten sie zurückbleiben und sich dem Unausweichlichen stellen? Leute mit kleinen Kindern stiegen als Erste in die Züge. Die russischen Soldaten durchstreiften die Straßen und ermutigten alle zu fliehen. Sie erzählten Horrorgeschichten darüber, was die Deutschen bei der Besetzung der Gebiete mit ihnen machen würden.

Papa hatte bereits entschieden, daheim zu bleiben. Er hoffte auf eine Chance, die Grenze zu passieren. Es war die einzige Chance für uns, aus Russland heraus und nach Polen oder nach noch weiter westlich zu gelangen. Seit Langem träumten wir ja davon – jetzt sollte es wahr werden. Wir wollten auf die Deutschen warten und versuchen, ihnen alles zu erklären. Vielleicht würden sie Papa und uns dann erlauben, nach Rumänien oder Polen auszureisen – Hauptsache raus aus Russland.

Papa hatte alles so schön durchgeplant – Probleme sah er keine voraus: Sobald die erste Welle Truppen ausrücken würde, würden wir mit den deutschen Befehlshabern verhandeln, die uns dann helfen sollten, aus dem Land zu kommen. Papa sprach fließend Deutsch und rechnete damit, ihnen unsere Notlage verständlich machen zu können, sodass sie uns helfen würden.

Die Russen allerdings hatten andere Pläne für das Volk, nämlich alles zu evakuieren und dann, was noch übrig sein sollte, radikal auszubomben. Sie brachten alle fort, die das wollten, verluden aber auch Zivilisten gegen ihren Willen in die letzten

Anatoli, Nonna, Anna und Jewgeni 1935 in Aufstellung für ein Familienfoto – vermutlich das letzte, das gemacht wurde, bevor Anatoli zur Schule nach St. Petersburg abreiste.

Die dreijährige Nonna mit ihrer Lieblingspuppe.

Nonna mit acht Jahren und der damals typischen Mädchenfrisur.

Nonnas Eltern

Nonnas Mutter Anna
Jakowlewna Ljaschowa.

Nonnas Eltern Anna und Jewgeni.

Nonnas Vater Jewgeni
Iwanowitsch Lisowski.
Er stammte aus Warschau.
(ca. 1937)

Nonnas Eltern Anna und Jewgeni.
Anna, schwanger mit Taissia,
steht auf Steinen, um größer und
schmaler zu wirken.

Nonnas Bruder

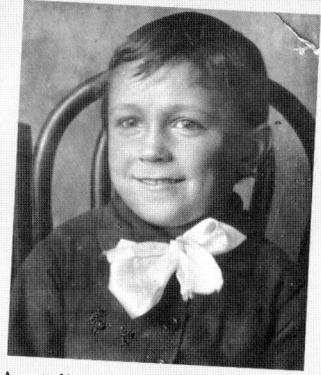

Anatoli mit ungefähr drei Jahren. (ca. 1928)

Nonna und Anatoli in warmer Kleidung während des strengen russischen Winters.

Anatoli bei seinem letzten Besuch zu Hause. (ca. 1938)

Jedes Jahr versammelte sich die Familie im Großen Haus zur traditionellen Weinverkostung. Feodosija machte Wein aus den Kirschen, die im Obstgarten wuchsen. Zu sehen sind hier (von links): Onkel Iwan mit Sohn Dimitri auf dem Schoß, Feodosija, Anna, Onkel Wladimir, Tante Xenja und Tante Tonja mit Tochter Luki auf dem Schoß.

Eine der Getreidemühlen der Familie. Nonnas Großeltern mütterlicherseits, Jakow und Feodosija, besaßen sieben Getreidemühlen in der Ukraine und dem südlichen Russland. Bei jeder Mühle unterhielt die Familie ein Haus, genannt Datscha.

Nonnas Großvater mütterlicherseits, Jakow Sergejewitsch Ljaschow, war Kosake und ein Freund Nikolaus II., des letzten Zaren von Russland. Hier eine Geburtstagskarte vom Zaren an ihn.

Petrowitsch war der Hausverwalter des Großen Hauses nahe Konstanti-nowka. Alle Enkel liebten ihn – nie war er zu beschäftigt, sie mit dem Schlitten auszufahren oder sich sonst mit ihnen abzugeben.

Feodosija Nikolajewna Ljaschowa war Nonnas Großmutter mütterli-cherseits und Annas Mutter. Feodosija lehrte ihre Tochter und Enkeltochter die Liebe zu Gott.

PRELIMINARY QUESTIONNAIRE FOR HOLOCAUST SURVIVORS/HEIRS CLAIMS vs SWISS BANKS & OTHERS

Note: This questionnaire is being sent to you at your specific request so you can complete
and return it to be among members of the Class Action entitled Gizella Weisshaus on
behalf of herself and all other persons of all national origins, ethnic groups,
races, creeds and colors, similarly situated as victims and survivors of the Nazi
Holocaust Plaintiffs v. Union Bank Of Switzerland, Swiss Bank Corporation, Swiss
Bank Corporation a/k/a Swiss National Bank, Banking Institutions # 1 - 100 and John
Does #1 -100, 96 CIV 4849 (Bartels, J). BY SIGNING AND RETURNING THIS QUESTIONNAIRE,
YOU CONFIRM YOUR DESIRE TO BE INCLUDED AS CLASS MEMBERS AND TO HAVE YOUR INTERESTS
REPRESENTED BY FAGAN & ASSOCIATES (Lead Counsel) and other plaintiffs' counsel.
LEGAL FEES SHALL BE DETERMINED BY THE COURT AT THE CONCLUSION OF THE CASE.

THIS SIDE IS FOR PERSONS MAKING CLAIMS FOR BANK ACCOUNTS

Current Name: NONNA L. BANNISTER   Name (in Europe): NENNA L. BANNISTER
Current Address: _____ MEMPHIS, TN 38115
Current Tel. #: _____   Fax #: _____
Father's Name: YEVGENY LISOWSKIJ   Mother's Name: ANNA LJASCHEVA
Brothers' Names: (If Alive Please Include Present Address & Phone Numbers)
ANATOLY JEVGENYICH LISOWSKIJ - FATHER SENT HIM to live
with RELATIVES IN LATVIA. I NEVER SAW HIM AGAIN
Sisters' Names: (If Alive Please Include Present Address & Phone Numbers)
TAISSA EVGENEVNA LISOWERATA - DIED AT THREE DAYS OLD.

Names - Maternal Relatives with relationship (use extra sheets if needed):
SEE EXHIBIT I - MATERNAL RELATIVES
_____
_____
_____

Names - Paternal Relatives with relationship (use extra sheets if needed):
SEE EXHIBIT II - PATERNAL RELATIVES
_____
_____

Villages/Cities Family Was from in Europe: SEE EXHIBIT III
_____

Ghettos/Concentration Camps Interned in and the Periods of Interment: _____
SEE EXHIBIT IV
Concentration Camp Numbers for you and all living relatives: (Include each persons name
with the number only - if you know the information)
MOTHER'S KZ # 23843 - WAS CHANGED to 52234 BEFORE BURNED to DEATH
Red Cross and/or Refugee Card Numbers for you and all living relatives: (Include each
persons name with the number - only if you know the information)
UNKNOWN FOR MOTHER - NONNA LISOWSKAJA DISPLACED PERSON # 565321
Families Occupation in Europe:
How do you know or why do you believe Monies Were Put Into Swiss Banks: INFORMATION
THAT WAS TOLD TO ME BY MY GRANDMOTHER ABOUT GRANDFATHER'S
MONEY. BEING SENT TO A "FOREIGN" BANK FOR SAFETY.
Efforts previously taken to get back monies from Swiss Banks or the Ombudsman's Office:
NONE

[Describe on separate paper and attach copies of documents used in attempts to get monies]
How much money you believe was deposited into Banks, by which relatives & in which Banks?
UNKNOWN -
Do you have photographs showing (Family members) (other persons) (who later survived) and
Home taken before internment? YES If so, may we have copies for our files? YES
Your Present Age and are you in good health? 78 YRS OLD. VERY POOR HEALTH
Signed: Nonna L. Bannister   Dated: January 1998

Vorläufiger Fragebogen für Holocaustüberlebende
oder deren Erben.

Country / Land	Since when / seit wann
RUSSIA	1941

of persecution: / Aufenthalt während der Verfolgung:

Type of persecution (KZ, Ghetto, life in hiding, life under conditions resembling imprisonment) Please state precisely: / Art der Verfolgung (KZ, Ghetto, versteckt gelebt, Leben unter haftähnlichen Bedingungen) bitte genau angeben:	Place of persecution within the indicated time periods / Ort der Verfolgung im genannten Zeitabschnitt:
Nazis severely beat my father after finding him in hiding. My father died from the beating.	Konstantinowka Russia
Mother and I were taken to Germany on the cattle trains for forced labor camps.	Kassel; Lichtenau; back to Kassel and then to Marienkrankenhaus.
Gestapo "arrested" mother and sent her to concentration camp in Ravensbruk. She was moved to several different camps and ended up in Flossenberg. She was thrown into the incinerator in 1945.	Ravensbruk Buchenwald Treblinka Flossenberg

5.	Sept. 1943	June 1947	Catholic Nuns and Priests hid me and changed my name to Lena Shutz to save my life.	Marienkrankenhaus Germany
6.	Jan. 1948	May 1950	I spent this time looking for my mother in Merxhausen. I moved to Hersfeld, Germany.	
7.	May 1950	Now	I immigrated to America arriving in New Orleans, LA in June 1950.	

5. All countries of residence after persecution until today: / Alle Wohnländer nach der Verfolgung bis heute:

Country / Land	From / von	To / bis
Germany	1942	1950
America	1950	Present

„Wo waren Sie während Ihrer Verfolgung? Welche
Art Verfolgung? Beschreiben Sie bitte genau."

Patches were required to be worn by all prisoners, victims including children.

The Patches Had To be stitched on clothing

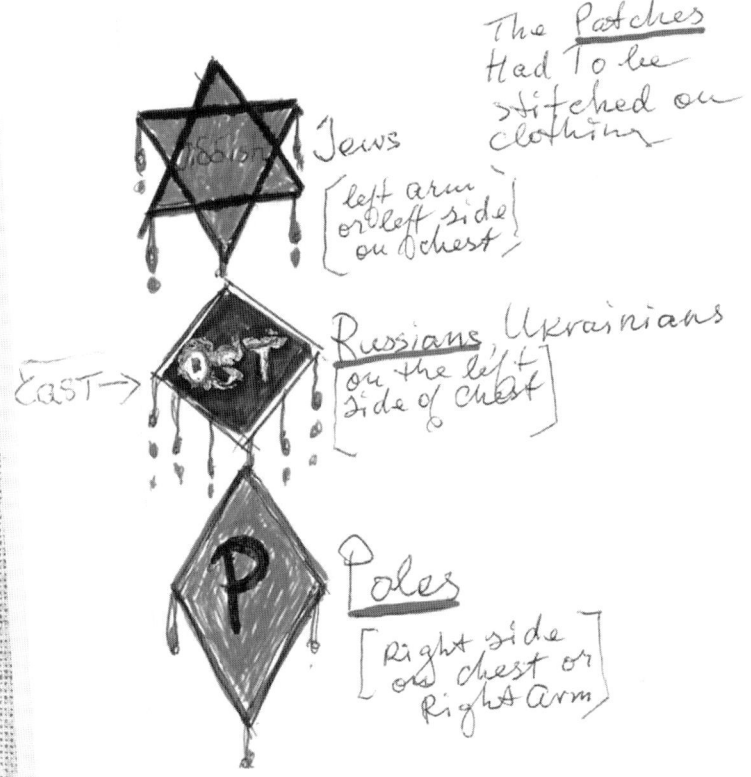

Jews
[left arm or left side on chest]

 OST →

Russians Ukrainians
[on the left side of chest]

Poles
[Right side of chest or Right Arm]

Hier hat Nonna diejenigen Aufnäher abgemalt, die von Juden, Russen und Polen getragen werden mussten.

„Rückansicht des katholischen Krankenhauses (Marienkrankenhaus), in dem Mama und ich arbeiteten."

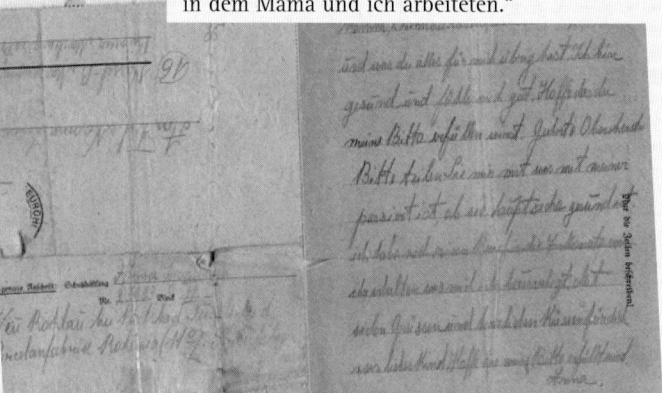

Postkarte von Anna (damals im Konzentrationslager Ravensbrück) an das Marienkrankenhaus: „Sehr geehrte Oberschwester, ... bitte teilen Sie mir mit, was mit meiner Tochter passiert ist, hauptsächlich, ob sie gesund ist. Ich habe seit sieben Monaten keinen Brief von ihr erhalten und bin deswegen in großer Sorge. Mit Grüßen und herzlichen Küssen für Dich, mein liebes Kind. Ich hoffe, dass meine Bitte erfüllt wird. Anna"

Brief von Anna (im Konzentrationslager Ravensbrück) an Nonna: 18.06.1944
Mein liebes Töchterlein! Dein liebes kleines Brieflein vom 5.6.44 habe ich am 10.6.44 und dein Päckchen am 11.6.44 erhalten. Mein liebes Töchterlein! Wie viel Tränen habe ich vergossen! Bloß einmal in 8 Monaten habe ich von dir den Brief bekommen. Jetzt weiß ich schon, dass du am Leben bist und es geht dir gut. Was du mir..."

Ein paar Schwestern versammeln sich für ein Foto. Nonna steht als zweite von rechts in der hinteren Reihe.

Nonna war im Krankenhaus, in dem sie arbeitete, selbst Patientin. Hier ist sie ganz hinten zu sehen, zusammen mit „einer anderen Patientin (in der Mitte), einer Schwester aus Jugoslawien links und einer Schwester aus Russland rechts."

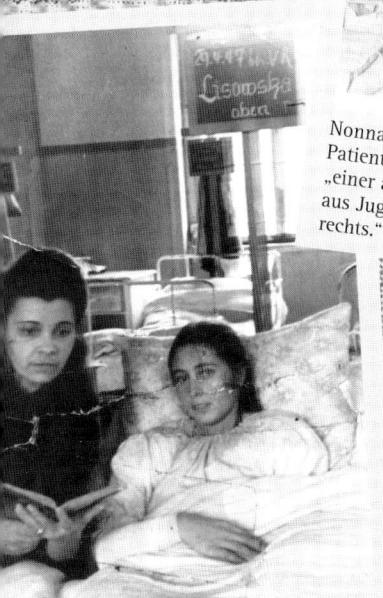

Nonna erholte sich im katholischen Marien-krankenhaus in Kassel von rheumatischem Fieber. Man beachte auch Nonnas Namen auf dem Schild über ihrem Bett. (um 1945)

Menschenwachen kann nichts nützen,
Gott muß wachen, Gott muß schützen.
Herr, durch deine Güt und Macht
gib uns eine gute Nacht!

Hört, ihr Herrn, und laßt euch sagen:
unsre Glock hat zwölf geschlagen!
Zwölf, das ist das Ziel der Zeit;
Mensch, bedenk die Ewigkeit!
Menschenwachen kann nichts nützen,
Gott muß wachen, Gott muß schützen.
Herr, durch deine Güt und Macht
gib uns eine gute Nacht!

Hört, ihr Herrn, und laßt euch sagen:
unsre Glock hat eins geschlagen!
Eins ist allein der ewige Gott,
der uns helf aus aller Not!

deutsches Gedicht

Nonna mit ihrer Freundin Alvina in der Schwesterntracht vor
einem deutschen Lastwagen.

Nonna und ihre Freundin Zoja, die ihr bei der Bewerbung um ein
Visum behilflich war. (Butzbach, 1950)

Alle Sternlein müssen schwinden,
und der Tag wird sich einfinden.
Danket Gott, der uns die Nacht
hat so väterlich bewacht!"

13. April 47.

Вчера вечером снова сердечный приступ.
Всю ночь было мне плохо и только рано утром
в 3½ часа я заснула.
Сегодня чувствую я себя очень слабой. Даже
не в состоянии вставать.
Там после обеда будет хорошая погода, так
выводят меня на воздух.
Мне так скучно, но за что я не возмусь, всё"
меня переутомляет и даёт учащённое.

deutsches Gedicht, darunter russische Notizen

„Endlich verlasse ich das Land so vieler Schrecknisse, um im Land der Freiheit ein neues Leben zu beginnen – in Amerika. Hier stehe ich an der Reling der *General Haan*, als wir losfuhren."

Nonna und Henry heiraten im Haus seiner Eltern in Baton Rouge in Louisiana. (23. Juni 1951)

THE UNITED STATES OF AMERICA

ORIGINAL
TO BE GIVEN TO
THE PERSON NATURALIZED

CERTIFICATE OF

No. 7140281

NATURALIZATION

Petition No: 822

Personal description of holder as of date of naturalization Date of birth September 22, 1925 sex female
complexion light color of eyes blue color of hair brown height 5 feet 4 inches:
weight 100 pounds visible distinctive marks none
Marital status married former nationality Russian

I certify that the description above given is true, and that the photograph affixed hereto is a likeness of me.

Nonna Lisowskaja Bannister
(Complete and true signature of holder)

State of Louisiana
Parish E. Baton Rouge } ss:

Be it known, that at a term of the United States District Court of
Eastern District of Louisiana
held pursuant to law at Baton Rouge, Louisiana
on April 14, 1953 the Court having found that
Nonna Lisowskaja Bannister
then residing at _____, Baton Rouge, Louisiana
intends to reside permanently in the United States (when so required by the
Naturalization Laws of the United States) had in all other respects complied with
the applicable provisions of such naturalization laws, and was entitled to be
admitted to citizenship, thereupon ordered that such person be and (s)he was
admitted as a citizen of the United States of America.

In testimony whereof the seal of the court is hereunto affixed this 14th
day of April in the year of our Lord nineteen hundred and
fifty-three and of our Independence the one hundred
and seventy-seventh.

A. DALLAM O'BRIEN, JR.
Clerk of the United States Dist. Court.

By Nelson B. Jones Deputy Clerk

It is a violation of the U.S. Code (and
punishable as such) to copy, print, photograph,
or otherwise illegally use this certificate.

DEPARTMENT OF JUSTICE

onnas Einbürgerungsurkunde

Nonna mit ihren Kindern Hank, Elizabeth und John. (1960)

Nonna am Klavier. (14. Dezember 1994)

IOM International Organization for Migration
OIM Organisation Internationale pour les Migrations
OIM Organización Internacional para las Migraciones

German
Forced Labour
Compensation Programme
ЗАВЕРШИЛОСЬ КОМПЕНСАЦИЯ

Nonna Bannister
~~~~~~~~~~~~~~~
Memphis 38115
United States

Geneva, 18 September 2003

IOM Claim Number US1-1091403 (please indicate this Claim Number in any future correspondence)

Dear Mrs. Bannister,

Thank you very much for contacting the International Organization for Migration (IOM) concerning the payment of the second instalment of your compensation entitlement under the German Forced Labour Compensation Programme.

Please note that according to the German Foundation Act the second instalment will only be paid after all eligible claimants have received their first instalment payment. This means that you will receive the second cheque by the end of 2004 at the latest.

Thank you very much for your understanding and patience.

Yours sincerely,

International Organization for Migration
Compensation for Forced Labour Team

Headquarters:
17 route des Morillons • C.P. 71 • CH-1211 Geneva 19 • Switzerland
Tel: +41.22.592.82.30 • Fax: +41.22.798.61.50 • E-mail: compensation@iom.int •
Internet: http://www.compensation-for-forced-labour.org/

Ordered By:

INTERNATIONAL ORG FOR MIGRATION
GERMAN FORCED LABOUR COMPENSATION
CASE POSTALE 71 CH-1211 GENEVA 19
SWITZERLAND

Beneficiary:

NONNA BANNISTER
IOM Claim Number: 1091403

ENT ID:	83286
. NUMBER:	L.0000013562
E DATE:	MAY 30, 2002
CK NUMBER:	019174194
UNT DUE:	USD ••••••••• *1,166.00

(Brief der Internationalen Organisation für Migration, genauer des deutschen Zwangsarbeiter-Entschädigungsprogramms.

... . .werd: DEM from a German company,
....t awarded amount: DEM   0.00   (EUR   0.00)
First instalment amount: DEM 5000.00   (EUR   2556.46)
DEM 2500.00   (EUR   1278.23) paid through the attached cheque:
Please cash the attached cheque within two months of the date
on the cheque.

THIS CHEQUE PAPER CONTAINS A CHAIN WATERMARK AND GREEN BACKGROUND   DO NOT ACCEPT WITHOUT EITHER – HOLD TO LIGHT TO VERIFY WATERMARK

I O M
O I M

	CHECK NUMBER:	019174194
	CLIENT ID:	83286

Pay to the order of: NONNA BANNISTER

CHECK DATE: MAY 30, 2002

IOM Claim Number: 1091403

THE SUM OF   ONE THOUSAND ONE HUNDRED SIXTY-SIX AND 00/100 U.S. DOLLAR ••••••••••••••••••••••••••••••

USD   ••••••••• *1,166.00

Payable at   CITIBANK, N.A.
THROUGH CITIBANK (NEW YORK STATE)
ABA 0220 00868

OR ORDER

For: CITIBANK (NEW YORK STATE)

AUTHORIZED SIGNATURE

⑈019174194⑈ ⑆022000868⑆   99⑈83286

Scheck in Höhe von 1166 Dollar als Entschädigung für Zwangsarbeit.

abfahrenden Züge. Viele Kinder waren dabei, die ihre Eltern zurücklassen mussten. Die russischen Truppen durchkämmten die Stadt und trieben die Leute zusammen, um sie in die Züge zu bringen. Petrowitsch war einer davon. Großmutter hatte ihn losgeschickt, um Kohlen aufzusammeln, die die Russen entlang der Schienenstrecke verloren hatten. Die Leute waren gerade dabei, sie aufzulesen und zu sich nach Hause zu bringen, als russische Soldaten sie eilig in die Züge trieben. Petrowitsch war morgens losgegangen, und als Großmutter sich Sorgen machte, weil er nicht zurückkam, ging sie los, um nach ihm zu suchen. Was sie fand, war nur sein Handwagen, beladen mit Kohle. Wir haben ihn nie wiedergesehen.

Als die Russen abzogen, verbrannten oder zerbombten sie alles in Sichtweite. Damit wollten sie sicherstellen, dass die Deutschen bei ihrer Ankunft weder Nahrung noch sonst etwas Brauchbares vorfänden. Um diejenigen von uns, die zurückblieben, machten sie sich wenige bis gar keine Sorgen, da sie uns längst als Verräter abgestempelt hatten.

Die meisten derer, die zurückblieben, hatten das nur geschafft, weil sie sich in ihren Kellern oder sonstigen Verstecken verbargen. Draußen wurde es immer kälter, und entsprechend kalt und feucht waren die Keller. Viele wurden krank. Ohne ärztliche Hilfe oder Medikamente starben sie an Lungenentzündung. Wir selbst blieben tagelang in unserem Keller. Nur nachts gingen wir mal raus.

Die Felder waren vermint, überall waren Fallen aufgestellt. Ab und zu konnte man eine Explosion und dann Schreie hören. Von weit weg konnte man die Artillerie noch hören, besonders nachts. Sie klang wie Donnergrollen. Uns war bewusst, dass nicht allzu weit weg Kämpfe stattfanden. Gelegentlich flogen auch russische Flugzeuge über uns hinweg und ließen ein, zwei Bomben fallen. Es war nichts mehr zum Zerbomben übrig, aber offensichtlich machte es ihnen Spaß, diejenigen zu ängstigen, die zurückgeblieben waren. Beim Überfliegen eröffneten sie auch das Feuer auf Menschen, die sich auf der Straße aufhielten. Sie flogen so niedrig, dass man beinahe die Piloten erkennen konnte. Es bestand kein Zweifel – es waren russische Flugzeuge.

„ES WAREN RUSSISCHE FLUGZEUGE" • Bombenattacken der deutschen Luftwaffe auf Ziviltransporte sind zwar dokumentiert, aber Nonna ist sicher, dass diese Bomber russisch waren.

Wir verbrachten mehr Zeit im Keller als im eigentlichen Haus. Aus Angst vor den regelmäßigen Bombardierungen und den Durchsuchungen durch russische Soldaten versteckten wir uns die meiste Zeit im Keller. Tante Tonja, ihre zwei Mädchen Zina und Luki sowie Tante Xenja und ihr Mann Wladimir entschlossen sich, in einem Zug mitzufahren, der sie weiter in russisch besetztes Gebiet bringen würde. Tante Tonjas Mann Alexej befand sich ja schon 200 Kilometer weit weg, wo er als Chemiker in einer Fabrik arbeitete. Sie hofften, zu ihm zu gelangen. Tante Xenja und Onkel Wladimir wollten mitkommen, um Tante Tonja und ihre kleinen Kinder zu beschützen. Sie wollten bis Taganrog reisen und dort dann Tante Olga mit dazunehmen. Sie lebte allein mit ihren fünf Kindern, seit Onkel Wanja bei einem Flugzeugabsturz ins Asowsche Meer ums Leben gekommen war (er war Testpilot gewesen). Onkel Leonid war schon seit mehreren Wochen nicht mehr in der Stadt – wir wussten nicht einmal, wo er sich zu dieser Zeit aufhielt. Onkel Shenja mit seiner Frau und ihren beiden kleinen Kindern war Tausende von Kilometern weit weg in Irkutsk. Er war dort mit der Luftwaffe stationiert.

So waren also nur noch Mama, Papa, Großmutter und ich übrig. Papa hatte entschieden, dass wir blieben. Großmutter würde das Große Haus niemals aufgeben und immer dort bleiben für den Fall, dass jemand aus der Familie zurückkehren sollte.

KAPITEL 24

INVASIONSVORBEREITUNGEN

Die russischen Truppen waren abgezogen, die deutschen noch nicht aufgetaucht – wir befanden uns in einer Art Schwebezustand. Jeder fragte sich, was wohl als Nächstes käme. Bald schon erreichten uns beunruhigende Nachrichten von beiden Seiten. Was wir von russischer Seite erfuhren, war für diejenigen niederschmetternd, die Verwandte in den letzten noch abfahrenden Zügen hatten. Angeblich hatten die Russen diese Züge in die Luft gesprengt und damit alle Flüchtenden umgebracht. In einigen der letzten Züge waren Gefangene aus russischen Gefängnissen gewesen, daneben aber auch viele Zivilisten, die unterwegs noch von den russischen Soldaten aufgegriffen worden waren. Die Russen mussten sich beeilen und jagten die Züge lieber in die Luft, als sie aufzugeben. Die Gefangenen waren ihnen völlig egal, die Zivilisten waren Opfer der Umstände geworden.

Da die meisten unserer Verwandten mit den letzten Zügen gefahren waren, hofften und beteten wir zwar, sie seien nicht unter den Opfern. Sicher wissen konnten wir es allerdings nicht. Wir waren am Boden zerstört.

Es gab auch Neuigkeiten von der anderen Seite – sie war inzwischen von Deutschen besetzt –, und diese Neuigkeiten waren ebenso beunruhigend. Offenbar waren die Deutschen immer und immer wieder von russischen Partisanen angegriffen worden, die überall in den Wäldern verstreut waren. Viele deutsche Soldaten waren ihnen zum Opfer gefallen. Daraus erwuchs unter den Deutschen großes Misstrauen allen Russen gegenüber – auch gegen diejenigen, die einfach nur dageblieben waren. Sie fingen an, jeden umzubringen, der irgendwie verdächtig wirkte – vor allem die jungen Männer. Sie töteten aber auch einige Frauen und alte Männer. Für uns hieß das eines, dass wir nämlich besser in unserem Versteck bleiben sollten, bis die ersten deutschen Truppen durchgezogen waren. Die Nachricht hatten wir übrigens von denen erhalten, die es fertiggebracht hatten, zu entkommen und in die Stadt zurückzukehren. Selbstredend machte das schnell die Runde.

Papa hatte bereits angefangen, einen Tunnel vom Keller in Großmutters Haus bis zu dem Keller zu graben, der sich außerhalb befand. Er hatte vor, je eine Mauerattrappe im Keller des Hauses und im Hofkeller zu errichten, sodass sich ein sicheres Versteck für ihn ergäbe. Papa machte sich Sorgen um Großmutter, Mama und mich und versuchte, einen Weg zu finden, uns vor dem, was da noch kommen sollte, zu bewahren. Seine Idee war folgende: Wir sollten das Haus verlassen und ins nächste Dorf gehen, wo wir sicherer waren.

Im Nachbardorf gab es reichlich Nahrungsmittel, die wir den deutschen Soldaten anbieten und so vielleicht eine Verständigung zwischen ihnen und uns herbeiführen konnten. Großmutter aber wollte auf keinen Fall ihr Heim verlassen – aus Angst, es könne geplündert oder niedergebrannt werden. Sie beschloss also, ebenfalls dazubleiben und Papa mit Mahlzeiten zu versorgen, während er sich im Tunnel versteckte.

Trotz Mamas Protest und Tränen wurde also der Entschluss gefasst, dass sie mit mir zum nächsten Dorf aufbrechen sollte, was immerhin noch mindestens 18 Kilometer entfernt war. Papa versprach, bald nachzukommen – sobald eben die erste Front durch sei.

„Alles wird gut", sagte er immer.

Großmutter wollte im Haus bleiben und sich nicht im Tunnel verstecken. Sie sagte: „Selbst der übelste deutsche Soldat würde doch einer alten Frau wie mir nichts antun."

Mama und ich packten ein paar Kleidungsstücke und andere Dinge zusammen, von denen wir glaubten, sie könnten uns in den nächsten Tagen nützlich sein, und verstauten sie für unsere Reise auf einem *Telega*, einem Handkarren. Papas Meinung nach war es sicherer für uns, erst am späten Nachmittag, wenn es dunkel wurde, zum Dorf zu gehen. Er machte sich Sorgen wegen der russischen Flugzeuge und was sie wohl machen würden, wenn sie uns durch die Felder laufen sahen. An die Minen in den Feldern dachte Papa gar nicht, aber ich bin sicher, dass er sich später, als wir dann aufgebrochen waren, auch ihrer entsann und sich schrecklich sorgte. Mama dachte sich für unseren Weg durch die Felder etwas aus: Wir nahmen einen Sack voll großer Steine mit. Mamas Idee war, immer ein paar Steine vor uns herrollen zu lassen und dann ihrer Spur zu folgen. Mama lief vor mir, ich hinterdrein. Mamas Einfallsreichtum amüsierte uns beide.

Zwischenzeitlich legten Großmutter und Papa letzte Hand an den Tunnel. Der Keller draußen war weit unterirdisch angelegt. Stufen führten zu ihm hinunter. Er war vor vielen Jahren gebaut worden, um darin Lebensmittel wie Kartoffeln, Äpfel, Fässer mit milchsauer eingelegtem Gemüse, Sauerkraut und so weiter zu lagern. Der Keller außerhalb des Hauses war zudem deutlich kühler als das Kellergeschoss des Hauses, und Großmutter lagerte auch ihren selbst gemachten Wein darin. Die Regale bogen sich unter verschiedenen Weinen so mancher Jahrgänge. Papa hatte sich den Tunnel zwischen Kellergeschoss und Keller außerhalb gegraben, sodass er jetzt viel Platz hatte, sich versteckt zu halten.

Jetzt wollten sie abwarten, bis die ersten Deutschen kamen. Dann würde Papa sich verstecken – für ein oder zwei Tage nur. Das Schlimmste, was man von den deutschen Truppen erwartete, war, dass sie die leeren Häuser nach Essbarem durchsuchen würden – wenn noch Menschen in den Häusern wären, würden sie wohl kaum ein Risiko eingehen.

Mama und ich kämpften uns durch die Felder voran. Mamas Einfall mit den Steinen, die wir vor uns herrollten, funktionierte sehr gut. Allerdings wurde es langsam dunkel, sodass wir nicht sehen konnten, wohin die Steine rollten. Außerdem verloren wir viel Zeit dadurch. Wir würden wohl die ganze Nacht lang laufen müssen. Alle beide waren wir hungrig und müde, trauten uns aber nicht, für eine Rast anzuhalten. Wir versuchten, in der Mitte der Felder zu bleiben und nicht zu nah an die bewaldeten Gebiete zu kommen aus Angst vor den Partisanen, die uns vielleicht dazu zwingen würden, uns ihnen anzuschließen. Wir stellten uns Scherzfragen oder sangen leise Lieder vor uns hin, während wir weitergingen. Wir fühlten uns dadurch wohler und wurden nicht gar so schläfrig. Es muss kurz vor Mitternacht gewesen sein, als wir das Dorf schließlich erreichten. Am ersten Bauernhaus hielten wir an und baten die Leute, uns übernachten zu lassen.

Nachdem Mama unsere Geschichte erzählt hatte, waren der Bauer und seine Frau sehr mitfühlend. Ihr Haus war bereits voller Menschen. Mehrere kleine Kinder lagen auf Decken verteilt auf dem Boden des Raumes, den wir betreten hatten. Mama fragte den Bauern, ob wir vielleicht in seiner Scheune im Stroh übernachten könnten. Nur zu gerne kam er ihrer Bitte entgegen. Die Scheune war riesengroß, es gab haufenweise Stroh, und schön warm war es auch noch. Die Frau des Hauses hatte uns etwas frisch gebackenes Brot und Milch gebracht – wir fühlten uns richtig willkommen. Seit Langem hatte ich kein so leckeres Brot mehr gegessen und ich aß das meiste davon auf. Für Mama blieb die Milch.

Als wir da so im Stroh lagen und aus dem Scheunentor schauten, konnten wir einen strahlenden Mond scheinen sehen. Ein so strahlender Mond hatte uns auf unserem Weg vor ein paar Stunden noch nicht begleitet. Für ein paar kurze Minuten vergaßen wir den Krieg und das Morden um uns herum. In null Komma nichts waren wir eingeschlafen.

DIE SERENKOWS • Nonna hat die Bauernfamilie niemals vergessen und trug das Foto von dem Ehepaar Serenkow den ganzen Krieg hindurch bei sich. Diese Fotografie existiert noch heute.

KAPITEL 25

UNSERE WELT BEGINNT ZU ZERFALLEN

Herbst 1941

Es war schon taghell, als Mama und ich erwachten. Wir hörten die Bauersfrau zur Scheune kommen. Sie grüßte uns und fragte, ob wir uns gut erholt hätten – und wirklich: Mama und ich hatten wunderbar geschlafen. Natürlich aber war das Erste, was uns in den Sinn kam, nachdem wir die Augen geöffnet hatten, Papa und Großmutter, die wir zurückgelassen hatten. Die Bauersfrau lud uns ein, im Haus gemeinsam mit der Familie zu frühstücken. Sie hatte Pfannkuchen gemacht, dazu gab es saure Sahne und selbst gemachtes Kompott. Es war ein Frühstück wie für einen König – Mama und ich genossen es sehr. Nach dem Essen fragte Mama, ob es ein Plätzchen gäbe, an dem wir für ein paar Tage unterkommen könnten, so lange eben, bis Papa uns holen käme. Die Frau zeigte auf ein paar Häuser im Dorf und erklärte uns, viele Häuser hier stünden leer und keiner kümmere sich um sie, seit die Russen das Dorf evakuiert hatten. Die Fliehenden hatten nur ein paar Kleidungsstücke und Kleinigkeiten zusammengesucht, die sie mitnehmen konnten. Die Frau empfahl Mama, sich in einem dieser leer stehenden Häuser nach einer Bleibe umzusehen.

Mama und ich zogen los, um einen Platz zu finden, den wir für sicher hielten, der aber auch nicht zu weit weg von anderen Menschen war. Wir besahen uns an diesem Tag einige Häuser und entschieden uns schließlich für ein Bauernhaus, in dem noch etwas Vieh war, um das sich niemand kümmerte. Allein schon die Tiere um uns herum verminderten unser Gefühl der Einsamkeit. Wir konnten sie füttern, solange wir dort waren. Das Häuschen, das wir ausgesucht hatten, war ein typisches Bauernhaus mit netter kleiner Küche, Schlafzimmern und einer Stube mit großem Kamin. Erstaunlich war, wie sauber und ordentlich die früheren Bewohner es zurückgelassen hatten. Die Betten waren bezogen und hatten Kissen – man konnte meinen, die Besitzer würden jeden Augenblick zurückkommen. Mama und ich gingen noch einmal zu dem Bauernhof, auf dem wir die letzte Nacht verbracht hatten, und erzählten der Familie, wo wir nun bleiben wollten. Sollten wir irgendetwas brauchen, so sagten uns die beiden, sollten wir uns an sie wenden – sie würden uns nach Kräften helfen.

Essen war kein Problem. Kartoffeln und Möhren waren noch im Boden auf den Feldern, man musste also nur rausgehen und einsammeln, was man brauchte. Allerdings zogen zu dieser Zeit bereits deutsche Soldaten durch die Gegend. Mama und ich beschlossen daher, nahe beim Haus zu bleiben und so zu tun, als sei es unseres. Das Hauptproblem war, dass es kein Brot gab, und die Mühlen, die das Mehl zum Brotbacken hätten liefern sollen, arbeiteten nicht. Aber Mama dachte sich etwas zum Mahlen aus, als sie zwei Blecheimer fand, die ineinanderpassten: Sie nahm einen Nagel und schlug damit Löcher in den äußeren der Eimer, die scharfe „Zähne" in seinem Boden ergaben. Sie machte so viele Löcher wie möglich in den Eimerboden und dann ebenso in den Boden des inneren Eimers, diesmal allerdings von innen nach außen. So ergaben die Nagellöcher wieder scharfe Zähne, die auf die des anderen Eimers zeigten. Wir hatten damit eine Art Reibe, mit der wir Korn mahlen konnten.

An Weizen bestand kein Mangel, nur waren die Getreidefässer bei der Evakuierung von den Russen gesprengt worden. Der Weizen war voller Glassplitter und sonstiger Fremdkörper. Wir mussten also einen Weg finden, die Weizenkörner vom Unrat zu trennen. Es gab nur eine Möglichkeit: Wir saßen am Tisch und sortierten Körnchen für Körnchen aus den Splittern und dem Dreck. Es war eine langwierige und zeitraubende Arbeit, aber sie hielt uns vom Grübeln ab und ließ die Zeit vergehen. Wenn wir dann genügend Weizenkörnchen beisammen hatten, schütteten wir sie in den äußeren Eimer. Mama hatte am inneren Eimer einen Griff so angebracht, dass wir ihn drehen konnten. Die Zähne, die sie durch das Schlagen der Löcher in die Eimer zustande gebracht hatte, zerrieben den Weizen dann langsam zu einer Art groben Mehls. Mama kochte es dann zu so etwas wie Grießbrei. Allerdings mussten wir es mehrere Stunden kochen lassen, bis es weich genug zum Essen war.

Täglich verbrachten wir einige Stunden damit, Weizen zu lesen, um uns Brotersatz zu machen. Außerdem sammelten wir draußen Feuerholz für den Ofen. Wenn wir Kartoffeln brauchten, baten wir den Bauern, ob wir uns eine Tagesration ausgraben durften. Die Leute waren freundlich und gerne bereit, einander zu helfen, wo sie nur konnten. Was sie hatten, teilten sie miteinander. Schließlich waren es unsichere Zeiten – keiner wusste, was der nächste Tag bringen würde.

Die ersten Tage schienen rasch zu vergehen – wir entwickelten einen Rhythmus und verschafften uns Orientierung in unserer Umgebung. Mama sah besorgt und unglücklich aus, versuchte aber, ihre Sorgen vor mir zu verbergen, indem sie sang und sich beschäftigt hielt – nur immer beschäftigt bleiben. Wenn es uns sicher erschien, spazierten wir zum Bauernhaus hinüber. Mama und die Frau unterhielten sich dann über den Krieg und darüber, was für eine Angst jeder hatte. Mama sprach auch von Papa und hoffte, dass er bis zu unserer Rückkehr sicher war.

Um das Dorf herum und auf den Straßen waren haufenweise deutsche Soldaten. Sie behelligten uns nicht, warfen uns aber neugierige Blicke zu, wenn sie uns sahen. Nach ein paar Tagen machten wir uns ihretwegen keine Sorgen mehr, hielten uns aber möglichst fern von ihnen. Das Wetter wurde langsam kälter, aber wir konnten uns warm genug halten und verbrachten immer mehr Zeit im Haus. Mit jedem Tag, der verging, wurde Mamas Sorge größer, denn noch immer hatten wir nichts von Papa gehört. Mama erklärte mir, es seien einfach zu viele Soldaten in der Gegend. Dass er sich bei dem immer kälter werdenden Wetter im Tunnel verstecken musste, beunruhigte sie sehr. Uns kam es wie eine lange Zeit vor, tatsächlich aber waren erst zwei Wochen vergangen, seit wir Papa und Großmutter im Großen Haus in Konstantinowka zurückgelassen hatten. Wir waren traurig und vermissten unsere Familie.

KAPITEL 26

PAPA WIRD IN SEINEM VERSTECK GEFUNDEN

Eines Tages kam ein Mann aus Großmutters Nachbarschaft zu Mama und richtete ihr aus, sie müsse nach Hause zurückkommen, weil ihr Mann schlimm verletzt worden sei. Er sagte Mama nicht, was passiert und wie schlimm es war, sondern nur, sie solle sofort aufbrechen, weil Großmutter sie brauche. Mama war sehr besorgt und sagte mir, sie müsse gehen und sehen, was zu Hause los sei. Ich selbst solle bei dem Bauern und seiner Familie bleiben. Damit brachte sie mich zu den Bauersleuten und bat die Frau, mich aufzunehmen, solange sie weg war, um zu Hause nach dem rechten zu sehen. Die Frau stimmte augenblicklich zu und fragte, ob sie Mama irgendwie helfen könne. Mama verneinte und brach sofort auf. Ich hatte Angst und fühlte mich sehr allein und unwohl, wie ich hier einfach bei Fremden gelassen wurde. Die Kinder kamen mir so anders vor und sie schauten mich auch so komisch an. In dieser Nacht schlief ich nicht. Ich lag wach, weinte und fragte mich, was wohl mit Papa und Großmutter geschehen sei.

Am nächsten Tag kamen Mama und Großmutter. Sie zogen einen *Telega* hinter sich her, in dem Papa lag – ganz und gar mit Decken zugedeckt. Als ich rausrannte, um ihn zu sehen, war ich entsetzt: Da lag Papa, beide Augen fehlten, und sein Kopf war so verschwollen, dass ich ihn kaum erkannte. Die Bauersfrau lud Mama ein, Papa doch in ihr Haus zu bringen und zusammen mit mir auch dort zu bleiben. Sie wollte uns mit Papa helfen. Mama nahm ihr Angebot an. Wir brachten Papa ins Haus, wo die Frau ihm ein Bett herrichtete. Trotz allem war Papa bei Bewusstsein. Er rief mich an sein Bett. Obwohl er mich nicht sehen konnte, beruhigte er mich, ich solle mir keine Sorgen machen. Jetzt, wo er Mama und mich um sich habe, werde es ihm bald wieder gut gehen. Mir war klar, dass er fürchterliche Schmerzen haben musste, aber er versuchte, es zu verbergen.

Die nächsten Tage waren wie verschwommen. Ich wollte nicht von Papas Seite weichen – mein kleines Herz war gebrochen.

NONNA UND PAPA • Nonna liebte ihren Vater sehr innig. Sie beschrieb Jewgeni als „sehr streng darin, mir Werte zu vermitteln, die nur ein Vater, der sein Kind sehr liebt, so konsequent vermitteln würde". Sie erinnerte sich an „ein paar kleine Überraschungen", die Jewgeni für Nonna in seinen Taschen versteckt hatte, wenn er von seinen Reisen zurückkam. Als sie vier war, hatte sie von ihrem Vater bereits Polnisch und Deutsch gelernt. „Ich konnte das ABC in drei Sprachen, außerdem konnte ich in diesen Sprachen auch schon viele Wörter kritzeln."

Mama und die Frau legten kalte Tücher auf Papas Kopf und wischten ihn mit einem Schwamm ab, um ihm Erleichterung zu verschaffen. Es schien ihm ein bisschen besser zu gehen, jedenfalls konnte er jeden Tag für ein Weilchen auf einem Stuhl am Küchentisch sitzen. Alle hatten Angst, die deutschen Soldaten würden auftauchen, Papa hier finden und ihn vollends umbringen. Wenn wir also die Soldaten hörten oder erfuhren, dass sie dem Haus nahe kamen, versteckten wir Papa in einem Schrank, bis sie weiterzogen.

Großmutter erzählte uns, wie sie Vater zerschunden und blutend im Keller gefunden hatte, als sie ihm etwas zu essen bringen wollte. Als Großmutter ihn fand, waren die betrunkenen deutschen Soldaten schon wieder abgezogen und hatten Papa, den sie wohl für tot hielten, liegen lassen. Nicht, dass es sie etwa kümmerte ... Papa konnte berichten, dass er sich eine Erkältung geholt hatte, weil es in dem Tunnel, in dem er sich versteckt hielt, so kalt und feucht geworden war – eine Heizung gab es nicht. Er hatte gehört, wie die deutschen Soldaten im Keller aßen und Großmutters Wein tranken. Sie waren schon eine ganze Weile dort drin gewesen – lange genug, um betrunken zu werden – und fluchten und sangen und machten einen Mordsradau. Papa hatte sich im Tunnel ganz still verhalten. Er war dort sicher – bis er husten musste. Die deutschen Soldaten hörten ihn husten, machten sich auf die Suche und fanden ihn in seinem Tunnelversteck. Papa erzählte, er habe noch versucht, vernünftig mit ihnen zu reden, aber sie schlugen nur brutal auf ihn ein und ließen ihn, als sie ihn für tot hielten, liegen.

Großmutter entschloss sich, wieder nach Hause zu gehen, denn hier konnte sie nicht helfen, außerdem war das Haus sowieso schon überfüllt. Sie wollte ins Große Haus zurück und versuchen zu verteidigen, was ihr an wenigem noch geblieben war. Auch wollte sie die Plünderer fernhalten.

Großmutter sagte Mama, sie solle nach ihr schicken, wenn sie Hilfe brauchte. So ging sie, und Mama und ich blieben die ganze Zeit bei Papa. Ab und zu ging Mama ins Nebenzimmer. Dann hörte ich sie weinen, aber sie versuchte, für mich immer eine heitere Miene aufzusetzen. Egal – ich wusste aber, wie schlimm Papa verletzt war und wie sehr er litt. Nachdem wir etwa zehn Tage dort verbracht hatten, beschloss Mama, eine eigene Bleibe für uns zu suchen, damit wir den Leuten nicht länger zur Last fielen.

Am nächsten Tag ließ Mama mich allein bei Papa, weil sie sich nach einer neuen Bleibe umsehen wollte. Sie war fast den ganzen Vormittag unterwegs. Als sie wiederkam, hatte sie etwas Besseres für uns gefunden, eine Unterkunft, die sogar näher an Großmutters Haus war (knapp fünf Kilometer näher). Der Bauer und seine

Frau halfen Mama, Papa in den *Telega* zu verfrachten. Dann gingen wir zu unserem neuen Heim.

Es war ein großes Haus mit einer großen Eingangshalle und mehreren großen Räumen, sah allerdings eher wie ein Bürogebäude oder ein Postamt als wie ein Zuhause aus. Mama schaffte Papa ins Bett, dann entzündeten wir im Ofen ein Feuer, um den Raum aufzuwärmen. Mama setzte einen Topf Kartoffeln zum Kochen auf, ebenso einen mit Weizen, den wir schon vorbereitet hatten. Diese beiden Sachen, so schien es mir, hatte sie eigentlich dauernd am Kochen. Wir richteten uns ein und versuchten, es Papa so angenehm wie möglich zu machen. Papa war sehr ruhig und sagte Mama und mir, wir dürften gegen die Deutschen nicht bitter sein – sie täten nur, was man ihnen befohlen habe.

Immer wieder sagte er Mama, sie solle sich keine Sorgen machen. „Ich werd' schon wieder", sagte er dann, „ich bin stark, ich werde gesund – schließlich habe ich doch dich und Nonna hier bei mir."

Papa war geistig ganz da. Wie üblich war er sehr ruhig, fast friedevoll, wie wir uns so um ihn kümmerten, aber man konnte sehen, wie er mit jedem Tag schwächer wurde. Er hatte Husten. Bei seinen Hustenanfällen spuckte er Blut, dann ließ der Husten etwas nach.

Erstaunlicherweise war Papa diese ganze Tortur hindurch, egal, wie schlimm es für ihn war, noch immer derselbe sanfte und freundliche Mensch wie immer. Egal, wie schlimm – für ihn hatte alles seinen Grund, und er vergab jedem, was der ihm auch angetan hatte. Manchmal machte es mich rasend, wie er die Taten derer verteidigte, die ihn so zugerichtet hatten.

„Sie konnten nicht anders, sie taten, was sie taten, um sich vor dem Unbekannten zu schützen", sagte er.

Ich hielt es schlicht für einen Akt der Grausamkeit. Papa betonte weiterhin, wie wichtig es für mich sei, so lange Deutsch zu üben, bis ich es fließend beherrschte. Papa hatte in vielen Sprachen Gedichte geschrieben, und liebend gern rezitierte er auch Gedichte in allen Sprachen, die er konnte – das waren acht.

Selbst noch als er so krank darniederlag, lehrte er mich die Aussprache einiger Wörter, die für mich schwierig waren. Er sprach mir auch deutsche Gedichte vor und sagte immer wieder, wie wichtig es sei, mehr als zwei Sprachen zu lernen. (Ich sprach bereits vier – Russisch, Ukrainisch, Jiddisch und Polnisch.)

Eines Morgens, gleich nach dem Aufwachen, bereitete Mama ein Frühstück zu und half Papa auf einen Stuhl am Esstisch. Papa war still und legte sich die Hand auf die Stirn. Ich bin sicher, dass er Schmerzen hatte. Aber er klagte nie, nicht ein einziges Mal. Mama wollte ihn dazu bringen, ein wenig zu essen, aber er sagte nur, er habe keinen Hunger. Als wir da so saßen, sagte Papa: „Ich würde alles dafür geben, ein Stückchen Schinken und ein Glas Buttermilch zu bekommen. Ich kann den Schinken fast schmecken. Es ist das Einzige, worauf ich Hunger habe."

Ich stand auf, zog meinen Mantel über und sagte Mama, ich werde nach Schinken und Buttermilch für Papa suchen. Ich legte mein Übertuch um und wickelte mich ein, so gut es eben ging, denn draußen war es lausig kalt. Ich brach in Richtung des Bauernhauses auf, in dem wir zu Gast gewesen waren. Ich sah ein paar deutsche Soldaten, ging aber flott und tat so, als würde ich sie nicht sehen. Sie sagten nichts zu mir.

Als ich beim Bauernhaus ankam, sagte ich der Frau, dass Papa im Sterben liege und zum Frühstück gerne Schinken und Buttermilch hätte. „Kein Problem, mein Kind", sagte die Frau, ging in die Speisekammer und kam mit einem dicken Stück Schinkenspeck wieder heraus. Dann goss sie mir ein paar Liter Buttermilch in eine Kanne und verstaute beides in dem Beutel, den ich mitgebracht hatte. Sie legte noch ein paar Kartoffeln und Möhren dazu und fragte, ob wir mit Papa Hilfe bräuchten. Ich sagte, wir kämen schon klar und dass Mama und ich für Papa täten, was wir nur konnten. Ich dankte ihr und sagte, dass ich keinerlei Geld hätte, um das Essen zu bezahlen. Das sei kein Problem, antwortete sie, aber falls ich ihr beim nächsten Mal einen Regenschirm mitbringen könnte, wäre sie sehr dankbar.

Ich war richtig glücklich und stolz darauf, dass ich gefunden hatte, was Papa sich wünschte. Meine kleinen Füße konnten mich gar nicht schnell genug nach Hause tragen. Wieder waren deutsche Soldaten auf den Straßen unterwegs, aber ich verbarg meinen Beutel unter meinem Übertuch und ging weiter heimwärts. Mama war erstaunt, dass ich Schinken und Buttermilch aufgetrieben hatte, und beeilte sich, den Schinken in mundgerechte Stücke zu schneiden und für Papa zu braten. Sie goss Buttermilch in ein Glas und reichte es Papa, der am Tisch saß. Ich konnte sehen, wie sich ein Lächeln auf seinem Gesicht ausbreitete, als der Duft des Schinkens durch die Küche strich. Als Mama den Schinken dann auf einen Teller gab und vor Papa hinstellte, lächelte er und sagte: „Ich weiß doch, dass ich mir um nichts Sorgen machen muss, wenn meine kleine Nonna hier ist und sich um uns kümmert."

Da saß er also, aß seinen Schinken und wirkte dabei so glücklich und als genieße er ihn so richtig. Mama und ich hatten beide Tränen in den Augen. Papa forderte uns auf, doch auch von dem Schinken zu essen, aber obwohl er so lecker roch, wollten wir nichts davon. Wir wollten ihn für Papa aufheben. Nach dem Essen sah er ganz entspannt aus und wollte gerne ein Nickerchen machen. Also halfen Mama und ich ihm zurück ins Bett. Bald schon schlief er, und Mama und ich unterhielten uns leise über unsere Lage und darüber, dass es Papa einfach nicht besser gehen wollte.

Ein Klopfen erklang, und als ich zur Tür ging, um nachzusehen, stand da ein alter Herr. Er sei Arzt, sagte er. Er habe gehört, dass wir einen Verletzten bei uns hätten, und wollte sehen, ob er helfen könne. Mama war inzwischen zur Tür gekommen. Sie ließ den Mann eintreten und führte ihn zu Papa.

Nachdem er Papa untersucht hatte, schüttelte er nur den Kopf und sagte, für Papa käme jede Hilfe zu spät – es sei nur noch eine Frage der Zeit, bis er sterben werde. Er entschuldigte sich dafür, dass er uns nicht helfen konnte, aber Medizin sei nicht zu bekommen. Er kramte aber fünf kleine Tabletten aus seiner Manteltasche und erklärte Mama, sie würden wenigstens ein wenig gegen die Schmerzen helfen. Der alte Mann roch den Schinken und sagte, er sei hungrig. Also lud Mama ihn ein, bei uns zu Mittag zu essen. Dann erzählte er uns, dass er den deutschen Ärzten in den Feldlazaretten zur Hand gehe und verpflichtet sei, wieder zur Arbeit dorthin zurückzukehren.

Nachdem der alte Mann gegangen war, bat mich Papa, für eine Weile zu den Nachbarskindern zu gehen. Er wollte mit Mama alleine sprechen. Widerstrebend zog ich mich an und ging zu den Nachbarn, wo ich ein paar Stunden verbrachte. Tief drinnen wusste ich, dass Papa und Mama besprachen, wie es nach seinem Tod mit Mama und mir weitergehen sollte. Papa war ein sehr intelligenter Mensch. Seine Sorge galt Mama und mir und der Frage, was aus uns werden sollte, wenn er nicht mehr da war. Als ich wieder nach Hause kam, lag Papa im Bett - ganz in Frieden, wie es schien. Mama saß bei ihm, hielt seine Hand und hatte ihren Arm um seine Schulter gelegt. Meine Gedanken wanderten zu Anatoli. Ich wünschte, er wäre hier bei uns - ich hoffte, er würde einfach auftauchen und für uns da sein -, aber nein. Als wir an diesem Abend zu Bett gingen, konnte ich Mama leise weinen hören. Es dauerte lange, bis ich einschlafen konnte - unwissend, was der morgige Tag bringen würde.

KAPITEL 27

MEINE LETZTEN MINUTEN MIT PAPA

Die sechs Wochen, in denen Papa dalag und um sein Leben kämpfte, erschienen mir wie eine Ewigkeit! Ich hielt an der Hoffnung fest, meinen Bruder Anatoli wiederzusehen, aber immer wieder schossen mir fürchterliche Gedanken durch den Kopf. Ich dachte zum Beispiel, dass Anatoli, wenn er denn bei uns wäre, von den deutschen Soldaten genauso zusammengeschlagen werden könnte und wir ihn genauso verlieren würden! In mancher Nacht lag ich einfach nur im Bett und stellte mir alle möglichen schrecklichen Dinge vor (mit 14 Jahren hatte ich sowieso eine sehr rege Fantasie). Ich war kein Kind mehr, aber auch noch keine Frau.

Am nächsten Morgen kam Mama zu mir ans Bett, weckte mich und sagte: „Nonnatschka, ich muss jetzt gehen und Großmutter holen. Es ist so weit, wir brauchen sie hier bei uns."

Dann sagte sie mit sehr ruhiger und leiser Stimme: „Du setzt dich jetzt an Papas Bett. Hab keine Angst, aber lass ihn nicht allein. Er ist jetzt ganz ruhig, du musst nichts für ihn tun. Sitz einfach hier bei ihm, bis ich wiederkomme." Irgendwie wusste ich, dass die Dinge nicht sonderlich gut für Papa standen. Ich tat, wie Mama mich geheißen hatte, und setzte mich zu Papa.

Es würde mindestens eine Stunde dauern, bis Mama zurück war. Mama hatte Papas Bett in die Küche gestellt, weil das der einzige Raum im Haus war, der für ihn warm genug war. Im Ofen brannte ein ordentliches Feuer – es war schön warm. Papa lag sehr still da, ich dachte, er schliefe.

Lange saß ich so da und sah Papa an, als plötzlich ein unglaublich friedliches Gefühl über mich kam. Es war fast, als sei ich von einem Dutzend Engel oder so umgeben. Ich schaute Papa an und sah einen Ausdruck auf seinem Gesicht, der ein paar Minuten früher noch nicht dort gewesen war – es sah aus, als lächelte er. Seine Lippen bewegten sich nicht, und doch glaubte ich zu hören, dass er sagte: „Jetzt ist alles in Ordnung, ich bin glücklich." Ich lehnte mich vor, ganz nahe an sein Gesicht, und flüsterte: „Papa, bist du wach?" Aber da war keinerlei Regung, und erst jetzt merkte ich, dass sich seine Brust nicht mehr bewegte. Ich stand auf und ging ganz langsam rückwärts aus der Küche, ohne dabei Papa aus den Augen zu lassen. Ich brauchte etwas frische Luft. Ich rannte raus, ohne Mütze oder Mantel, und begann, im tiefen Schnee um einen kleinen Baum herumzulaufen. Ich lief dauernd im Kreis und sang dauernd vor mich hin: „Papa ist glücklich! Papa ist glücklich!" Mein kleiner Körper fror, aber ich wollte nicht ins Haus hineingehen.

Was mich schließlich aus meinem Schockzustand riss, war der Lärm eines Motorrades, das durchs Tor fuhr. Zwei deutsche Soldaten saßen darauf. Sie sprangen von ihrem Motorrad und liefen zur Eingangstür. Sie traten die Tür auf und rannten ins Haus. Ich lief ihnen nach, denn ich wollte nicht, dass Papa mit ihnen allein war. Einer der beiden rief auf Deutsch: „Kartoffeln! Kartoffeln und Brot, wo habt ihr das?"

Bevor ich noch irgendetwas sagen konnte, fingen sie an, alles zu durchwühlen und von einem Raum zum anderen zu laufen. Sie drehten Matratzen und Möbelstücke um. Ich stand da, völlig verängstigt, und wusste nicht, was ich sagen oder tun sollte. Als sie in die Küche kamen und dort Papa entdeckten, hielten sie inne und starrten sich erschrocken an. Ihre Gesichter zeigten den Ausdruck wilder Tiere, die sich über ihre Beute hermachen wollen.

Ganz in Panik schrie ich, ebenfalls auf Deutsch: „Er ist mein Vater und er ist tot!" Dann sah ich, wie einer der Soldaten nach seinem Messer griff und brüllte: „Sich tot zu stellen ist ein russischer Trick! Mal schauen, wie tot er ist!"

Wie ein Blitz durchfuhr mich ein schrecklicher Gedanke: *Was, wenn Papa gar nicht tot, sondern nur bewusstlos war?* Ich betete laut: „Bitte, Gott, lass Papa tot sein!" Mit einer raschen Bewegung zog der deutsche Soldat sein Messer aus der Messerscheide und stieß es in Papas Brust. Der andere Soldat packte ihn am Arm, zog ihn von Papa weg und rief: „Hör auf. Sie sagt die Wahrheit – er ist tot!"

Beim Rausrennen stießen sie mich gegen die Küchenwand. Verwirrt und schockiert stand ich da und zitterte heftig, bis meine Knie nachgaben und ich an der Wand zusammensackte. So blieb ich zitternd auf dem Boden und konnte mich nicht bewegen oder weinen. Dann sah ich schwarze Stiefel vor mir und sah hoch – einer der Soldaten war zurückgekommen. Er starrte mich lange an, dann sagte er: „Du sprichst sehr gut Deutsch. Wo ist deine übrige Familie?"

Da ich dachte, er sei nur gekommen, um jemanden umzubringen, hoffte ich inständig, Mama und Großmutter würden nicht gerade jetzt auftauchen. Schnell sagte ich: „Die sind alle tot!"

Er ging zurück in die Küche und kam mit dem Topf Kartoffeln zurück, die Mama am Abend vorher zubereitet hatte. Er musste sie gesehen haben, als sie in der Küche gewesen waren.

Er sah mich an – irgendwie traurig, dachte ich. Fast tat er mir leid! „Entschuldige", sagte er, „aber wir sind sehr hungrig und frieren schrecklich." Damit ging er davon. Ich blieb auf meinen Knien, völlig verängstigt und unfähig, mich zu rühren.

Als Mama und Großmutter schließlich hereinkamen, brach ich laut schluchzend zusammen. Großmutter legte mir ihr Tuch um, und lange standen wir drei einfach nur schluchzend da.

IM GEDANKEN AN PAPA • „Papas Liebe, Zuneigung und Schutz umgaben mich, bis ich ihn verlor", schrieb Nonna in ihren Aufzeichnungen. „Ich war an seinem Bett, als er starb. Ich konnte nicht begreifen, dass das tatsächlich geschah. Papa lehrte mich in den ersten vierzehn Jahren meines Lebens vielerlei. Was aber der Krieg und der Holocaust für uns alle bedeuten sollte, erfuhr er nicht. Ich danke Gott für die Jahre, die ich mit meinem liebenden Vater hatte, und ich danke Papa für alles, was er mir beigebracht hat."

An dieser Stelle fügte Nonna ihren Aufzeichnungen ein Lieblingssprichwort ihres Vaters hinzu, ebenso wie ein Gedicht, das sie ihm nach seinem Tod schrieb.

„Keinerlei Schamgefühl hatten, die hinrichteten, ohne dass ein Verbrechen verübt worden war!"

AN PAPA

Du sagtest, die Augen tränenverhangen:
„Wir werden bleiben, das Risiko tragen.
Und ist es auch anderen übel ergangen,
Wir werden betteln, um Schutz für uns fragen."
Die Grenzen passieren – jetzt wäre es dran!
Dann sah ich dich lächeln und hörte von dir:
„Wir müssen drauf hoffen, wir glauben daran –
Die Freiheit liegt doch direkt vor der Tür."
Zu eilig wurde der Einmarsch gestartet,
Da gab es kein Reden mehr, nur noch Verbergen.
Und krank hast du Tage im Keller gewartet.
Dann fanden dich dennoch die feindlichen Schergen.
Du hast es versucht, hast noch Gründe gesagt,
Vergebens bei dieser besoffenen Meute!
Für sie war sie damit eröffnet, die Jagd
Auf jene, die hier geblieben bis heute.
Mit ängstlichem Herzen rief ich ganz laut:
„Er ist mein Vater und er ist tot!"
Sie haben ihn nur voller Abscheu beschaut

Mit Fratzen, die ohne Furcht sind vor Gott.
Dein Sarg beim Begräbnis war blumenlos,
Auf deiner Brust gefaltet die Hände.
Ich weinte nicht. Meine Hoffnung war groß,
Dass deine Seele die Freiheit nun fände.
Sie folterten dich, da warst du am Leben,
Und als du tot warst, durchbohrten sie dich.
Du hattest mir beigebracht, stets zu vergeben,
Doch wie man vergessen kann – lehre es mich!

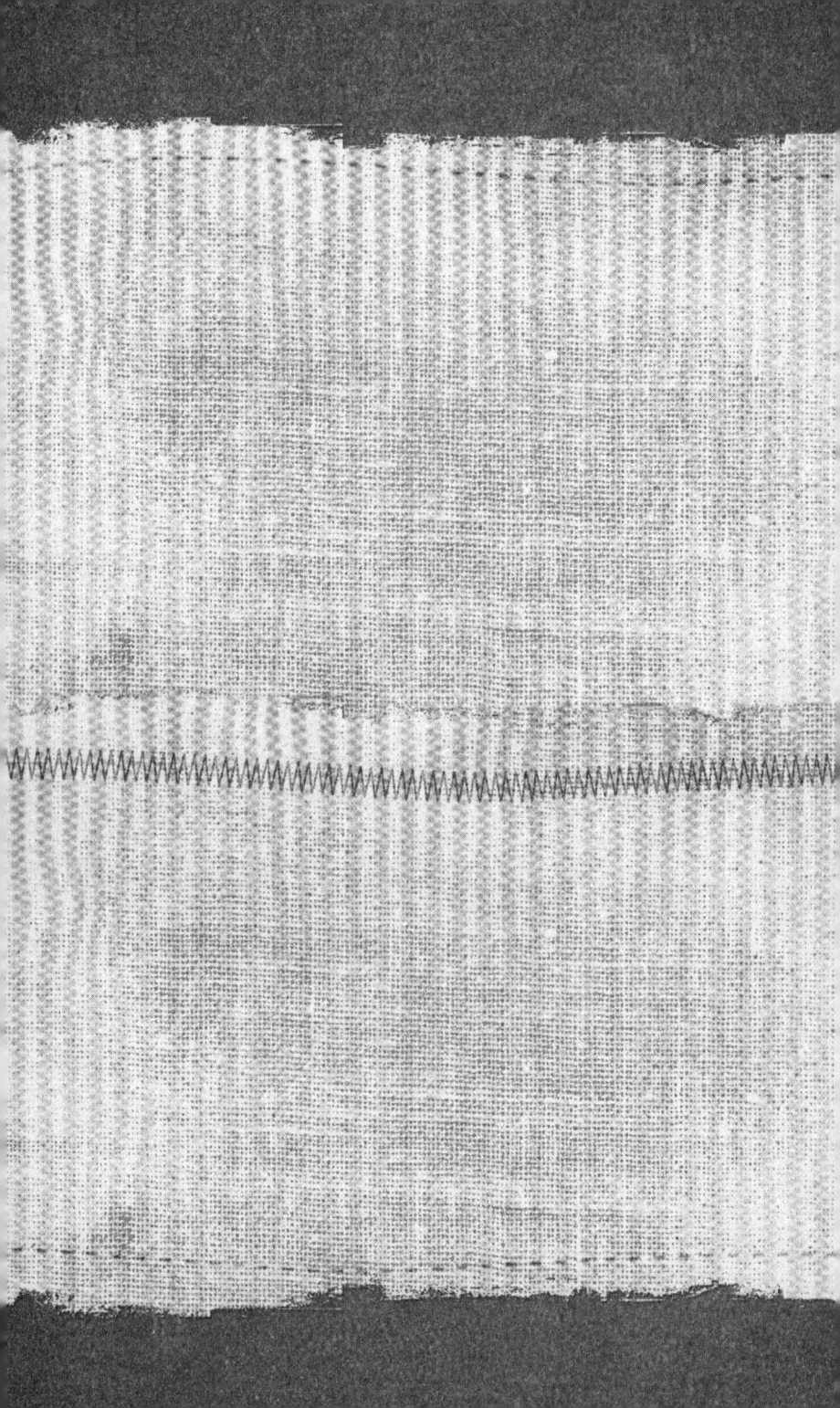

KAPITEL 28

PAPAS BEGRÄBNIS

Wir waren voller Trauer, so allein, so hilflos! Dennoch musste einiges organisiert und Papa beerdigt werden. Während Mama und ich jemanden suchten, der für Papa einen Sarg baute, ging Großmutter zurück zu ihrem Haus, um ihre Nachbarn dort um Hilfe zu bitten.

Stundenlang zogen Mama und ich durch die Gegend auf der Suche nach jemandem, der uns half. Schließlich kamen wir an eine Stelle, wo sich ein Holzlager befand. Von innen hörten wir Gehämmer. Drei ältere Männer bauten etwas. Mama fragte, ob sie nicht für Papa einen Sarg zimmern könnten, und mit mitfühlenden Blicken aus ihren alternden Augen sagten sie zu. Sie sagten uns, wir könnten in drei Stunden wiederkommen, der Sarg werde bis dahin fertig sein. Als wir wiederkamen und ich den Sarg sah, konnte ich mir einfach nicht vorstellen, dass Papa darin beerdigt werden sollte – er war so einfach, nicht einmal gestrichen. Der alte Mann entschuldigte sich noch dafür, dass sie keine Farbe zur Verfügung hatten, aber wir wussten ja, dass sie unter den gegebenen Umständen ihr Bestes getan hatten. Wir waren ihnen sehr dankbar dafür. Sie wollten sich nicht einmal für ihre Arbeit bezahlen lassen – wobei Geld damals eigentlich sowieso niemandem etwas nützte. Sie wollten wissen, wie Mama und ich den

Sarg nach Hause bringen wollten, da es mindestens zweieinhalb Kilometer zu laufen waren. Nun, es gab keine andere Möglichkeit, ihn heimzuschaffen, als dass Mama und ich ihn trugen.

Als wir mit dem Sarg zu Hause ankamen, war Großmutter bereits mit einigen Leuten da, die sie aus der Nachbarschaft versammelt hatte. Ich wollte einfach nur verschwinden und den Rest gar nicht miterleben – also zog ich mich in mein Zimmer zurück und schloss die Tür hinter mir. Ich weiß nicht mehr, wie lange ich – mit einem Kissen über dem Gesicht – in meinem Zimmer blieb. Da lag ich auf meinem Bett, traurig und wütend, und wusste nicht, auf wen ich am meisten wütend war – auf die Russen, die Deutschen, den Krieg an sich oder auf die ganze Welt, in der wir lebten. Ich spürte, wie ich die Zähne aufeinanderbiss, bis mir der Kiefer wehtat. Ich konnte nicht mehr weinen. Meine Augen waren trocken und egal, wie sehr ich es auch versuchte, ich konnte nicht mehr weinen. Ich hatte das Gefühl, von der schweren Luft und der mich umgebenden Atmosphäre langsam zermalmt zu werden.

Dann hörte ich die Klagegesänge der Frauen, die aus der Stube kamen, in der Papas Sarg stand. Diesen Brauch pflegten Russen und Ukrainer bei der Beisetzung ihrer Toten. Es war grausig anzuhören. Ich konnte es nicht mehr ertragen, dieses Klagegeheul, und stopfte mir die Finger in die Ohren. Ich lief aus meinem Zimmer, vorbei an der Stube und hinaus auf den Hof. Die kalte Luft tat mir gut. Ich nahm eine Handvoll Schnee und rieb mir damit das Gesicht, bis es schmerzhaft brannte.

Irgendjemand hatte ein Pferd und einen Einspänner aufgetrieben. Sie standen am Tor und warteten darauf, mit Papas Sarg beladen zu werden. Großmutter fasste mich bei der Hand und ging mit mir zum nächsten Haus, dem unserer Nachbarn. Sie fragte die Frau, ob ich bei ihnen bleiben könne, bis alles vorbei sei. Nur zu gerne hieß sie mich willkommen und führte mich ins Haus. Zwei kleine Mädchen waren da (vier und sieben Jahre alt), die mit großen Augen dastanden und mich anstarrten. Ich fühlte mich zwar nicht recht wohl hier, aber es war für den Moment ein

Entkommen, also blieb ich gerne. Draußen hatte es etwa 25 Grad minus – einer der kältesten Winter seit Langem. Mama erzählte mir später, dass die Männer unglaubliche Mühe gehabt hatten, in dem gefrorenen Boden Papas Grab auszuheben. Fünf Männer hatten mehrere Stunden damit zu tun.

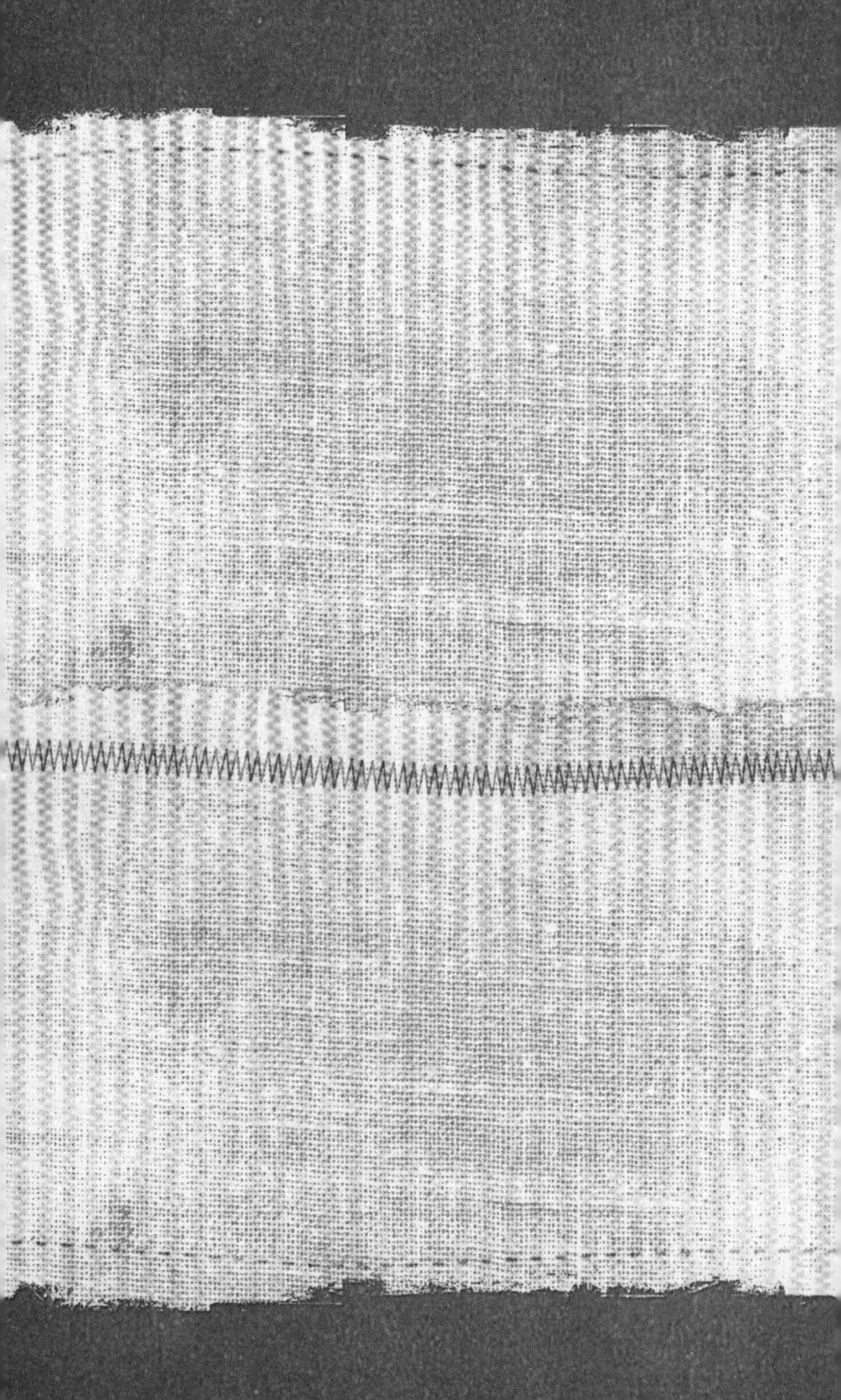

KAPITEL 29

LEBEN OHNE PAPA

Mama und ich, nur wir beide, blieben in dem Haus. Wir schliefen in der Küche in genau dem Doppelbett, in dem Papa die schlimme Zeit vor seinem Tod verbracht hatte. Das übrige Haus war riesig, die Räume hatten hohe Decken und große Fenster – es war unmöglich, ein solches Haus zum Überleben warm genug zu halten. Der Küchenofen war durch die Wand mit dem Kamin in der Stube verbunden. Dieser Kamin hatte eine Klappe, die wir schlossen, sodass die Wärme des Küchenofens auch in der Küche blieb. Die Küche hatte die perfekte Größe – hier konnten wir uns warm halten, solange wir nur das Feuer im Ofen am Brennen hielten.

Großmutter hatte sich entschlossen, wieder ins Große Haus zurückzukehren, obwohl es bei Bombenangriffen schwer beschädigt worden war. Sie wollte ihr Heim nicht leer stehen lassen, weil sie Angst vor Dieben hatte oder weil die Deutschen es besetzen könnten. Mama und ich versuchten, unser eigenes Leben zu leben. Wir fühlten uns im Dorf sicherer als in Konstantinowka, wo sich Russen und Deutsche heftige Kämpfe lieferten. Man konnte den Lärm der Kanonen und der Artillerie hören, besonders nachts.

Wir hofften, bis zum Frühling aushalten zu können, aber der kalte Winter würde noch mindestens drei bis vier Monate anhalten. Ab und zu unternahmen wir Ausflüge ins Dorf, um nach Essbarem zu suchen (vor allem Kartoffeln und Möhren). Im Dorf hatten wir ein paar Freunde gefunden. Mama hatte ihre Nähmaschine aus Großmutters Haus mitgebracht und Stoffe dazu – Leintücher, Decken und sonstige Stoffe, aus denen man Kleidung fertigen konnte. Mama verbrachte viel Zeit mit Nähen, und immer wieder brachten wir dann ein paar Dinge ins Dorf, wo die Leute gerne das, was immer sie uns an Essen anbieten konnten, gegen Kleidung eintauschten. Manchmal verbrachten wir den ganzen Tag im Dorf, gingen von Haus zu Haus und tauschten Kleider gegen Nahrungsmittel. Ein paar Mal mussten wir über Nacht bleiben. Manche Leute boten uns einen Schlafplatz an. Meistens schliefen wir dann im Stall, wo uns das viele Stroh warm hielt.

Die Dorfbewohner versuchten, uns auf alle erdenkliche Weise zu helfen. Viele kannten die Ljaschow-Familie noch aus der Zeit, als das Dorf Großvater gehörte. Manche der älteren Männer sprachen sehr positiv über unsere „alte" Familie. Bei der Evakuierung des Dorfes, als die russischen Truppen sich zurückzogen, waren viele Bewohner mit dem Zug geflüchtet. Wer geblieben war, wurde gelegentlich bombardiert – und wir konnten nie sicher sagen, ob von russischen oder von deutschen Flugzeugen.

Wir hofften, die klirrende Kälte möge bis Ende Dezember vorbei sein und uns ein wenig Pause gönnen. Bis dahin sammelten wir draußen Holz: Wir rissen Zäune ein und brachen Äste von kleinen Bäumen ab. Es war eine tägliche Pflicht, so viel Holz, wie wir finden konnten, aufzusammeln und nach Hause zu schleppen, um Feuer zu machen. Bald war draußen kein Holz mehr vorhanden. Aus schierer Not fingen wir an, Stühle zu verbrennen und alles an Möbeln, was wir entbehren konnten. Derweil sanken die Temperaturen auf minus 42 bis minus 54 Grad ab. Wir waren verzweifelt. Die Fenster und Wände im Haus waren von einer dicken Eisschicht bedeckt (um die vier bis fünf cm dick). Unsere Jacken, Stiefel und Mützen behielten wir an. Wir schliefen auf den Lattenrosten, packten die Matratzen auf uns und deckten uns zusätzlich mit Laken, Stoffresten und eben allem zu, was uns vor dieser schrecklichen Eiseskälte schützte.

Als der Januar kam, drangen die Deutschen in jeden freien Winkel ein. Sie kamen einfach ins Haus und sagten, sie bräuchten einen Platz, an dem sie bleiben könnten. Bei ihrer Ankunft waren die meisten von ihnen krank, hungrig und halb erfroren. Sie zogen also ins übrige Haus ein und nahmen sich alle Betten und Räumlichkeiten, bis das Haus voll war. Nichts konnten wir mehr kochen (meist Kartoffeln und Möhren), ohne dass sie in der Küche auftauchten und uns alles wegnahmen. Sobald sie Essen rochen, kamen sie, um es zu konfiszieren.

Bald schon hatten Mama und ich nur noch mein Schlafzimmerchen für uns – den Rest des Hauses mussten wir den deutschen Soldaten überlassen. Sie kamen halb erfroren und verhungert an und aßen all unsere sowieso schon spärlichen Vorräte auf. Bald verbrannten sie unsere Einrichtung, um dann beim Feuer zu sitzen und sich zu wärmen. Manche Soldaten wurden auf Krankentragen angebracht. Sobald sie sich aufwärmen konnten, fielen ihnen Ohren und Nase ab, weil sie ihnen abgefroren waren. Ich beobachtete einen Soldaten, wie er sich am Feuer die Stiefel auszog: Er zog sich mit ihnen auch die Haut von den Füßen – bis runter auf den Knochen.

DIE DEUTSCHEN SOLDATEN • Nonna berichtet von den Truppen in ihrem Zufluchtshaus: „Jetzt sitzen wir hier mit mindestens vierundfünfzig deutschen Soldaten in unserem Haus. Sie bleiben lange, bis endlich ein Armeelastwagen kommt und sie zu einem neu eingerichteten deutschen Krankenhaus bringt."

Oft lag ich nachts wach in meinem Bett und hörte Mama leise weinen. Sie dachte wohl, ich schliefe und könne sie nicht hören. Manchmal lag ich auch da und wünschte mir, dass mein Bruder Anatoli bei uns wäre. Ich stellte mir vor, wie er durch irgendein Wunder einfach vor der Türe stünde. Obwohl ich genau wusste, dass das nie passieren würde, redete ich mir doch ein, eines Tages sei es so weit. Manchmal wurde ich wütend, weil er sonst wo steckte und keine Ahnung davon hatte, was mit uns geschah. Dann wieder erschreckte mich der Gedanke, dass ihn die Deutschen umbringen würden, wenn er da wäre. Man würde mit ihm dasselbe anstellen wie mit Papa und vielen anderen. Es gab damals so viele Jungen und Männer, die gefoltert oder erschlagen wurden.

Dann war ich froh, dass er irgendwo anders steckte, und schämte mich dafür, ihn zu uns gewünscht zu haben. Das einzig Tröstliche für mich war, was ich in meiner Kindheit von Papa gelernt hatte: „Gib nie die Hoffnung auf, greif nach den Sternen und dem Glück!"

Unsere Nachbarin (sie wohnte mit ihren zwei kleinen Mädchen gleich überm Gang) und Mama beschlossen, dass wir zu ihnen in die Küche ziehen und unser Haus den Deutschen überlassen sollten. Zu fünft – Mama, ich, die Frau und ihre beiden Mädchen – fühlten wir uns ein bisschen sicherer und wärmer. Da es weder Strom noch Kerzen gab, um nach Einbruch der Dunkelheit Licht zu machen, rückten wir dann alle am Tisch zusammen und erzählten Geschichten und Märchen für ihre Kinder. Sie waren vier und sechs Jahre alt – wir versuchten, ihnen ein Gefühl von Sicherheit zu vermitteln.

Durch den Gang hörten wir, wie die deutschen Soldaten sangen und sich lauthals unterhielten. Die Frau, bei der wir eingezogen waren, hatte in kleinen Beuteln etwas altes, trockenes Brot retten können. Mama und ich gingen immer wieder ins nahe Dorf und besorgten Kartoffeln und Möhren. Alles, was wir hatten, teilten wir sorgsam – sehr sparsam allerdings. Wir aßen nur genug, um gerade am Leben zu bleiben.

Eines Tages ließen Mama und die andere Frau (mir fällt ihr Name nicht ein, aber wenn ich mich recht erinnere, hieß sie Marina oder Maria) mich und die beiden Mädchen unter meiner Aufsicht allein. Sie nahmen einen Sack mit und durchstreiften die Umgebung, um nach etwas Feuerholz zum Heizen zu suchen.

Mama versprach, sich zu beeilen und so bald wie möglich wieder zu Hause zu sein.

Vielleicht zwei oder drei Stunden waren bereits vergangen. Als noch ein paar Stunden vergingen, ohne dass sie zurückgekommen waren, begann ich mir Sorgen zu machen. Die kleinen Mädchen weinten jetzt nach ihrer Mutter. Ich versuchte alles Mögliche, sie abzulenken, erzählte ihnen Geschichten und Märchen. Die Sonne ging unter, draußen wurde es noch kälter. Das Feuer im Ofen brannte herunter und auch in der Küche sanken die Temperaturen.

Ich sagte den Mädchen, unsere Mütter kämen sicherlich gleich wieder und wir sollten auf und ab hüpfen und singen und einfach irgendetwas tun, um warm zu bleiben. Wir sprangen also händchenhaltend im Kreis auf dem Bett herum. Immer und immer wieder sagten wir dabei das Vaterunser auf. Ich, mit meinen vierzehn Jahren, selbst noch ein Kind, hätte auch gerne lauthals geweint, beherrschte mich aber. Ich stellte mir furchtbare Dinge vor, die Mama und ihrer Freundin zugestoßen sein konnten. Dabei versuchte ich, mir auszudenken, wie wir die kommende Nacht überstehen konnten. Früh am nächsten Morgen würde ich die Mädchen dann zu meiner Großmutter bringen. Sicherlich würde sie Rat wissen.

Endlich, endlich stolperten Mama und ihre Freundin gegen die Tür. Als ich die Tür öffnete, erwartete mich ein beängstigendes Bild. Da standen Mama und ihre Freundin und sahen aus wie zwei gefrorene Mumien – als seien sie in Wasser getaucht worden und dann von Kopf bis Fuß eingefroren. Sie waren steif vor lauter Eis und zitterten so heftig, dass man ihre Zähne klappern hören konnte.

Ein Topf mit Wasser stand auf dem Herd – es war noch warm. Also tauchte ich große Handtücher in das warme Wasser und wickelte sie um den Kopf von Mama und der Frau. Mama stöhnte, griff sich an die Stirn und sagte, ihr Kopf tue sehr weh. Ihre Nase und Ohren seien vermutlich erfroren. Das waren sie nicht, und ich versicherte Mama, dass alles in Ordnung sei. Ich zog ihnen die gefrorenen Kleider aus und wickelte sie in trockene Bettlaken, Decken, Handtücher – was immer sie ein wenig wärmen würde. Mama weinte vor Rückenschmerzen. Die Frau umarmte ihre kleinen Mädchen, fiel in einen tiefen Schlaf und wachte bis zum nächsten Morgen nicht mehr auf.

Natürlich wollte ich wissen, was passiert war, aber ich wollte Mama Zeit geben, bis es ihr nach Reden zumute war. Wir zerlegten ein paar Stühle und machten wieder Feuer im Herd. Um warmes Wasser zu bekommen, ging ich nach draußen, füllte einen Topf mit Schnee und setzte ihn auf den Herd.

Am nächsten Morgen erzählte Mama mir, was geschehen war. Nachdem sie losgezogen waren, um hier und da Stückchen von Holz aufzulesen und in ihren Sack zu stecken, hatten deutsche Soldaten sie ergriffen und in eine alte Baracke geschubst, in der bereits ein paar Leute von den Soldaten festgehalten wurden. Die Deutschen übergossen sie mit eiskaltem Wasser. So ging das einige Stunden lang, bis ein paar deutsche Offiziere auftauchten, sie befreiten und ihnen befahlen, nach Hause zu laufen, bevor sie bis zur Unbeweglichkeit eingefroren seien. Sie erhielten Order, sich nie wieder – egal, aus welchem Grund – auf der Straße blicken zu lassen! Diese boshaften deutschen Soldaten dachten wohl, sie müssten sich mal einen schlechten Scherz erlauben – einen Akt der Grausamkeit viel eher. Ich bin mir ziemlich sicher, dass einige derer, die mitgefangen waren, sehr krank wurden, vielleicht sogar an Unterkühlung oder Lungenentzündung starben. Mama hatte noch wochenlang Kopfschmerzen.

Schließlich hatten wir gar nichts mehr und noch immer war es lange hin bis zum Frühlingsanfang. Also beschlossen Mama und ich, ins Große Haus zurückzukehren (in das, was davon übrig war) und bei Großmutter zu bleiben. Großmutter hatte mittlerweile alle zerstörten Teile des Hauses mit Brettern vernagelt und lebte in einem Raum, in dem sie einen Kanonenofen mit einem langen Ofenrohr installiert hatte, das durch ein Loch im Fenster nach außen führte, um den Rauch abzuleiten – wie eine Art Schornstein. Oben auf dem Ofen konnte sie Wasser erwärmen und sich das bisschen, was es zu essen gab, zubereiten. Wir mahlten also wieder unsere Weizenkörner und verschafften uns so etwas Ähnliches wie Mehl.

Speiseöl gab es nicht zum Kochen, also verwendete Großmutter (äußerst sparsam!) Lebertran, um im Tiegel Pfannkuchen zu backen. Sie schmeckten grauenhaft nach Fisch, halfen aber gut gegen den Hunger. Wir gingen auf die gefrorenen Felder und gruben ein paar weiße Zuckerrüben aus. Die mussten wir dann sechs bis acht Stunden lang kochen, bevor sie genießbar waren. Aber wenigstens hatten wir etwas zu essen. Großmutter riss ihren halben Zaun ein, um Feuerholz zu haben.

Als der Frühling kam, hatten wir natürlich nichts Eiligeres zu tun als anzupflanzen, was immer wir zum Anpflanzen fanden, und wieder einmal dachten wir, das Schlimmste hätten wir überstanden!

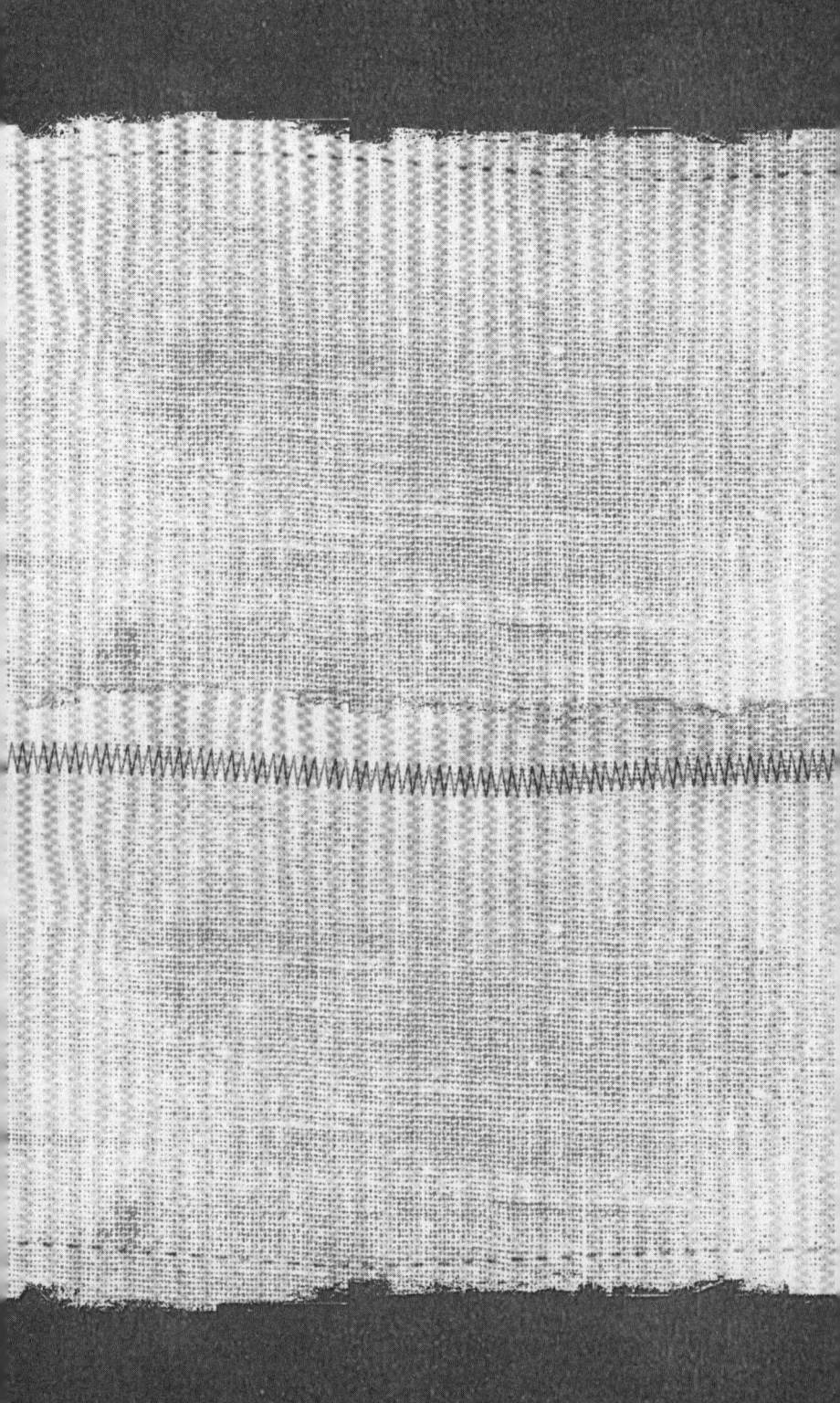

KAPITEL 30

ÜBERLEBEN UNTER DER DEUTSCHEN BESATZUNG IN KONSTANTINOWKA

Nonna schrieb viele verschiedene Kindheitserinnerungen auf. Hier sind ein paar, ebenso auch zwei Gedichte aus dieser Zeit.

Ich kann Papas liebevoll-zarte Berührung spüren und seine Worte der Ermutigung hören, Worte von großer Weisheit. Ich spüre seine Liebe und Freundlichkeit.

* * *

Ich kann den Geruch der Ölfarbe aus dem Pavillon riechen, in dem Mama malt.

* * *

Ich kann hören, wie Mama singt und Klavier oder Geige spielt.

* * *

Ich kann die Düfte der Blumen aus dem Garten meiner Groß-mutter riechen.

Ich kann den Luftzug spüren, der durch das obere Fenster weht und die Spitzenvorhänge bewegt ... da war ich noch sehr klein.

* * *

Ich kann das Lachen meines Bruders Anatoli hören und seinen starken Händedruck fühlen – die Hand eines sehr jungen Burschen.

GEFÜHLE
Gefühle hatt' ich heut, so zart!
Die Welt stand still für eine kurze Rast.
Und wie ich betend auf den Knien verharrt,
Da dankt' ich Gott, dass du gelächelt hast.

FREUNDE
Ein guter Freund – ein Licht, das dir im Dunkeln scheint,
Und er erhellt die schwärzesten Gedanken.
Er hört dir noch geduldig zu, wenn auch dein Auge weint,
Und wird, egal, wie sehr du klagst, nicht wanken.

Es machte mich traurig, das Große Haus so verwüstet und Großmutter darin ganz allein vorzufinden. Ich erinnerte mich an die schönen Jahre, die ich dort verbracht hatte, als ich noch kleiner war. Ohne Petrowitsch schien es gar nicht mehr derselbe Ort zu sein, außerdem waren die Schäden durch die Bomben ganz erheblich. Großmutter aber war noch immer dieselbe warmherzige, liebevolle Frau, wie ich sie als Kind gekannt hatte. In Konstantinowka waren die Nächte zum Fürchten, denn man konnte die Schusswechsel zwischen russischer und deutscher Artillerie hören. Die Deutschen waren auf der Flucht und versteckten sich überall, wo sie unterkommen konnten. Sie froren und hungerten, viele waren zudem verletzt und manche starben auch in ihren Verstecken.

Mit den Monaten April und Mai schien der Frühling ein wenig Ruhe und Frieden zu bringen. Großmutter legte einen großen Garten an, in dem wir ein bisschen Gemüse ziehen konnten, und pflanzte sogar ein paar Blumen neben dem Haus. Was sie anbaute, kam uns sehr gelegen. Wir lebten von dem, was im Garten wuchs, und achteten darauf, nichts zu verschwenden. Das Gemüse verzehrten wir mit Stumpf und Stiel. Selbstverständlich hatten wir keinerlei Fleisch, keine Eier oder Milch – wir lebten nur von Grünzeug, mussten aber nicht hungern.

Da wir keinen Strom hatten – noch nicht einmal Kerzen oder Öl, gingen wir zu Bett, wenn es dunkel wurde, also am späten Nachmittag oder frühen Abend. Großmutter und Mama erzählten dann Geschichten oder schwelgten in Erinnerungen. Wir versuchten, nicht an die vor uns liegenden Tage zu denken, denn keiner wusste, was uns die Zukunft bringen würde.

Unten bei den Gleisen fuhren noch immer ein paar Züge, aber es kamen keine Reisenden mehr an, auch fuhren keine ab. Wenn ich das Pfeifen eines Zuges hörte, rannte ich raus, denn noch immer hatte ich die Hoffnung, dass eines Tages irgendwie eben doch Anatoli oder ein anderes Familienmitglied auftauchen würde. Großmutter hoffte, dass Petrowitsch es irgendwie geschafft hatte, sich in Sicherheit zu bringen, und bald wieder auftauchte. Meistens machten wir uns große Hoffnungen – so konnten wir uns auf etwas freuen. Aber nichts geschah, wir mussten das Beste aus der Situation machen. Um uns herum ging es allen so – sie machten eben weiter und machten das Beste daraus. Es dauerte ein paar Monate, bis wir uns alle daran gewöhnt hatten.

Am Rande Konstantinowkas organisierten die Leute einen Markt, auf dem sie verkauften oder eintauschten, was sie eben hatten. Da Geld keinen Wert hatte, tauschten sie alle möglichen Waren. Mama und ich gingen regelmäßig auf den Markt, um uns dort nach Essbarem oder sonst für uns verwertbaren Dingen umzusehen. Wir waren froh um alles, was uns half, diese trostlosen Zeiten durchzustehen.

Eines Tages beschlossen Mama und ich, uns dem Chor der russisch-orthodoxen Kirche anzuschließen, und gingen zu den Proben für die Sonntagsgesänge. Keine Ahnung, woher all die Leute für den Gottesdienst kamen, aber Sonntag für Sonntag war die Kirche gerammelt voll. Die Gottesdienste waren typisch russisch-orthodox mit all den Kerzen und den Ikonen – ich freute mich immer darauf. Mama und ich sangen beide ziemlich gut, besonders Mama. Sie sang im ersten Sopran mit, ich im Mezzosopran.

Weil die Gottesdienste so lange dauerten, wurde ich jedes Mal hungrig – wenn dann der Priester das Abendmahl austeilte, war ich froh um dieses kleine Stückchen Brot. Es war nur ein kleiner Happen gesäuerten Brotes, aber es schmeckte wunderbar, ebenso wie der kleine Schluck Saft. Großmutter war überglücklich, wieder zur Kirche gehen zu können, und ließ keinen Sonntag aus. Die Abende waren lang. Bei Sonnenuntergang bereiteten wir uns etwas zu essen und gingen dann noch vor Einbruch der Nacht zu Bett.

Manchmal war ich ganz allein für mich, tief versunken in Gedanken. Ich führte ein Tagebuch, das ich im alten Stall unter dem Wagen versteckt hielt. Dort schrieb ich dann auf, wie es vor dem Krieg gewesen war, weniger über das Hier und Jetzt. Ich hoffte, wenn ich immerzu darüber schrieb, dann würden die alten Zeiten wiederkehren. Und ich vergaß dabei, was um mich herum vor sich ging.

EIN KALTER MORGEN • Diese ganz bestimmte Erinnerung ist in der Gegenwartsform geschrieben. Sie stammt aus einem Tagebucheintrag vom Dezember 1941 bzw. Januar 1942. Geschrieben wurde sie, bevor Anna und Nonna wieder zu Großmutter ins Große Haus zogen.

Es ist ein sehr kalter Morgen – minus 42 Grad. Beim Blick aus dem Fenster sehe ich nur ein paar hungrige Spatzen, die auf dem Zaun hocken. Der Schnee ist fast einen Meter tief. Nirgendwo gibt es mehr Holz, das man aufsammeln könnte, um ein Feuer zu entfachen und unsere Unterkunft in dem großen alten Haus zu erwärmen, wo wir wohnen.

Vor ein paar Wochen haben wir Papa beerdigt, jetzt versuchen Mama und ich, unser Leben so erträglich wie möglich zu machen. Wir wissen nicht, wie es mit uns weitergehen soll. Ich mache mir um die Zukunft nicht so viele Sorgen, ich bin ja noch jung. Mir fehlen am meisten mein liebster Bruder Anatoli und Papa. Ich liege im Bett am Fenster und wie ich so hinausschaue, ist da ein großer runder Mond, der wiederum mich anschaut. Mein Herz setzt aus bei diesem Anblick. Ich liege da, starre den Mond an und frage mich, warum passiert, was passiert. Es fühlt sich so falsch an, ohne Papa und meinen Bruder und die übrige Familie hier zu sein. Ab und zu höre ich Hundegebell oder das Heulen von Wölfen aus dem langen Waldstück am Horizont. Diese Klänge werden mich ein Leben lang begleiten. Manchmal spendet der Vollmond genug Licht, dass man lesen oder schreiben kann. Da es weder Strom noch Öllämpchen gibt, kommt der Mond sehr gelegen. Ich kann Tagebuch schreiben und an vieles denken, was ich zu Papier bringen könnte. Schließlich gleite ich in sanften Schlaf ab.

Bei Tagesanbruch planen Mama und ich den neuen Tag – natürlich ist da immer die Hoffnung, dass sich irgendetwas ergibt, was unser Leben verändert. Mama hat ein paar leichte Decken zerschnitten und näht daraus Kinderkleidung – Mäntel, Kleidchen, Jacken und so weiter. Sie sitzt an der Nähmaschine und näht, was ihr in den Sinn kommt.

Ein neuer Morgen bei Sonnenaufgang – und was für ein schöner Sonnenaufgang es ist! Die Sonne erhebt sich vor glitzerndem Frost. Mama und ich gehen ins Dorf, um dort die Kleidung, die sie genäht hat, gegen Essen und sonst Nötiges einzutauschen. Wir verlassen das Haus und ich hauche in die Luft – wie Diamantennebel ist es vor meinen Augen und winzige Eiszapfen hängen an meinen Augenbrauen und Wimpern. Im Dorf angekommen, gehen wir von Tür zu Tür und bieten den Menschen unsere Ware an. Natürlich werden wir in Naturalien bezahlt, also mit Brot, Möhren, Kartoffeln, Fleisch, Milch und anderem. Die Dörfler lassen Mama und mich in die Ställe, um Eier zu sammeln oder von einer Kuh etwas Milch zu melken. Sie scheinen sich zu freuen, uns mit unserer Ware zu sehen, und kommen aus dem ganzen Dorf an, um uns Nahrungsmittel anzubieten. Der Morgen, so scheint es, ist sehr schnell vergangen, und als es auf den Nachmittag zugeht, wird es so kalt, dass an ein Nachhausegehen nicht zu denken ist. Einige Dorfbewohner bieten Mama und mir an, die Nacht an ihren großen Kaminen zu verbringen. Sie breiten Decken auf dem Boden aus, um uns einen Schlafplatz zu bereiten. Dann rösten wir Sonnenblumenkerne am offenen Feuer, sodass wir vor dem Zubettgehen noch etwas zu knabbern haben. Es ist ja so kuschelig hier vor dem Kamin, und bald schon versinken Mama und ich in friedvollen Schlaf.

Am nächsten Morgen wandern Mama und ich zurück nach Hause. Mama sucht nach Stoff von irgendetwas, das wir entbehren können, und fängt wieder an zu nähen. Nach Einbruch der Dunkelheit kann man nicht mehr viel machen, und die Dunkelheit bricht früh über uns herein – gegen halb vier oder vier. Die Tage sind kurz. Mit den Nachbarn teilen wir uns alte Schnürsenkel und Tran, die wir in die Lampen geben, um etwas Licht zu haben. Wir sitzen um das Lichtchen, erzählen uns Geschichten und fragen uns, was wohl passieren wird, wenn die Deutschen einmarschieren. Wir ahnten ja nicht, welchen Schrecken und Terror sie mitbringen sollten.

Wir haben den wohl kältesten Winter, den es je in diesen Teilen der Ukraine gab. Da alles völlig eingefroren ist, ist Wasser fast nicht aufzutreiben. Mama und ich sammeln Eiszapfen und Schnee, schmelzen sie über dem Feuer und bekommen so Wasser. Unser Trinkwasser müssen wir mindestens 45 Minuten lang abkochen. Die Russen sind aus unserem Dorf abgezogen und haben fast alles, was sie zurückließen, zerstört. Die Mühlen haben sie in die Luft gejagt. Die Russen haben alles zerstört, was den Deutschen irgendwie von Nutzen sein könnte, vor allem Essensvorräte.

Die Geschützgruppen befinden sich etwa sechzig Kilometer entfernt von uns. Die Deutschen kommen wegen des strengen Winterwetters nur langsam voran. Mama und ich können die Gewehre, Kanonen und Bomben hören, außerdem sehen wir in der Ferne die Lichtblitze der Schlacht. Die Pferde erfrieren und brechen auf den Straßen zusammen. Die Deutschen – und wer sonst noch an sie rankommt – zerteilen sie und essen das Fleisch, um zu überleben. Mama und ich machen bei so etwas nicht mit. Pferdefleisch werden wir nicht essen – egal, wie schwer es ist, Nahrung zu beschaffen. Nach wie vor vermisse ich Sultan, das Pferd, das Großmutter mir zu meinem achten Geburtstag geschenkt hatte. Leider ist von den sechs Pferden, die Großmutter in ihrem Stall hatte, nur noch eines übrig. Die übrigen hat uns die Sowjetregierung weggenommen und zu den Kolchosen verbracht.

SULTAN • Über dieses ganz bestimmte Pferd schrieb Nonna Folgendes: „An eines der Pferde meiner Großmutter erinnere ich mich – ein schönes Pferd und so sanft. Sein Name war Sultan. Er fraß mir Zuckerwürfel aus der Hand. Großmutter wollte, dass er mir gehörte, aber ich war nicht in der Lage, ihn zu reiten. Wie sehr Petrowitsch auch versuchte, mich auf dieses Pferd zu bekommen, ich schaffte es einfach nicht – keine Ahnung, warum. So nannte ich ihn eben „mein Sultan" und besuchte ihn zweimal am Tag mit ein paar Zuckerstückchen. Ich liebte ihn wirklich – es war wunderbar, sein glänzendes Fell zu striegeln. Und wie still er stand, wenn ich ihn striegelte. Er hatte riesige Augen, weiße Zähne und war meiner Meinung nach das schönste Pferd im Stall."

Alle privaten Höfe sind in Kolchosen umgewandelt worden, auf denen die Besitzer gezwungen werden, für die Regierung zu arbeiten. Die Kühe erleiden dasselbe Schicksal wie die Pferde, und die eine Milchkuh, die von Großmutter noch übrig geblieben war, wird von den Russen mitgenommen, als sie abziehen. Was wir noch an warmer Kleidung oder Nahrung haben, müssen wir verstecken.

* * *

Bis auf zwei Mädchen aus meiner Klasse, die ein paar Straßen weiter weg wohnten, waren alle meine Freunde fort. Ich blieb bei Mama und Großmutter – ich hatte Angst, wenn ich das Haus verließe und ein paar Straßenzüge weiterspazierte, könnte einem von uns etwas zustoßen und wir würden uns nicht mehr wiederfinden. Außerdem waren oft russische Flugzeuge unterwegs, die die Menschen auf den Straßen beschossen. Jeder blieb nahe seinem Haus. Viele Male saß ich auf den Treppenstufen und stellte mir vor, das alles sei nur ein böser Traum, aus dem ich aufwachen und feststellen würde, dass alles wieder so war wie früher. Ich war ein sehr verträumtes Mädchen – erreichte ich nicht langsam das Alter, in dem man Träume ausleben möchte? Aber ich musste mich mit dem zufriedengeben, was Papa mir gesagt hatte – die Sterne ...

Überall waren haufenweise deutsche Soldaten. Wir konnten sie singen und Akkordeon spielen hören. Sie waren in Gebäuden untergebracht, die zu Kasernen umfunktioniert worden waren. Wir versuchten, so wenig wie möglich mit ihnen zusammenzukommen, und blieben zu Hause – hinter verschlossenen Türen. Wir wussten ja nicht, was sie mit uns anstellen würden, obwohl wir auch nie von Belästigungen oder Misshandlungen erfuhren. Sie kamen uns nur nahe, wenn sie auf Nahrungssuche waren. Manchmal sahen wir, wie sie singend die Straße entlangmarschierten, verschwanden dann in den Häusern und beobachteten sie durchs Fenster. Schließlich wagten es ein paar wackere junge Mädchen, ebenfalls auf die Straße zu gehen. Sie versuchten, mit ihnen zu sprechen, aber die Kommandeure jagten sie davon. Gelegentlich konnte man aber doch sehen, dass sich ein deutscher Soldat mit einer Frau unterhielt. Wenn allerdings die Militärpolizei so etwas sah, wurde die Frau verjagt und jeder Soldat aufgegriffen, der mit einem russischen oder ukrainischen Mädchen anbandelte. Keiner traute dem anderen – die Deutschen uns nicht, wir ihnen nicht – wir kapselten uns die ganze Zeit ziemlich gut ab.

Zuletzt richteten die Deutschen ein paar Büros ein und übernahmen die volle Überwachung. Sie eröffneten Kinos und zeigten dort Filme, sogar ein paar Lebensmittelläden richteten sie ein. Sie verteilten ein bisschen „schnelles Geld" (meistens deutsche Reichsmark) und stellten, da sie Helfer brauchten, unsere Leute ein. Es entstand ein wenig Kontakt zu uns. Die Deutschen führten sich auf, als hätten sie den Krieg schon gewonnen – bis sie Stalingrad erreichten. Dort erlebten sie die heftige Gegenwehr der Russen. Es brach die totale Hölle los, als die Russen so vehement zurückschlugen, dass die Deutschen fliehen mussten und all ihre Armeen verloren. Es war einer der blutigsten Kriege und nur eine Frage der Zeit, bis sie abzogen. Zeitungen oder andere Kommunikationsmittel, aus denen wir hätten erfahren können, wie nah uns die zurückweichenden Deutschen waren, gab es nicht. Uns war klar, dass, wenn die russischen Truppen zurückkämen, sie uns wie Verräter behandeln würden, weil wir uns nicht zusammen mit den Russen zurückgezogen hatten.

Mama und ich mussten einen Ausweg finden. Wir mussten nach Westen, selbst wenn das bedeutete, nach Europa zu reisen. Als uns die Deutschen anboten, uns nach Deutschland zu bringen, hatten wir von daher keine andere Wahl als anzunehmen. Die Deutschen brauchten Arbeiter in ihren Fabriken.

Später erfuhren wir, dass diejenigen, die Konstantinowka nicht verließen, in Züge verfrachtet und nach Sibirien gebracht wurden – oder aber sie wurden gleich getötet. Es gab für uns kein Entkommen – so oder so. Und weil doch Papa das kommunistische Russland immer hatte verlassen wollen, entschieden wir uns für den Westen. Wir ahnten ja nicht, was uns in Hitlers Deutschland erwartete, sondern konnten nur darauf vertrauen, die richtige Entscheidung getroffen zu haben und zu überleben.

Großmutter pflegte am Kamin zu sitzen, die Hände im Schoß gefaltet, und zu sagen, sie werde das, was vom Haus noch übrig war, instand halten, bis ihre Familie zurückkäme. Sie gab die Hoffnung nicht auf. Mama und ich allerdings wussten irgendwie, dass es komplett sinnlos war, auf irgendjemandes Rückkehr zu warten.

STALINGRAD · Anders als in Nonnas Bericht dauerte es Monate, ehe sich in der Schlacht um Stalingrad das Blatt zugunsten der Russen wendete – Anna und Nonna waren schon lange vorher abgereist. Es mag sein, dass sie „freiwilliges" Arbeiten in Deutschland für ihre einzige Chance hielten, sicherlich aber nicht wegen sich zurückziehender deutscher oder wiederkehrender russischer Soldaten. Über die Gründe, aus denen sie die Dinge so und nicht anders darstellt, können wir nur spekulieren. Vielleicht versuchte sie, etwas zu rationalisieren, was in der Rückschau für sie eine ganz furchtbare Entscheidung gewesen sein muss.

Das Elend geht weiter

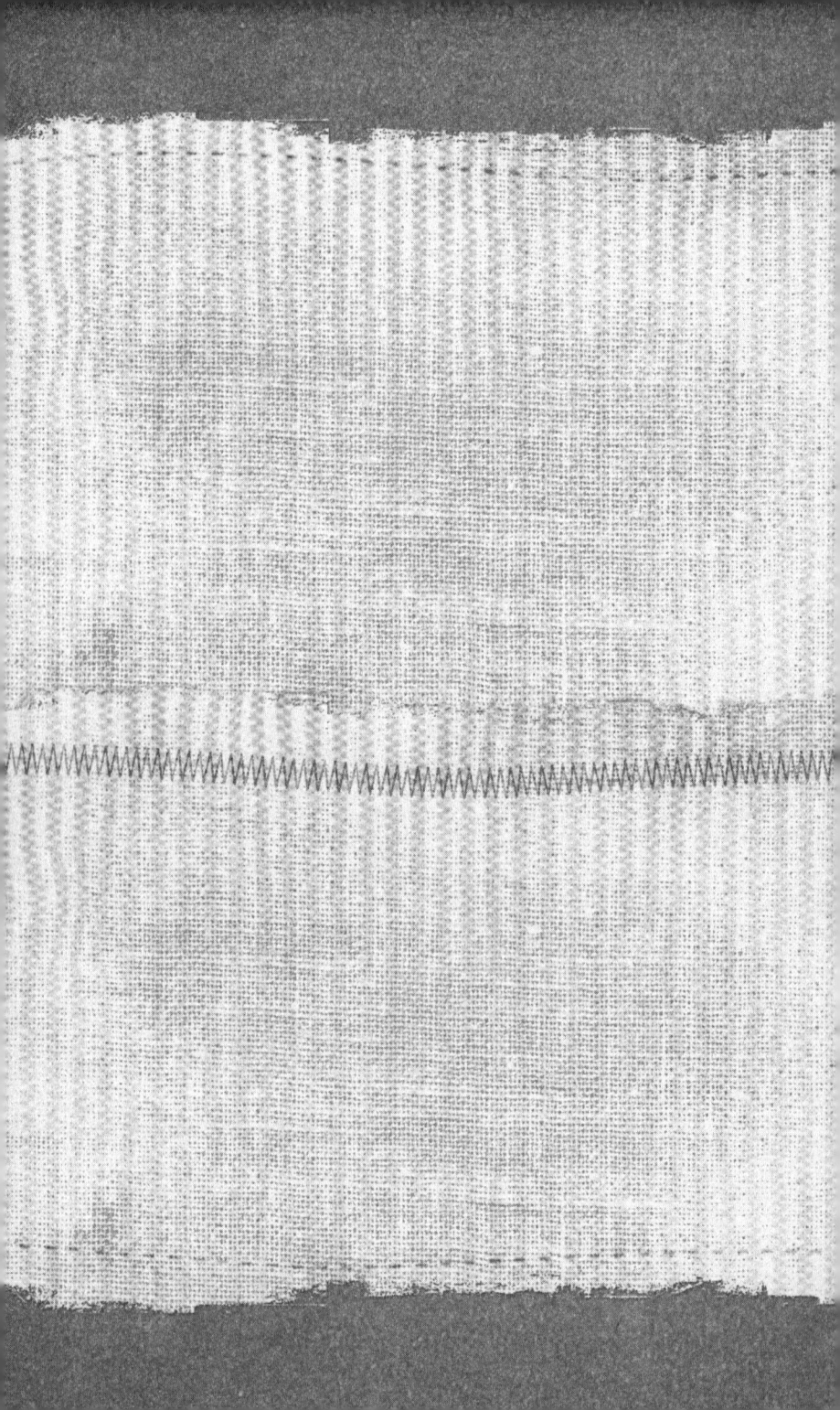

KAPITEL 31

August 1942

Am 7. August 1942 verabschiedeten sich Anna und Nonna von Feodosija und bestiegen einen Zug, dessen Ziel eine Kartonfabrik in Kassel war. Viele Frauen hatten sich auf den Weg nach Deutschland gemacht, um dort zu arbeiten. Zusammengepfercht in Viehwaggons, fuhren sie tagelang – vorbei an Kiew und bis nach Polen, Jewgenis Heimatland. Es war bei einem Halt in Polen, als die junge Jüdin versuchte, ihr Kind zu retten, indem sie es Anna in die Arme warf. Nonna greift ihren Bericht hier wieder auf – die kleine Sarah war von den Deutschen entdeckt und von einem SS-Wachmann getötet worden.

Jeder im Zug stand wie unter Schock. Wir dachten, die SS-Leute würden noch einmal kommen und nachforschen, wie das Baby in unser Abteil gekommen war. Aber offenbar waren sie mit anderem beschäftigt. Sie drängten sich um die Armeefahrzeuge und besprachen sich. Dann fuhr unser Zug wieder an. Das löste ein wenig die Spannung. Wieder einmal wurde uns bewusst, dass wir Gefangene der Deutschen waren und ihrer Behandlung genauso ausgeliefert wie die kleine Sarah oder deren Mutter.

Es war später Nachmittag. Der Zug nahm an Geschwindigkeit auf, wie er da quer durch Polen Richtung Deutschland fuhr. Als die Nacht kam, legte sich eine große Stille über uns. Wir standen wohl noch immer unter Schock. Mama zumindest. Sie hielt sich ganz fest an mir. Endlich schlief ich ein aus purer Erschöpfung. Ich schlief fast die ganze Nacht. Als ich am nächsten Morgen aufwachte, fuhr der Zug noch immer sehr schnell. Die Frauen in unserem Abteil sprachen nicht, sondern schienen tief in Gedanken versunken. Es war, als wolle keine von ihnen die Erste sein, die das Schweigen brach.

Wieder hielt der Zug an. Die SS-Männer ließen uns aussteigen. Mama suchte nach einer Fluchtmöglichkeit. Sie nahm mich an der Hand und ging mit mir von den anderen weg. Ich wusste, dass sie an Fortlaufen dachte, aber einer der SS-Männer sah uns und schrie uns an, wir sollten zurückkommen. Mama entdeckte eine kleine Pfütze und tat so, als ob sie mir und sich die Füße darin wasche. Dann gingen wir zurück zum Zug – sie beobachteten uns sehr genau. Wir wurden wieder verladen und weiter ging es westwärts. Dass wir in Polen waren, wussten wir – aber wo genau, das war nicht herauszufinden.

Ich dachte an die kleine Sarah und war verwirrt, wütend und traurig darüber, was die Deutschen getan hatten. Außerdem versuchte ich zu verstehen, was die Juden wohl verbrochen hatten, dass man sie so behandelte. Ich konnte es mir nicht erklären. Später sollte ich von den Grausamkeiten und der Vernichtung erfahren, die Hitler für die Juden geplant hatte. Unser Zug hatte sein Tempo etwas verlangsamt. Die Frauen begannen, über das Geschehene zu sprechen – und doch schien jede in ihrer eigenen kleinen Welt der Gedanken und der Traurigkeit zu sein. Unser Zug wurde noch langsamer. Obwohl wir nichts sehen konnten, war klar, dass ein weiterer Halt bevorstand. Wir ahnten ja nicht, dass uns ein weiterer Schock bevorstand, genauso schlimm oder sogar schlimmer als das, was wir mit der kleinen Sarah erlebt hatten.

Unser Zug näherte sich Lodz und wurde immer langsamer, bis wir eine Stelle erreichten, wo die Deutschen Eisenbahnwaggons „bereitstellten" und die Waggons dann in unterschiedliche Richtungen weiterschickten. Die Gegend um uns herum war verlassen, außer Feldern gab es nichts. Als wir darauf zufuhren, konnte ich ein paar Gebäude sehen, die dicht an einem eingezäunten Bereich standen. Die Zäune waren drei bis vier Meter hoch. Ein doppelter Zaun verlief mitten durch diesen eingezäunten Bereich. Auf der einen Seite wurden die Juden zum Verladen festgehalten, auf der anderen Menschen aus dem Osten – Polen, Ukrainer, Russen.

Unser Zug hatte einen Waggon voller Juden abgekoppelt. Wir saßen da, noch immer an die Lokomotive angehängt. Es war später Nachmittag, draußen war es kalt und regnerisch. Die Deutschen waren schwer beschäftigt: Sie schwirrten auf dem Gelände herum, als hätten sie es eilig, ihre Mission zu erfüllen. Sie hatten viele SS-Hunde bei sich. Ein Bahngleis führte in den eingezäunten Bereich, in dem die Juden gefangen gehalten wurden, und ein benachbartes Gleis führte zu den Osteuropäern.

Unser Waggon stand. Wir konnten die Geschäftigkeit draußen hören. Die Hunde bellten, ganz aufgeregt von all dem Treiben, das da vor sich ging. Die Deutschen öffneten unsere Waggontür einen Spaltbreit, gaben uns ein Stück Brot und versorgten uns mit Wasser aus rostigen Blechtassen. Das Brot war dunkel und nur ein Klumpen – als hätte man den Teig in eine Pfanne gelöffelt und dort gebacken. Gut sah es ganz bestimmt nicht aus. Während die Deutschen uns Essen gaben, wurde meine Aufmerksamkeit auf einen Waggon voller Juden gelenkt. Ihre Waggons hatten keine Türen, sondern Eisenstäbe in den Türöffnungen.

Mein Blick fiel auf einen kleinen Jungen, der in einem der Wagen stand. Seine Mutter hielt ihn an seinen kleinen mageren Schultern. Sein schwaches Ärmchen hatte er durch die Eisenstäbe gesteckt und machte mit seiner kleinen Hand Bettelbewegungen. Ich sah ihn an – er war kaum mehr als ein Skelett und sein Kopf kam mir sehr groß vor. Meine Aufmerksamkeit war ganz bei diesem kleinen Jungen. Ich wusste, dass vieles um mich her passierte, aber ich starrte nur den Jungen und seine dürre bettelnde Hand an.

Ich musste diesem Jungen einfach mein Brot geben, aber dazu musste ich erst einmal aus dem Waggon kommen und mich dahin schleichen, wo ich es ihm durch die Stäbe seiner Türöffnung würde reichen können.

Ich schlüpfte durch die Öffnung in unserer Tür und runter auf den Boden. Die Deutschen waren sehr beschäftigt, scheinbar bemerkten sie mich nicht. Ich rannte zu dem Judenwaggon und drückte dem Jungen meinen Brotklumpen in die Hand. Er murmelte etwas – kaum mehr als ein Wispern. Sofort kehrte ich wieder um und machte, dass ich zurück wieder in unseren Wagen kam, aber gerade als ich mich umdrehte, stürmten die Deutschen mit ihren Hunden auf den Judenwaggon los. Sie schrien: „Raus, raus!"

Als sie die Juden aus ihrem Waggon trieben, geriet ich in die Menschenmenge. Ein deutscher Soldat schubste mich weiter hinein und sagte: „Wenn du ihnen zu essen geben möchtest, dann schließ dich ihnen an!" Die Deutschen nahmen lange Stöcke und die Hunde zu Hilfe, um die Menschenmasse auf ein großes Feld zuzudrängen. Ich steckte fest in diesem Strom von Menschen und wurde mit ihnen vorangedrängt. Ich hatte Angst und schaute andauernd zurück zu dem Waggon, wo Mama und die anderen waren. Die Deutschen drängten weiter und trieben die Menschenmenge auf das große Feld. Als ich zurückblickte, sah ich den kleinen Jungen und seine Mutter nur ein, zwei Meter entfernt. Er hielt noch immer den Brotklumpen in seiner kleinen Hand.

Auf dem offenen Feld konnten wir sehen, wie ein paar jüdische Männer einen großen Graben aushoben. Es begann zu regnen. Jeder rannte, um nicht den deutschen Soldaten und ihren Hunden zu nahe zu kommen. Jedem schien klar zu sein, dass uns die Exekution bevorstand, aber keiner wagte anzuhalten oder zu fliehen. Als wir den Graben erreichten, teilten die Deutschen die Gruppe auf und ließen sie vor dem Graben Aufstellung nehmen. Der kleine Junge griff nach meiner Hand. Seine Mutter hielt in dem Versuch, beieinander zu bleiben, seine knochigen Schultern fest. Die Deutschen am anderen Ende des großen Grabens ließen diejenigen, die ihn ausgehoben hatten, all ihre Kleider ablegen und nackt dort stehen. Alles, was ich denken konnte, war: „Wie bin ich da nur reingeraten?" Ich dachte an Mama, dort im Waggon, die sicherlich voller Angst nach mir Ausschau hielt.

Dann fingen die Deutschen an, diese armen Menschen zu erschießen – einen nach dem anderen, durch einen Schuss in den Hinterkopf –, und ließen sie einfach vornüber in den Graben fallen. Sie schritten die Reihe der Juden ab und erschossen sie mit ihren Pistolen. Die Schüsse klangen eher wie große Silvesterknaller als wie Waffen. Egal – jedem war klar, was auf ihn zukam. Als die Deutschen nur noch drei Mann weit weg waren von dem kleinen Jungen und seiner Mutter, griff er nach mir und gab mir einen heftigen Stoß hinein in den Graben, der inzwischen ein matschiges Durcheinander war – ein Gemisch aus Schlamm und dem Blut derer, die schon erschossen worden waren.

Ich landete bäuchlings – Kopf, Gesicht und Körper bedeckt von diesem blutigen Schlamm. Gleich darauf hörte ich die Mutter des kleinen Jungen „Nathan!" schreien, dann erschossen die Deutschen sie. Nathan landete auf mir, bewegungslos. Sein kleiner Körper hatte kaum Gewicht, also lag ich ganz still. Ich hatte Angst, auch nur den kleinen Finger zu rühren. Um atmen zu können, hatte ich noch den Kopf gedreht, bevor Nathan auf mich fiel. Da lag ich nun, und es schien mir wie eine Ewigkeit, bis ich meine Augen öffnete. Das Schießen hatte aufgehört, die deutschen Soldaten waren vom Graben weggegangen.

Als ich meine Augen öffnete, sah ich zuerst Nathan, der auf mir lag und noch immer das kleine Stück Brot umkrallte. Nathan und seine Mutter waren tot, das wusste ich. Bei mir war ich mir nicht so sicher. Ich hatte keine Schmerzen, und wie ich so dalag, wurde mir klar, dass mich Nathan gerettet hatte – er hatte mich, kurz bevor die Deutschen schossen, in den Graben gestoßen. So hatte er mir das Leben gerettet, bevor sein Körperchen auf mich fiel und mich bedeckte.

Lange lag ich so da und lauschte auf jedes noch so kleine Geräusch. Nicht weit entfernt hörte ich Reden – es klang wie ein

Haufen Betrunkener. Die Deutschen, so hatte ich gehört, exekutierten am liebsten bei Sonnenuntergang. Jetzt war es dunkel. Da es allerdings stark bewölkt und regnerisch war, konnte ich die genaue Zeit nicht ausmachen. Ich lag noch eine Weile dort, dann beschloss ich, irgendwie aus dem Graben zu kommen und zu Mama zu gehen. Ich betete, sie möge noch da sein. Ich beschloss, meine Finger zu bewegen und zu sehen, ob jemand den Graben beobachtete.

Nach ein paar Minuten – es war noch immer alles still – kroch ich zu einer Stelle, wo ich aus dem Graben herauszukommen glaubte. Aber immer, wenn ich die Böschung erklimmen wollte, rutsche ich rücklings wieder in das Blut und den Schlamm. Ich war von Kopf bis Fuß mit Matsch bedeckt, mein Kopf fühlte sich an wie ein schwerer Ball. Schließlich fand ich eine Stelle, wo ein kleiner Strauch in den Graben hineinhing. Ich griff nach einem Zweig, aber der war voller spitzer Dornen. Einen Dorn nach dem anderen brach ich ab, bis ich ihn fassen und mich daran aus dem Graben ziehen konnte. Ich rieb mir den Dreck aus den Augen, hörte aber, wie in der Ferne jemand redete. Ich fand eine Regenpfütze und versuchte, mich darin möglichst sauber zu bekommen. Immer noch hörte ich die Stimmen, also versteckte ich mich hinter ein paar Sträuchern. Es konnte ja sein, dass die Deutschen zu dem Graben zurückkamen.

Inzwischen war es fast Morgen geworden – ich konnte sehen, wie es am Horizont hell wurde. Ich lief auf die Bäume zu, die in der Nähe des Feldes standen. Es war sicherer, durch Wald zu laufen als quer übers Feld. Auf meinem Weg durch den Wald sah ich zwei deutsche Soldaten, die dastanden und sich unterhielten. Und wieder wusste ich nicht, ob ich mich verstecken oder einfach weitergehen sollte. Sie sahen mich. Einer kam zu mir und fragte, was ich denn um diese Zeit im Wald zu suchen hätte. Ich sagte, ich hätte meine Mutter verloren und versuche nun, sie wiederzufinden. Er sagte mir, ich solle einfach geradeaus auf die Gebäude zugehen. Da er mich nicht aufhielt, ging ich also weiter in diese Richtung.

Als ich mich dem eingezäunten Bereich näherte, sah ich Mama, die am Zaun stand und zu mir herüberschaute. Das nächste Problem war aber, einen Weg hinein zu finden. Zwei SS-Männer standen da. Ich hatte Angst, sie würden mich erschießen oder die Hunde auf mich hetzen, wenn sie mich entdeckten. So hockte ich mich beim Zaun hin und wartete auf eine Gelegenheit, durch das Tor zu schlüpfen. Die SS-Männer öffneten das Tor, um die Hunde rauszulassen. Sie achteten nicht auf das, was in meiner Richtung vor sich ging, also stahl ich mich durchs Tor und rannte auf Mama zu. Wir waren beide im Schockzustand. Mama hielt mich ganz fest. Wir setzten uns auf den Boden, frierend und zitternd – keine sagte ein Wort.

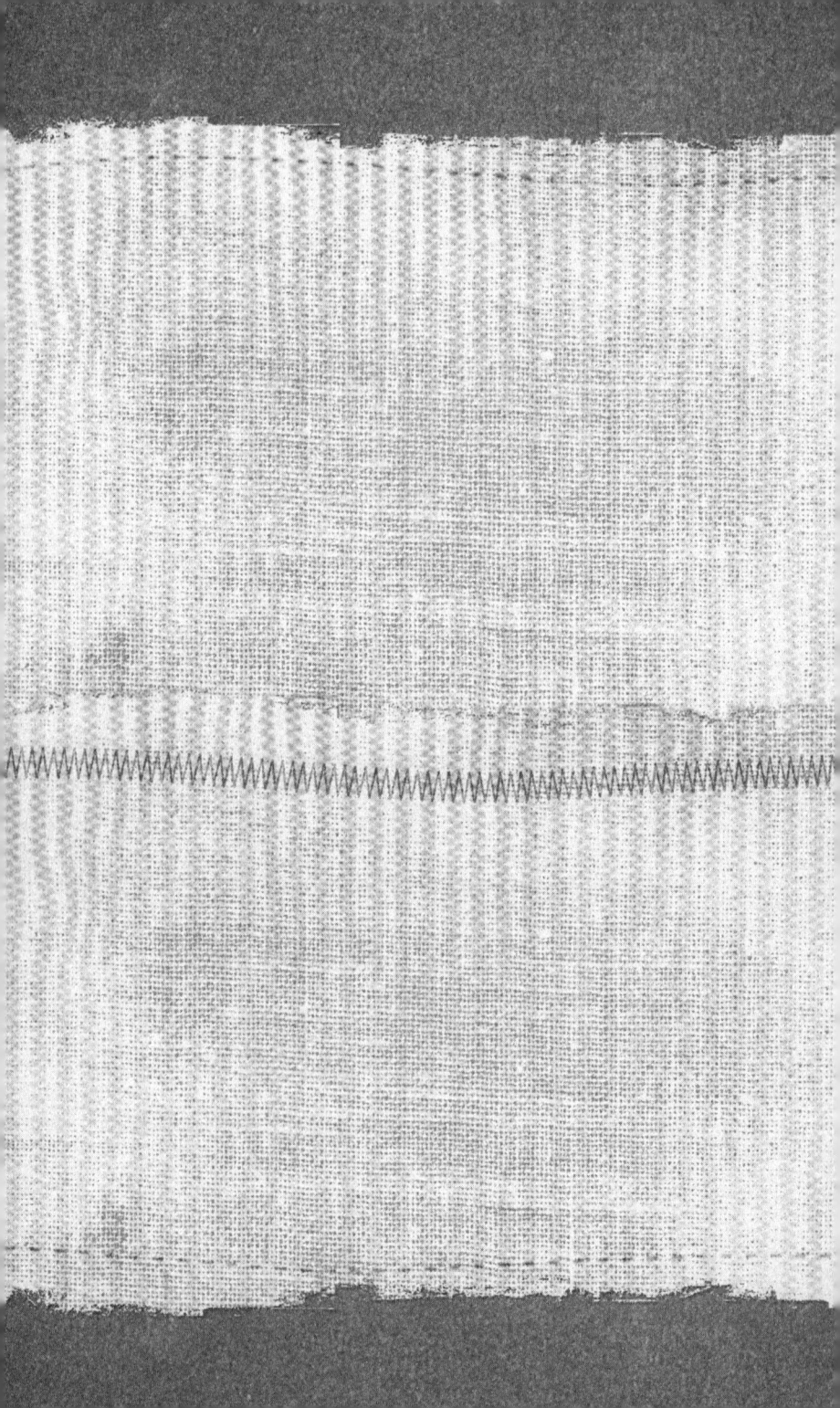

KAPITEL 32

DAS ENDE DER REISE

Erst als Mama und ich den Schrecken über mein Nahtoderlebnis verarbeiteten, wurde uns klar, wie sehr unser Leben in Gefahr war. Wir mussten unheimlich vorsichtig sein und die ganze Zeit beieinander bleiben. Endlich hatten die Deutschen den Zug voller Osteuropäer wieder zusammengekoppelt und er setzte seine Fahrt nach Deutschland fort. Wir waren uns dessen bewusst, dass wir uns auf der letzten Etappe unserer Reise befanden – weit weg von zu Hause und unseren Familien. Der Zug fuhr sehr schnell, als hätte er es eilig, uns unserem Schicksal in den Zwangsarbeiterlagern zuzuführen.

Als wir die Grenze zwischen Polen und Deutschland erreichten, wurde der Zug angehalten. Hunderte von SS-Männern erwarteten uns. Die SS-Männer befahlen uns, auszusteigen und uns in Zweierreihen aufzustellen. Wir durften unser Gepäck, oder was wir im Zug eben dabeihatten, mitnehmen. Mama und ich blieben zusammen, als die SS-Leute uns über die Grenze marschieren ließen, wo Lastwagen mit Suppenkesseln standen.

Jede von uns bekam einen rostigen Blechbehälter, gefüllt mit einem Gebräu, das nach verdorbenem Kohl roch. Stückchen von Möhren und vielleicht Kohlblättern schwammen darin. Man gab uns einen Brocken dunkles Brot und erlaubte uns, uns zum Essen ins Gras zu setzen. Nach dem Essen scheuchten die SS-Männer uns wieder in die Zweierreihen. Dann marschierten wir los.

Alle fragten sich, wo wir wohl rauskommen würden. Nachdem wir mehrere Stunden lang marschiert waren, ließen sie uns anhalten, mal in den Büschen verschwinden und ein paar Minuten ausruhen. Dann ging es weiter. So ging das den ganzen Nachmittag. Meine kleinen Füße wurden so schrecklich müde und meine Beine fühlten sich ganz verkrampft an. All die Frauen waren so müde und schwach, aber die Deutschen ließen uns immer weitergehen. Meine Schuhe waren mir zu klein. Mama hatte zwar die Kappe abgeschnitten, aber unbequem waren sie immer noch.

Bei Sonnenuntergang erreichten wir die Stelle, wo wir uns für die Nacht einrichten sollten. Die Deutschen gaben Befehl, uns zu einer großen Gruppe zusammenzufinden, sodass sie uns bewachen konnten. Wir waren alle hundemüde. In dem Versuch, uns gegenseitig warm zu halten, kuschelten wir uns einfach alle aneinander, schließlich war es Herbst und die Nächte wurden empfindlich kalt. Aneinandergelehnt bekamen wir wohl alle ein wenig Schlaf und irgendwie überstanden wir die Nacht. Früh am Morgen, noch vor Tagesanbruch, weckte uns Motorenlärm. Einige Lastwagen kamen auf uns zu. Wir wurden in Gruppen darauf verladen, bis es nur noch Stehplätze gab, dann fuhren sie los. Jeder einzelne Lastwagen wurde so vollgestopft, wie es eben ging. Mama und ich hielten uns an den Händen, um nicht getrennt zu werden, denn keiner wusste, wohin die Fahrt ging.

Bald kamen wir zu einem Feld, auf dem ein Platz durch einen hohen Zaun eingegrenzt war. Im Inneren standen ein paar Gebäude. Dort angekommen, ließen sie uns absteigen und befahlen uns, unser Gepäck oder die Koffer an der Innenseite des Zaunes entlang aufzureihen.

Zehn Tage lang wurden wir dort festgehalten. Solange entlausten uns die Deutschen. Vielen Frauen rasierten sie die Köpfe und ließen sie sich unter den Achseln rasieren – sogar im Schambereich. Dann kamen sie mit einem Eimer, der mit einer Flüssigkeit gefüllt war, und strichen unsere nackten Körper mit einem Pinsel ein. Schließlich wurde jede einer ärztlichen Kontrolle unterzogen.

Die SS-Leute bewachten mit ihren Hunden die Baracken und den Bereich inner- und außerhalb des Zauns. In den Baracken gab es keine Matratzen – wir mussten auf hölzernen Bettgestellen schlafen und durften den Barackenbereich nicht verlassen, vor allem durften wir dem hohen Außenzaun nicht zu nahe kommen. Dieser Zaun war elektrisch, wenn wir ihn berührten, würden wir einen tödlichen Stromschlag erhalten. Wir bekamen Suppe und Brot, aber es gab nichts zu tun, wir konnten nur warten auf das, was kommen würde. Alle beteten wir, dass sie uns nicht ins Konzentrationslager schickten. Sie nahmen uns unsere Kleider weg und gaben uns gestreifte Uniformen, sodass keine mehr die Chance hatte zu entkommen. Die Deutschen gaben uns allen Aufnäher aus Stoff für die Uniformen. Frauen aus Russland oder der Ukraine bekamen Aufnäher mit der Aufschrift OST. Die Polinnen bekamen welche mit einem großem P für polnisch. Sie gaben uns Nadel und Faden und sagten, die Aufnäher müssten dort angebracht werden, wo sie immer gut zu sehen seien.

So warteten wir auf ihr weiteres Vorgehen und verbrachten die Zeit damit zu überlegen, was wohl als Nächstes käme. Ich stand gerade in der Tür unserer Baracke, als mein Blick auf einen kleinen Jungen fiel, der unter dem Zaun hindurchlangte, um an eine Kohlrübe zu kommen, die jenseits des Zauns aus dem Feld schaute. Er war wohl um die sechs oder sieben Jahre alt und sehr dünn – sogar sein Hals war lang und dünn. Ich sah zu, wie er die Rübe herauszog, sie an seinem Kittel abwischte und dann hineinbiss.

In diesem Augenblick kam ein Nazisoldat daher, fett und mit lauter Stimme. Er beschimpfte den kleinen Jungen und nannte ihn einen Dieb. Der Nazi hatte einen großen Regenschirm mit gebogenem Griff bei sich, ähnlich einem Spazierstock. Mit diesem Griff fing er sich den kleinen Jungen an dessen magerem Hals. Er fing an, den kleinen Jungen damit herumzuschwenken – erst in die eine, dann in die andere Richtung, so lange, bis die Füße des Kleinen abhoben. Der Soldat lachte und schimpfte und schwang ihn immer weiter herum. Ich sah, was da passierte, ich wollte hinlaufen und den Soldaten aufhalten, aber nach dieser knappen Sache mit Nathan hatte ich Angst einzugreifen. Vermutlich hätte ich sowieso nicht viel tun können. Zwei weitere deutsche Soldaten kamen dazu und befahlen dem ersten, damit aufzuhören. Als er gehorchte, fiel der kleine Junge einfach auf den Boden. Als die anderen Soldaten den kleinen Kerl aufhoben, baumelte sein Kopf herum. Mir war klar, dass der Soldat dem kleinen Jungen das Genick gebrochen hatte.

Und wieder war da dieses Gefühl von Übelkeit. Ein weiteres Ereignis, dessen Bilder mich ein Leben lang verfolgen würden. An diesem Punkt wussten wir noch nicht, was uns als Nächstes bevorstand. Jede der Gefangenen war gramgebeugt, aber wie hätten wir etwas ändern können? Wir hofften einfach nur, nicht das nächste Opfer zu sein.

KAPITEL 33

Zwangskennzeichnung

Kaum waren wir im ersten Arbeitslager in Kassel angekommen, gab man uns Kennzeichen! Jede bekam ein Dutzend dieser Kennzeichen – je nach Nationalität, wobei Russen und Ukrainer die gleichen erhielten, nämlich OST. Auch in den Arbeitslagern wurden wir nach Nationalitäten getrennt. Die Juden wurden sofort in Judenlager gebracht, die Russen und Ukrainer zusammen in Ost- oder Russenlager. Die Juden erhielten Kennzeichen in Form eines Davidsterns mit blauer Umrandung und orangefarbenem Inneren. Jude stand in der Mitte des Sterns. Den Polen wurden rhombenförmige Kennzeichen zugewiesen, gelb und mit einem *P* in der Mitte. Wir wurden in vergitterte Baracken gesperrt, die von zweieinhalb bis drei Meter hohem Stacheldrahtzaun umgeben waren (manche Zäune führten Strom). Die Tore zu den Lagern wurden von SS-Männern mit Hunden bewacht. Es gab keinerlei Möglichkeit zu entkommen, zumal wir ja auch unsere Kennzeichen tragen mussten. Jeden Tag wurden wir zu unseren Arbeitsplätzen eskortiert – manche arbeiteten in Fabriken, andere räumten die Straßen nach den Bombenangriffen. Ich schätze, dass die Polen von uns allen die meisten Privilegien und Freiheiten genossen. Wir durften uns auf den Straßen nicht frei bewegen und selbstverständlich waren die Läden für uns und die Juden tabu.

Immer wieder gab es Gefangene, die sich ohne ihr Kennzeichen in die Läden wagten. Wenn aber die SS-Männer jemanden dabei erwischten, war die Bestrafung nicht ohne – Abtransport ins Konzentrationslager.

Die Polen bauten eine Art Schwarzmarkt auf und versuchten, uns ihre P-Kennzeichen anzubieten bzw. sie gegen etwas einzutauschen – manchmal Geld, aber davon hatte niemand mehr etwas. Sie tauschten sie ein gegen Dinge wie Regenschirme oder was wir sonst entbehren konnten. Wenn eine Gefangene ein Extrastück Brot oder Käse hatte, tauschte sie es für ein P-Kennzeichen ein. Aktivitäten dieser Art wurden allerdings schnell eingestellt, denn wenn eine Jüdin ein polnisches P-Kennzeichen annahm, um sich besser vor den SS-Männern verstecken zu können, wurde sie erschossen oder sonst wie umgebracht. Manchmal verriet eine Polin den SS-Männern, dass eine Jüdin sich für ein bisschen Schmuck oder Sonstiges ein P-Kennzeichen verschafft hatte. Die SS-Leute brachten dann die Polin und die Jüdin aufs Feld und erschossen sie beide. Nachdem sie die Konsequenzen ihres Handelns gesehen hatten, stellten die Polen es sehr bald wieder ein.

Keine traute der anderen! Wir hingen rum, arbeiteten und wurden im Lager eingesperrt. Jeden Tag bekamen wir eine rostige Büchse voll Kohlsuppe und ein etwa handtellergroßes Stück Brot zu essen. Manchmal gab es einen Spaziergang (vermutlich eher ein Exerzieren). In den ersten drei bis fünf Monaten sprach eigentlich niemand im Lager sehr viel – schließlich konnte man nicht wissen, wer Freund und wer Feind war. Mama und ich waren froh, einander zu haben. Wir konnten uns unterhalten und uns Gesellschaft leisten.

* * *

Oktober 1942

Ich weiß nicht mehr, was die Zukunft uns bringen wird – mir bringen wird.

Ich weiß, dass ich kein Kind mehr bin, aber auch noch keine Frau.

Ich kann mir im Moment nur vorstellen, was sein könnte, aber nicht ist.

Ich bin nicht frei, und doch auch nicht im Gefängnis.

* * *

November 1942

Ganz hoch häuft sich der Schnee auf – für einen Augenblick sieht es aus, als seien wir wieder zu Hause in unserem schönen „Palast", wie ich es nannte. Vielleicht schlafe ich ja nur und wache bald auf und merke: Alles war nur ein böser Traum.

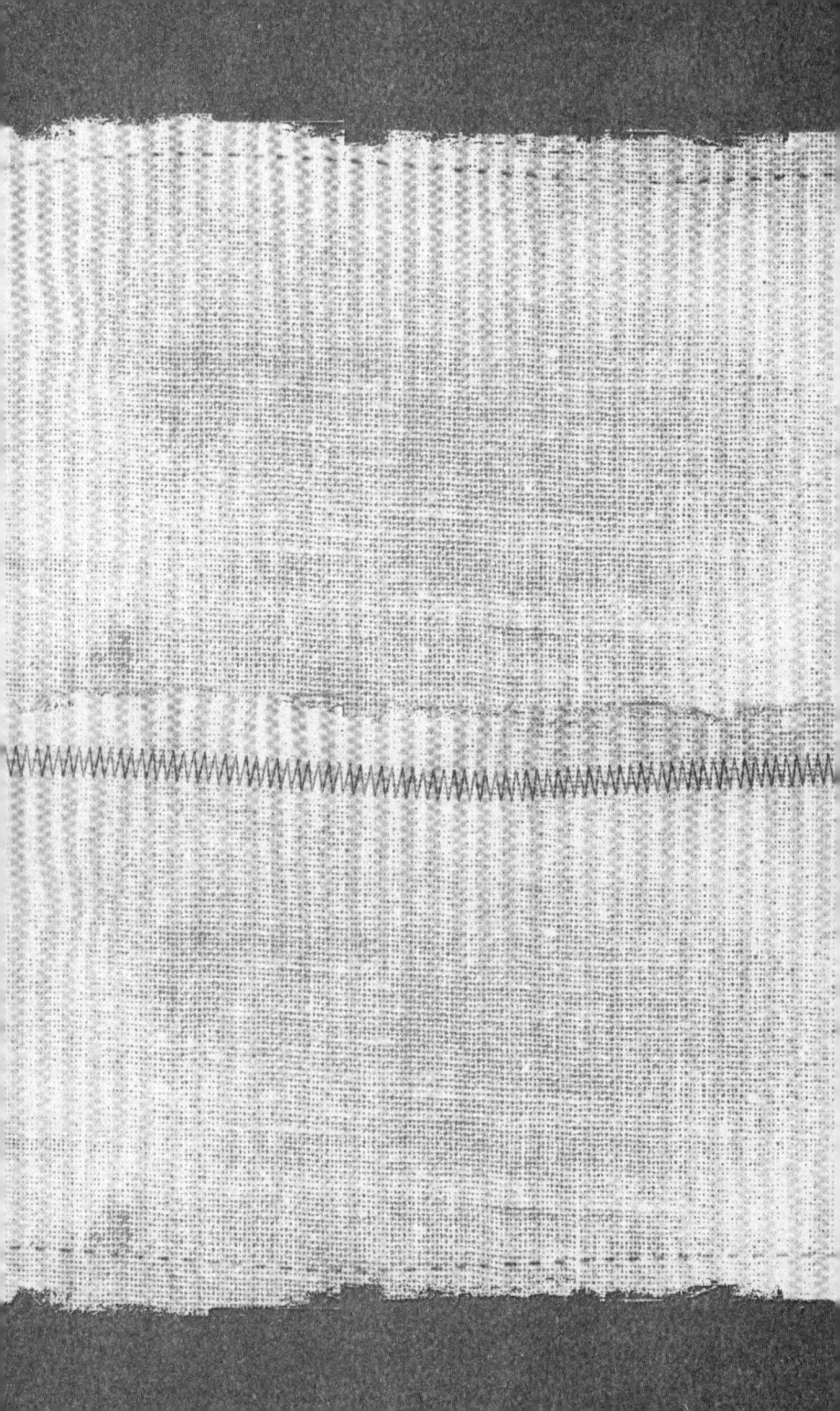

KAPITEL 34

Arbeitslager,
unser erster Einsatz
1942

Schließlich teilten uns die SS-Leute mit, dass eine Gruppe von uns zu einer Fabrik in Kassel verlegt würde. Alle Gefangenen sollten sich versammeln, und man rief die Namen derer auf, die verlegt wurden. Mama und ich gehörten zur ersten Gruppe.

Sie verfrachteten uns auf Lastwagen und brachten uns zu einem Arbeitslager in Kassel, das Arbeiter für eine Kartonfabrik bereitstellte. Uns wurden Baracken zugewiesen, die sich in einem großen Gebäude innerhalb eines eingezäunten Geländes befanden. Wir waren sehr erleichtert zu sehen, dass wir Stockbetten hatten, in denen wir schlafen konnten, drei übereinander, aber gegenüber dem, was wir gewohnt waren, eine echte Verbesserung! Die Arbeit in der Fabrik war eigentlich nicht übel. Unsere Aufgabe war es, die Kartons mit Leim einzustreichen, nachdem eine Maschine sie geformt hatte. Mama und ich begannen wieder zu hoffen, dass wir vielleicht doch überleben würden und uns, wenn der Krieg vorbei war, ein neues Leben aufbauen könnten.

Die schlimmsten Zeiten waren die, in denen wir nicht arbeiteten. Wir wurden eingesperrt und hatten nichts, womit wir uns die Zeit vertreiben konnten. Es gab keine Bücher zu lesen und keine Spiele zu spielen, noch nicht einmal simple Karten, die uns von unserer Misere hätten ablenken können. Mama, so erinnere ich mich, brachte aus der Fabrik ein paar Kartonreste mit, aus denen sie einen Satz Karten machte. Sie benutzte dazu Bleistifte und Buntstifte, mit denen unser Lagervorsteher sie versorgt hatte. Also spielten wir einfache Kartenspiele. Mama machte immer mehr Karten, sodass wir mehr als einen Satz hatten und die anderen Gefangenen sich an unseren Spielen beteiligen konnten. Mama malte mit den Buntstiften sogar Könige, Damen, Joker und so weiter, und alle bewunderten ihren Einfallsreichtum und ihr Talent. Zu dieser Zeit fingen wir an, mehr miteinander zu reden und Freundschaften zu schließen. Das half uns, die Zeit herumzubringen, in der wir eingesperrt und nicht zur Arbeit in der Fabrik waren. Jede begann, mit den anderen zu teilen, und Hoffnung keimte auf, dass sich die Lage mit der Zeit verbessern würde.

Weihnachten rückte näher, aber Schnee, wie wir ihn aus Russland, der Ukraine oder Polen gewohnt waren, gab es nicht. Die Sonne strahlte sehr klar, aber zu dieser Jahreszeit war es sehr kalt in Kassel. Mama war daran, ein Bild für den Kommandanten unseres Lagers zu malen. Er war ein kleiner, stämmiger Zivilist, der mit seiner Familie in einem großen Wohngebäude gleich neben unserem Lager wohnte. Immer wieder brachte er Postkarten, Ölfarbe und Leinwand mit. Mama malte die Bilder dann vergrößert ab und er hängte sich die Bilder in seine Wohnung. Wir profitierten alle von Mamas künstlerischem Talent und den schönen Arbeiten, die sie herstellte. Manchmal brachte uns nämlich der Kommandant ein paar Leckereien mit – zum Beispiel Zwiebeln, Möhren oder Haferkekse. Wir stellten uns in einer Reihe auf, und wer Glück hatte, konnte etwas ergattern, wenn er in unseren riesigen Raum kam (achtzig bis fünfundachtzig von uns Häftlingen waren darin untergebracht). Wir teilten die Leckereien dann mit denen, die nichts erwischt hatten.

Die Fenster unserer Baracken waren mit schweren Eisenstäben vergittert. Wenn man hinaussah, sah man nur die rote Backsteinwand des Hauses, in dem ein paar von den Deutschen wohnten. Manchmal waren die Stimmen von spielenden deutschen Kindern zu hören. Die brüllten zu uns herüber, machten sich über uns lustig und beschimpften uns als „Knästlinge" oder Ähnliches.

Jeden Morgen wurden wir um fünf Uhr zur Fabrik gebracht. Sie lag etwa dreieinhalb Kilometer entfernt. Die SS-Männer und ihre Hunde bewachten uns. Dann beobachteten sie uns bei der Arbeit an den Tischen – wie wir Leim auf Papier strichen und verschieden große Kartons herstellten. Jeden Tag zählten sie dann nach, wie viele Kartons jede hergestellt hatte (als sei es ein Wettbewerb). Diejenigen mit den größten Kartonstapeln bekamen zur Belohnung einen Extraschlag Suppe oder ein weiteres Stück Brot. Deshalb arbeiteten wir wie die Wilden. Wenn wir zur Arbeit kamen, begrüßten wir jeden, an dem wir vorbeigingen, mit „Heil Hitler". Das war so üblich, also hielten wir uns gehorsam daran, schließlich wurden wir scharf beobachtet. Dieses Begrüßungsritual war, als bete man den Führer wie Gott an, und wenn wir nicht „Heil Hitler" sagten, wurden wir mit Nahrungsentzug für einen Tag bestraft – also achteten wir peinlich auf die Einhaltung dieses Rituals.

* * *

Dezember 1942
Immerzu schauen wir durch vergitterte Fenster – wozu diese Gitter, wo doch niemand durch die verschlossenen Tore irgendwohin gehen kann?
Die Hunde beobachten, die Soldaten laufen rastlos umher und sehen so verfroren aus! Frage mich, ob sie wohl gerne mit uns, die wir hinter vergitterten Fenstern sind, tauschen würden. An was glauben sie wirklich? Glauben sie wirklich, dass Hitler diese Welt erobern kann? Das wird nie geschehen!
Es ist fast Weihnachten – meine Gedanken gehen zurück zu dem Weihnachten des Jahres 1932, das ich in Großmutters

Großem Haus auf dem Dorf verbrachte. Ich erinnere mich an die Schlittenfahrt, wir waren alle in den Schlitten gequetscht. Ich bin jetzt fünfzehn – sind wirklich zehn Jahre vergangen seit dieser schönen Zeit?

Großmutter fehlt mir. Frage mich, was wohl aus ihr wurde, als die Russen zurückkehrten. Wer wohnt jetzt in unserem schönen Haus? Wer erntet die Früchte unseres Obstgartens?

* * *

Als der 24. Dezember kam – zufällig auch Mamas Geburtstag –, wollten alle Weihnachten feiern. Mama hatte gerade wieder ein Bild für Herrn Schuller fertig gemalt. Die Farbe war noch feucht, als sie die Glocke läutete, um ihm Bescheid zu geben. Als er kam, sagten wir ihm, er solle das Bild als Weihnachtsgeschenk bekommen. Er war richtiggehend gerührt, als er das schöne Gemälde sah.

Er kam mit einem großen Beutel voll Teegebäck zurück, das seine Frau gemacht hatte. Jeder von uns gab er ein Plätzchen. Von seiner Großzügigkeit waren wir ganz bewegt. Wir baten ihn, für uns einen kleinen Zweig zu suchen (auf eine richtige Kiefer konnten wir nicht hoffen). Er fand einen, der sogar einem Baum ähnelte, und er roch wie eine Kiefer. Auch ein bisschen buntes Bastelpapier und Kleber brachte er uns und wir setzten uns zusammen und machten eine Papierkette daraus. Auch ein paar Schneeflocken schnitten wir aus und bastelten einen Engel, den wir auf die Spitze des „Baumes" setzten. Wir hängten ein paar Keksstücke an den Baum und sangen dann in allen möglichen Sprachen (Polnisch, Russisch, Ukrainisch und noch andere wie Litauisch) ein paar Weihnachtslieder. Ein bisschen Weihnachten war in jeder von uns, aber lange dauerte unsere Feier nicht. Bald schon polterten die deutschen Wachen an unsere verschlossene Tür und brüllten uns an, leise zu sein. Aber wir waren froh, die Geburt des Jesuskindes gefeiert zu haben – egal, wie kurz die Feier auch ausgefallen war. Nach Weihnachten würden wir wieder zurück zur Fabrik gehen, und keine wusste, was der nächste Tag brachte!

* * *

Januar 1943

Was denken andere über Menschen wie Mama und mich? Wie haben die deutschen Generäle herausgefunden, dass Mama malen kann? Sie malt den ganzen Tag – was werden sie später mit all den Bildern tun? (Vielleicht verkaufen sie sie den Briten oder Amerikanern.)

* * *

Wir hatten es vergleichsweise gut. Die Deutschen gaben uns unsere Suppen- und Brotration und die Arbeit war nicht schwer. Die Baracken allerdings waren nicht sonderlich gut beheizt. Mama und ich schliefen deshalb zusammen in einem Bett, nahmen die Decke doppelt und versuchten so, uns warm zu halten. In derselben Fabrik waren auch deutsche Arbeiter. Wir waren zwar durch einen schweren Metallzaun von ihnen getrennt, konnten sie aber sehen und mit ihnen sprechen. Nach und nach schlossen wir ein paar Freundschaften und ab und an steckten sie uns durch den Zaun einen Keks oder etwas anderes zu essen zu.

Sechs Monate etwa arbeiteten wir ohne irgendwelche Zwischenfälle in dieser Fabrik, bis dann eines Tages ein paar SS-Männer zu unserem Barackenbereich kamen und etwa eine Stunde lang mit unserem Kontrolloffizier sprachen. Dann kamen sie zu uns und fragten: „Wie viele von euch sind Russen?" Wir meldeten uns. Dann fragte er: „Gibt es hier jemanden, der fließend Deutsch spricht?" Ich zögerte, mich zu melden, denn Mama sprach kein Deutsch, und ich wollte nicht von ihr getrennt werden.

Als er die Frage wiederholte, streckte ich doch meinen Arm nach oben und antwortete ihm auf Deutsch. Er sah mich an und sagte: „Dann sprich Deutsch mit mir – ich sage dir etwas und du antwortest auf Deutsch." Nach ein paar Sätzen fragte er mich, wo ich die deutsche Sprache so gut gelernt hätte. Ich hatte Angst und wollte ihm nicht sagen, dass Papa sie mir beigebracht hatte, also antwortete ich, ich hätte es eben so „aufgeschnappt", weil ich mich für Sprachen interessierte. Er brauchte mich in einer anderen Fabrik als Übersetzer. Ich erwiderte, meine Mutter sei hier und ich wolle sie nicht verlassen. „Wer ist deine Mutter?", fragte er. Da deutete ich auf Mama, die auf einer Bank saß. Er rief sie zu uns und teilte uns mit, wir würden zu einer Textilfabrik in Lichtenau gebracht, etwa 240 Kilometer entfernt. Er und ein junger SS-Mann steckten uns in ein Auto und auf ging es zu unserem nächsten Arbeitsort.

Unterwegs unterhielten wir uns darüber, wie viele Sprachen ich beherrschte, und er fragte mich, ob ich auch die jüdische Sprache beherrsche. Ich erwiderte, ich spräche zwar kein Jiddisch, könne es aber verstehen und übersetzen. Wir fuhren mehrere Stunden bis zu dem neuen Arbeitslager. Andauernd versicherte er uns, dass wir nicht in ein Konzentrationslager gebracht würden, sondern in der Textilfabrik neue Aufgaben übertragen bekämen. Als wir ankamen, brachte er uns in die Fabrik. Der Lärm war so groß, dass wir überhaupt nichts hören konnten. Er zeigte uns die Maschinen und fragte, ob wir es uns zutrauten, daran zu arbeiten. Ich bestätigte für mich und sagte, Mama werde darin Meister sein. Er wollte meine Hände sehen und zuckte mit den Schultern angesichts dessen, wie klein und jung sie waren. Dann gingen er und der junge SS-Mann. Wir sahen sie nicht wieder.

Uns wurden die Gefängnisbaracken zugewiesen, ungefähr acht Kilometer von der Fabrik entfernt, und wieder einmal waren wir umgeben von Stacheldraht. Unsere Lebensumstände waren in etwa dieselben, nur das Essen war ein bisschen besser hier, und jede Baracke hatte einen Kanonenofen, der uns nachts warm hielt. Zur Arbeit und zurück mussten wir laufen. Das hieß, dass wir morgens um vier Uhr aufstehen mussten und in Gruppen von zwölf losmarschierten – bewacht von einem SS-Mann und einem Hund. Immerhin wurden wir nicht misshandelt. Wir gewannen das Vertrauen unseres Lagerkommandanten, der Mama und mir wohlgesinnt war. Da er wusste, dass Mama Künstlerin war und wunderbar malen konnte, brachte er ihr Ölfarbe und Leinwand und bat sie, Bilder für ihn und seine Frau zu malen. Unsere Arbeitslast wurde leichter, und bald schon ließen sie uns in den Pausen in ein Waldstück gehen, wo Kiefern standen. Dadurch fühlten wir uns sehr bevorzugt. Es bestand keine Gefahr, dass wir fliehen würden – aufgrund unserer Kleidung und der Aufnäher hätte uns jeder sofort als „Gefangene aus dem Arbeitslager" erkannt.

Nach ein paar Monaten in der Textilfabrik brachten die Deutschen uns zu einem anderen Bereich und sagten, es gäbe hier keine Arbeit mehr für uns [...]

Das Manuskript bricht hier ab – ganz offensichtlich fehlt eine Seite. Anna und Nonna wurden zu einer Porzellanfabrik bei Buchenwald nahe Weimar gebracht. Hier erkrankte Nonna an Mandelentzündung und bekam hohes Fieber.

[...] an Mandelentzündung und bekam ziemlich hohes Fieber. Der Lagerkommandant brachte mir Aspirin gegen das Fieber – es war so etwa das einzig erhältliche Medikament. Während wir in diesem Lager waren, konnten wir uns wirklich glücklich schätzen – außer wenn eine von uns krank wurde und wir uns selber kümmern mussten. Ich weiß noch, wie eines der Mädchen hohes Fieber bekam und wir den Lagerkommandanten riefen und ihm sagten, sie sei sehr krank. Er kam und brachte Aspirin mit, aber als das Mädchen bis zur Bewusstlosigkeit fieberte, entschied er doch, den Arzt zu holen – es könnte ja ansteckend sein. Es stellte sich heraus, dass sie Scharlach hatte. Sie kamen und brachten sie weg. Wohin, das wussten wir nicht. Dann desinfizierten sie den gesamten Bereich des Lagers und brachten ihr Bett und all ihre Habseligkeiten fort. Wir erfuhren nie, was aus ihr wurde, hielten aber ab sofort den Mund, wenn wir krank wurden!

Solange wir zur Fabrik laufen und arbeiten konnten, ging es uns gut. Ich hatte wegen der viel zu kleinen Schuhe einen entzündeten Zeh und fing an zu hinken, weil der Schmerz unerträglich wurde. Der Kommandant bemerkte mein Hinken, brachte etwas Medizin mit und befahl Mama, oberhalb des entzündeten Zehs ein Loch in den Schuh zu schneiden. Der Zeh wurde schon langsam schwärzlich. Der Kommandant brachte eine Zange mit und zog mir den Zehennagel. Sofort hatte ich Erleichterung und war froh, dass sich die Entzündung nicht ausbreitete.

Da wir nicht wussten, wie es unserer Freundin ergangen war, versuchten wir, unsere Krankheiten selbst zu kurieren, und halfen uns, so gut es eben ging. Einige Zeit später erfuhren wir, dass die Kranken in den Einrichtungen des Konzentrationslagers vergast und verbrannt wurden. Wir hielten es zwar für ein Gerücht, andererseits aber auch für durchaus möglich. Von daher wagten wir es nicht mehr, unsere Beschwerden zu äußern.

Es vergingen einige Wochen, bis wir wieder von den SS-Männern aufgesucht wurden. Sie kamen und besprachen sich eine Weile mit unserem Lagerkommandanten. Schließlich befahlen sie Mama und mir, unsere Sachen zu packen, da wir zurück nach Kassel gebracht würden.

Mittlerweile war mein Deutsch fließend und von anderen Gefangenen in der Textilfabrik hatte ich noch ein paar Sprachen mehr aufgeschnappt. Wieder fuhren wir den langen Weg mit dem Auto zurück nach Kassel, aber diesmal gab es keine Unterhaltung.

KAPITEL 35

POSITIVE ENTWICKLUNGEN
Frühling 1943

Februar 1943

Wir ziehen heute um. Ich glaube, sie wollen Mama und mich an einem besseren Ort haben. Heißt das dann auch mehr Freiheit für uns? Sie hören zu, wenn ich rede, und schauen mich dabei so dämlich an. Ist es denn so außergewöhnlich, mehr als zwei Sprachen zu sprechen? Die sind ja so blöde! Papa lag falsch, was sie und ihre Intelligenz angeht. Diese Leute sind nicht clever – sie sind einfach nur gierig, finde ich. Vielleicht gibt es auch hier ein paar gute Menschen. Aber wo stecken. die?

* * *

Als wir wieder in Kassel waren, ergab sich für Mama und mich etwas wirklich Gutes – die Deutschen verlegten uns. Wir sollten jetzt in einem Krankenhaus arbeiten, das für Kriegsgefangene und Menschen aus den Arbeitslagern gebaut worden war. Es war ein Krankenhaus für alle Nationalitäten. Gebaut war es im Stil von Baracken und lag in unmittelbarer Nachbarschaft zum katholischen Marienkrankenhaus. Als wir dort ankamen, begrüßten uns zwei katholische Nonnen, begleitet vom Priester. Sie waren so freundlich und nett, dass Mama und ich ganz schüchtern wurden! Die Nonnen zeigten uns den Weg hoch in den fünften Stock des katholischen Krankenhauses und wiesen uns dort ein Zimmer zu, in dem wir wohnen sollten. Es war ein hübsches, sauberes Zimmer mit zwei ordentlichen Betten – Mama und ich konnten unser Glück kaum fassen –, wir mussten nicht in den Baracken des Arbeitslagers wohnen, wir waren nicht von Stacheldraht umgeben! Die Nonnen erklärten uns außerdem, dass wir unsere Mahlzeiten im Krankenhaus einnehmen würden. Mama und ich waren überglücklich. Zuletzt zeigte sich also doch ein Silberstreif am Horizont. Wir beschlossen, uns bei der Arbeit ganz große Mühe zu geben, um ihnen für ihre Güte zu danken.

Das Krankenhaus wurde von einem katholischen Orden geführt – mit Nonnen und Priestern als Personal. Es wurde als eines der besseren Krankenhäuser Deutschlands gehandelt. Die französischen Kriegsgefangenen hatten an der Rückseite des Hauptgebäudes einen Bunker gebaut, der im Krieg benutzt werden sollte. Der Bunker hatte vier unterirdische Stockwerke und zwei überirdische. Im Bunker gab es keine Aufzüge, man musste also durch die Treppenschächte, wenn man von einem Stockwerk zum anderen gelangen wollte. Das war ziemlich unbequem, wenn wir Patienten verlegen mussten.

Mama nahm ihre Arbeit in den regulären Abteilungen des Gefangenenkrankenhauses auf, das hinter dem Bunkergelände gebaut war. Wenn sie dienstfrei hatte, konnte sie zum Hauptgebäude zurück. Ich selber hatte meine Pflichten im Aufnahmebüro des Gefangenenkrankenhauses. Schwester Pia, die mich ins Herz geschlossen hatte, lehrte mich auf einer alten Schreibmaschine das Tippen.

Ich war jung und begierig, alles zu lernen, was mir vor die Nase kam, aber meine Hauptaufgabe war es, zu dolmetschen und die Verständigung zwischen Schwestern und Patienten zu ermöglichen. Es gab Gefangene aller Nationalitäten. Eigentlich wurden sie in den regulären Gefangenenlagern untergebracht, wenn sie aber krank wurden, kamen sie zur Behandlung in dieses Krankenhaus. Sogar ein paar amerikanische Soldaten waren für eine Behandlung ins Krankenhaus gekommen, aber damals war mein Englisch noch nicht gut genug. Mama und ich waren sehr froh über diese glückliche Wendung. Wir wurden von den Priestern und Nonnen wie Familienmitglieder behandelt.

Frühling 1943

Ich mag das Marienkrankenhaus. Die Nonnen sind sehr freundlich und ich dolmetsche gerne für Dr. Hoffmann. Er ist ein guter Mensch, und ich hätte nichts dagegen, selber Arzt zu sein und im Operationssaal zu stehen. Ich frage mich, ob Papa damit einverstanden wäre – ich im medizinischen Bereich. Vielleicht werde ich ja Schwester.

Schwester Pia zeigt mir die Arbeit im Aufnahmebüro und wie man tippt. Ich hab sie sehr gern – sie ist so geduldig mit mir. Schwester Longa und Schwester Mauricia übrigens auch.

Heute war ich eine Weile mit Schwester Mauricia im Labor. Jeden Abend werde ich jetzt in der Bibliothek lernen. Sie haben mir heute einen Test gegeben, und Herr Dr. Hoffmann (ich mag ihn) meinte, ich sei bald so weit, meinen Schulabschluss zu machen. Glaube ich auch. Was ich gelernt habe, ist grundlegender „Ramsch". Der ist für Lena gut genug – nicht aber für mich.

LENA • Wahrscheinlich spricht sie hier von sich selber. Die Nonnen gaben ihr den deutschen Namen Lena Schulz, um ihre wahre Identität geheim zu halten.

Ein paar Ärzte – einschließlich des Stabschefs im Gefangenenkrankenhaus – waren alte Emigranten aus Russland und Polen. Obwohl Mama ja kein Deutsch konnte, war sie doch in der Lage, sich mit diesen Ärzten zu unterhalten – schließlich sprach sie Russisch und auch Polnisch. Sie schien sehr glücklich zu sein.

Einer der alten russischen Ärzte allerdings unternahm Annähe-
rungsversuche. Sie versuchte alles, ihn diesbezüglich zu brem-
sen. Er war viel älter als Mama, die zu dem Zeitpunkt sieben-
unddreißig und sehr hübsch war. Seine Name war Dr. Schewtschenko. Er war mit seiner Nachstellerei sehr ausdauernd, lief
ihr nach und versuchte, sie zu begrapschen – er fragte Mama
sogar, ob sie seine Geliebte werden wolle. Das war nun wirklich
das Letzte, wonach Mama unter den gegebenen Umständen der
Sinn stand.

Eines Tages lief er hinter Mama her, machte anzügliche Be-
merkungen und versuchte, ihren Hintern zu betatschen. Als er
das tat, drehte Mama sich um und gab ihm eine heftige Ohrfeige.
Er wurde natürlich fuchsteufelswild und warf Mama böse Dinge
an den Kopf. Dann stürmte er davon. Einer der anderen Ärzte
erzählte Mama, Dr. Schewtschenko sei wirklich wütend auf sie.
Er riet ihr, ihm aus dem Weg zu gehen, denn er könne ihr eine
Menge Schwierigkeiten machen. Mama war etwas besorgt, aber
letztlich war sie eine übermütige Frau, die in dem, was sie tat,
durchaus auch tollkühn war.

Ich erzählte Schwester Blonda die Geschichte mit Dr. Schewtschenko und seinen Annäherungsversuchen. Ich sagte ihr,
Mama wolle sich nicht mit ihm einlassen, und erzählte auch,
wovor der andere Arzt Mama gewarnt hatte. Die Oberschwester
(Schwester Blonda) teilte Mama mit, sie werde sie vom Gefangenenkrankenhaus ins deutsche Hauptkrankenhaus versetzen, um
sie vor Dr. Schewtschenko zu schützen. Mama wurde also ver-
setzt und arbeitete dann in der Infektionsabteilung des Haupt-
krankenhauses, in der Menschen mit ansteckenden Krankheiten
behandelt wurden. Ich arbeitete weiterhin im Aufnahmebüro
des Gefangenenkrankenhauses, manchmal auch in dem des
deutschen Krankenhauses. Mama und ich wohnten auch weiterhin in unserem Zimmer im fünften Stock, aber wir waren besorgt wegen der Nachstellungen des Doktors. Außerdem fingen
die Nonnen an, sich darüber Sorgen zu machen, Mama könne
Krankheitserreger einschleppen und mich anstecken. Also ent-

schieden sie, Mama für reguläre Dienste im Hauptkrankenhaus einzusetzen.

Die Nonnen kamen uns wie Engel vor, die der Himmel gesandt hatte, um Mama und mich vor all dem Schlimmen zu retten, das wir durchgemacht hatten. Wir waren glücklich, und doch nicht frei von der Unsicherheit und der Angst, die unsere Gedanken verdunkelte. Mama versuchte immer, ihr Lächeln zu bewahren und mir zu versichern, dass alles gut werde mit uns. Der Krieg werde bald vorbei sein, dann würden wir uns ein eigenes Leben aufbauen und ein paar der Träume verwirklichen, die Papa für uns hatte. Dass die katholischen Nonnen und Priester für uns sorgten und uns gegen den unnachgiebigen Terror abschirmten, den die Nazis gegen so viele Unschuldige losgebrochen hatten, gab uns ein enormes Gefühl der Sicherheit.

Nonna erwähnt nicht ausdrücklich, was für große Freiheiten sie und Mama im Marienkrankenhaus genossen – obwohl sie ja eigentlich Gefangene dort waren. Ein Foto des Schlosses Wilhelmshöhe in Kassel allerdings und die entsprechende Beschriftung belegen, dass die beiden Frauen dank der Freundlichkeit der Nonnen Freizeit hatten, und das, obwohl sie offiziell von der Naziregierung im katholischen Krankenhaus inhaftiert waren. Die Beschriftung lautet: „Schloss Wilhelmshöhe. Mama und ich besuchten es regelmäßig in der Zeit, als wir im Marienkrankenhaus arbeiteten."

Ein zweites Foto zeigt einen Teil der Schlossanlagen: ein friedliches Tal, geziert von einer weißen Gartenlaube und einem kleinen Teich. Unter dieses Foto schrieb Nonna: „Meine kleine Laube! Hier ging ich oft hin und verbrachte viele Stunden mit Lesen, Tagebuchschreiben und Nachdenken. Sie stand hinter dem Schloss (man sieht es im Hintergrund). Ich beobachtete, wie die Schwäne auf dem Teich schwammen."

Juni 1943

Morgen ist die Hochzeit von Dr. Hoffmann. Er und Hilga heiraten nun endlich. (Ich hätte zehn Jahre früher auf die Welt kommen sollen!) Nur einer meiner dummen Gedanken! Ich mag die beiden wirklich sehr. Hilga ist mir eine gute Freundin geworden und von Dr. Hoffmann habe ich so viel gelernt – sogar, wie man Wunden näht. Die Hochzeit wird in der Krankenhauskapelle stattfinden. (Wie schade, dass sie nur in so kleinem Rahmen gefeiert werden kann.) Mama wird Orgel spielen und Dr. Ingrid Nubel wird singen. Vater Antonius wird „das Seine" tun – ein dicker, lustiger Kerl! Ich frage mich: Wenn Hilga Kinder bekommt, wie werden die wohl aussehen? Dr. Hoffmann ist sehr groß und schwarzhaarig, Hilga dagegen ist klein und hat feuerrotes Haar. Wenn sie also ein kleines Mädchen bekommen, ist es vielleicht groß und rothaarig. Hoffentlich muss ich nicht während der Zeremonie daran denken, sonst pruste ich los und bekomme Ärger mit den Saalordnern! Hochzeitstag: Lieber Gott! Ich hasse das Kleid, das Schwester Blonda mir verpasst hat – es ist hässlich und steif. Das einzig Gute ist, dass es blau ist. Vielleicht verstecke ich mich hinter Schwester Maria (ha ha), wenn sie Fotos machen. Ich werd' froh sein, da wieder rauszukommen. Warum wollen sie alle, dass ich aussehe wie sie – das haut nicht hin! Die Schwestern wollen nicht, dass ich die Haare offen trage und mit Schleife – diese Zöpfe, wie ich sie hasse! Ich sehe aus wie eine deutsche Maid, frisch aus dem Sudetenland und drauf und dran, Nonne zu werden (ha ha) – ich kann's auch von der lustigen Seite nehmen. Wenn ich hier jemals rauskomme, lasse ich mir die Haare kurz schneiden. Hoffentlich bald. Nun, ich freue mich für Hilga und Dr. Hoffmann und werde die beiden in den nächsten zwei Wochen sehr vermissen.

KAPITEL 36

DIE TRENNUNG VON MAMA
September 1943

Es war Anfang September, mein allerwichtigster Geburtstag näherte sich – „süße sechzehn". Ich war ganz aufgeregt und dachte verhalten darüber nach, was das Leben uns wohl noch bringen würde. Mama und ich hatten wegen meiner Geburtstagsfeier Pläne geschmiedet – sie wollte sich um den Kuchen kümmern und mit unseren Freunden im Krankenhaus wollten wir ein bisschen feiern.

Als ich morgens aufwachte (am 22. September also), machte Mama sich schon fertig und sagte, sie hätte noch etwas zu erledigen. Ich wusste nicht, dass die Gestapo ihr einen Brief mit der Aufforderung geschickt hatte, sich wegen der Bestätigung irgendwelcher Dokumente im Gestapohauptquartier einzufinden. Darüber war ich aufgebracht, schließlich wollten Mama und ich doch meinen Geburtstag zusammen verbringen und eine Feier hatten wir auch geplant. Ich bettelte sie an, nicht an meinem Geburtstag, sondern erst einen Tag später dorthin zu gehen. Sie aber erklärte mir, eine solche Angelegenheit dürfe man nicht aufschieben.

Wir sahen uns kurz beim Frühstück und unterhielten uns noch einmal, bevor wir uns am Krankenhauseingang verabschiedeten.

Beide waren wir guter Stimmung. Sie hatte versprochen, in ein paar Stunden wieder da zu sein und dann mit mir Geburtstag zu feiern.

Nach sechs oder sieben Stunden machte ich mir dann aber doch langsam Sorgen, weil Mama noch nicht wieder da war und ich nicht wusste, was los war. Verzweifelt ging ich zur Oberschwester und bat sie inständig, dort anzurufen, wo Mama hingegangen war, um zu erfahren, ob sie noch dort sei. Schwester Blonda allerdings zögerte, den Anruf für mich zu tätigen – und endlich erfuhr ich, dass es das Gestapohauptquartier in Kassel war, wo Mama zur Bestätigung von Dokumenten erscheinen sollte. Mama hatte mir das verheimlicht, um mir keine Angst zu machen.

Aber ich hatte furchtbare Angst, denn ich hatte schon vom Vorgehen der Gestapo gehört, dass Leute dorthin gingen und nie wieder gesehen wurden. Für gewöhnlich waren es Juden, denen das passierte, so war ich also ziemlich verunsichert – warum hatten sie Mama zu sich bestellt?

Die Oberschwester, Schwester Blonda, tätigte den Anruf im Hauptquartier der Gestapo nur widerwillig und fragte nach meiner Mutter. Sie gaben ihr keinerlei Erklärungen. Als sie versuchte nachzufragen, sagten sie, sie solle diese Nummer nie wieder anrufen, und legten auf. Schwester Blonda war ganz verstört. Es sei gefährlich und gar keine gute Idee, sagte sie mir, mit der Gestapo vernünftig reden zu wollen. Wir sollten einfach abwarten, ob Mama zurückkäme. Zwei oder drei Tage später teilte mir die Oberschwester mit, die Gestapo habe die schriftliche Aufforderung an sie gerichtet, mich ihnen freiwillig auszuhändigen. Da ich dachte, ich könne meine Mama dort sehen, ging ich nur zu gerne hin.

Begleitet wurde ich von einem Krankenhausangestellten. Wir nahmen die Straßenbahn und fuhren Richtung Gestapositz. Ich sah Angst in den Augen meines Begleiters, als wir durch die Tür ins Gebäude traten, ich aber war mir der Gefahr nicht richtig bewusst. Ich war erst sechzehn, aber weil ich so klein und dünn war, hielten viele mich für nur zehn oder elf Jahre alt. Es gab Zeiten, da musste ich meine Intelligenz und Cleverness einsetzen, um aus etwas rauszukommen, ja, vielleicht musste ich sogar lügen.

Zwei uniformierte SS-Männer kamen heraus und führten mich in einen großen Raum, in dessen Mitte ein Schreibtisch stand. Ein Bild von Hitler hing an der Wand und neben dem Portrait eine Fahne mit riesigem Hakenkreuz darauf. Da stand ich nun vor dem Schreibtisch und sah den SS-Mann an, der dahintersaß. Was würde wohl als Nächstes passieren? Vielleicht fünf oder sechs Minuten lang starrte mich der SS-Mann aus diesen unergründlich grauen Augen an – es war schwierig, irgendeine Regung darin auszumachen. Mir kam es vor, als schauten seine Augen durch meinen gesamten kleinen Körper hindurch, ohne je Blickkontakt aufzunehmen. Selbst wenn ich hundert Jahre alt werde, werde ich nie vergessen, wie ich mich unter diesem Blick gefühlt habe.

Ich begann zu zittern – nicht aus Angst, sondern weil ich mich so unwohl fühlte. Er sagte kein einziges Wort, also musste ich wohl etwas sagen. Was mir als Erstes in den Sinn kam, war Mama, und bevor ich mir dessen ganz bewusst wurde, sagte ich: „Was haben Sie mit meiner Mutter gemacht?"

Als ich das sagte, kam der SS-Mann, der an der Tür stand, auf mich zu und versetzte mir mit dem Griff seiner Pistole einen Schlag an den Kopf. Dann drückte er den Lauf gegen meinen Kopf – mir wurde eiskalt. „Du bist also Russin", sagte er. „Vielleicht möchtest du ja russisches Roulette spielen?"

Plötzlich wurde mir klar, was hier passierte und in welcher Gefahr ich schwebte. Aber aus irgendeinem mir unbekannten Grund geriet ich nicht in Panik. Mit einem Mal war es mir ganz egal, was mit mir passieren würde. Also lächelte ich den SS-Mann hinterm Schreibtisch direkt an. Er zuckte mit den Schultern, so als sei er von meiner Tapferkeit überrascht, und befahl dem anderen (der bestimmt nicht älter als einundzwanzig oder zweiundzwanzig war) mit einem scharfen Tadel, seine Pistole einzustecken und zur Tür zurückzugehen.

Dann fing er an, mir Fragen zu stellen. Die erste lautete: „Wie alt bist du?"

Mir war in diesem Augenblick klar, dass er mein wahres Alter kannte und nur meine Antwort hören wollte, um zu sehen, ob er mich beim Lügen ertappen würde. Also sah ich ihm fest in die Augen und sagte ihm die Wahrheit, dass nämlich meine Geburtsurkunde noch vor der Deportation aus der Ukraine geändert worden war, sodass Mama und ich gemeinsam nach Deutschland reisen und zusammenbleiben konnten.

Ich nehme an, meine Antwort überraschte ihn. Er schaute mich lange prüfend an und fragte dann: „Warum glaubst du, es würde dir jetzt noch etwas nützen, die Wahrheit zu sagen? Für deine Mutter ist es schon zu spät. Ich kann nichts mehr tun, um sie zurückzuholen. Und überhaupt war ihre Geburtsurkunde nicht der einzige Grund, warum sie verladen wurde."

Genau so sagte er es. Dann machte er mit seiner Befragung weiter. Als er zu der Geschichte kam, wie Mama versucht hatte, das jüdische Baby zu retten, forderte er mich auf, ihm zu erzählen, wie es tatsächlich abgelaufen war – von anderen Augenzeugen hatte er schon davon gehört. Ich konnte ihm nur die Wahrheit sagen, dass Mama und ich nicht gewusst hatten, dass es sich um ein jüdisches Baby handelte, dass Mama noch wegen des Verlustes ihres eigenen Kindes getrauert hatte und es schlicht eine vom Gefühl bestimmte Handlung gewesen war, das Kind zu ergreifen und retten zu wollen.

Als er meinem Bericht so zuhörte, war ich fast schockiert, denn für einen kurzen Moment sah es aus, als flackere ein Funken Mitgefühl in seinen Augen auf. Dann sagte er: „Na gut. Du bist nur ein Kind. Ich werde dich zu deinen Nonnen zurückgehen lassen. Deine Ehrlichkeit beeindruckt mich, aber wundere dich nicht, wenn du in ein paar Tagen noch mal kommen musst. Ich habe noch nicht entschieden, wie ich mit sechzehnjährigen Mädchen verfahre."

Als ich aus dem Gebäude ging, fühlte ich gar nichts – keine Angst, keine Verbitterung, nichts. Ich fühlte einfach nichts. Ich kam mir vor wie ein Geist. Ich bewegte mich zwar, aber ich weiß nicht mehr, wie ich zum Krankenhaus zurückkam.

BOMBARDIERUNG • Etwa einen Monat nach Nonnas Begegnung mit der Gestapo, in der Nacht des 22. Oktobers 1943, griffen britische Bomber Kassel an. Sie zerstörten neunzig Prozent der Stadt und ließen zehntausend Tote und hundertfünfzigtausend Obdachlose zurück. Die Aktion dauerte noch nicht einmal eine halbe Stunde. Nonna gibt die Dauer mit fünfzehn Minuten an, später (siehe Zeittafel) mit fünfundzwanzig. Nonna überlebte die Bombardierung Kassels, aber das Krankenhaus, in dem sie arbeitete, wurde schwer beschädigt. Nonna schrieb, das Gestapogebäude sei zerstört worden.

Das Bombardement begann um Viertel vor acht abends und dauerte eine Viertelstunde. Am Ende dieser fünfzehn Minuten war von der großen Stadt nicht mehr viel übrig außer Tausenden von Leichen, die in der Stadt und nahe dem Bunker, in dem ich saß, verstreut waren. Der Bunker war direkt neben dem Hauptkrankenhaus. Das Hauptgebäude des Krankenhauses brannte, ebenso die Wohnhäuser drum herum. Menschen stöhnten und schrien um Hilfe. Noch Tage später war der Himmel rot. Lange Zeit herrschte fürchterliches Durcheinander. Ich selbst verlor jegliches Zeitgefühl, weil ich so viel zu tun hatte – ich half den Nonnen und Schwestern dabei, diejenigen im Bunkerkrankenhaus zu behandeln, die nur verletzt, nicht aber getötet worden waren.

Einige Tage später, als alles wieder ein wenig ruhiger geworden war, fiel mir ein, dass ich doch eigentlich noch einmal zur Gestapo bestellt werden sollte. Was geschehen war, beunruhigte mich, und so zogen ein junges Mädchen, das mit mir arbeitete, und ich los, um zu sehen, was von der Stadt übrig geblieben war. Wir gingen dorthin, wo das Gestapogebäude gestanden hatte, und stellten fest, dass von diesem Elendsort nichts mehr zu sehen war. Als ich mir die Zerstörung ansah, dachte ich, dass Gott diese Flugzeuge geschickt hatte, um mich zu retten, und dass er andere Pläne für mein Leben habe – ich würde es schaffen zu überleben, auch allein.

* * *

• Einige Fotografien und Postkarten aus Nonnas Sammlung sind von dieser Zeit erhalten geblieben. Hier das, was sie auf zwei davon nach dem Krieg schrieb.

Ein Dorf nahe der Schweiz. Die Nonnen und Priester versuchten, uns dorthin zu schicken, um unser Leben zu retten. Es sollte nicht sein. Bevor wir dorthin umziehen konnten, nahm die Gestapo Mama gefangen.
Hoftheater. Die Gestapo zwang Mama, dort Klavier- und Violinkonzerte zu spielen. Sie holten sie für den Auftritt aus dem Konzentrationslager und brachten sie nach der Aufführung dorthin zurück. 1943 wurde alles von Bomben zerstört!

* * *

ERINNERUNGEN • Im Folgenden nun diverse Erinnerungsfetzen und Gedichte von Nonna.

Die Nonnen ermöglichten mir den Besuch einer Bekenntnisschule (hinter der Kirche), sodass ich meinen Schulabschluss machen konnte. Mama und ich sangen jeden Sonntag in der Kirche, aber in den Bombardements von 1943 wurde alles zerstört.

* * *

Ich habe solches Heimweh nach zu Hause – ein Zuhause, das es schon lange nicht mehr gibt, in meinen Erinnerungen aber wird es immer existieren. Die Jahre meiner frühen Kindheit waren wunderschön. Und die Erinnerungen, die in mir lebendig sind und bis zu meinem Tode lebendig bleiben, haben mir schon durch die vielen Jahre hindurch geholfen, besonders dann, wenn ich traurig und niedergedrückt war.

* * *

Ich kann das Kommando meiner Großmutter hören – Liebe schwang darin mit!
Ich sehe alles vor mir, als sei es erst gestern gewesen – wenn ich allein bin, umgibt es mich!
In nur fünfzehn Minuten kann ich mein ganzes Leben durchleben.
Traurige Erinnerungen lassen mich erschauern (zum Beispiel der Tod meiner kleinen Schwester Taissia). Lieber denke ich da an schöne Erlebnisse und durchlebe sie genüsslich immer wieder.
Alles war wie ein süßer Traum für mich, und doch ein grauenhafter Albtraum, der mich stets begleiten wird!

* * *

Nonna hatte damals keine Ahnung, was mit ihrer Mutter passiert war. Sie wusste nur, dass die Gestapo sie am 22. September 1943 fortgebracht hatte. Im April 1947 schrieb Nonna für ihre Mutter ein Gedicht. Danach folgen diverse Gedankengänge aus verschiedenen Zeiten.

AN MUTTER
Ach liebe Mutter, wo bist du jetzt?
Welche Straße soll ich gehen, welchen Weg einschlagen?
Bin ich diejenige, die die Reise vollenden wird
in die Freiheit, nach der wir alle uns so sehnten?
Du schenktest mir das Leben und eine glückliche Kindheit,
auch wenn sie nur von kurzer Dauer war.
Die Erinnerungen werden mir ewig bleiben
an die, die ich als Kind so liebte.
Als einer nach dem anderen uns genommen wurde
in den Schrecknissen des Krieges,
da bliebst du unerschütterlich,
so tapfer und stark, trotz all deines Leids.
Und als wir die Freiheit fast erreicht hatten,

die wir bereits klar vor uns sahen,
da schnappten sie dich, ohne Grund,
und warfen dich in eine Löwengrube.
Ich klagte und weinte auf der Suche nach Antworten
auf das, was mir unbegreiflich war.
Wenn wir auf diesem Planeten auch gelitten haben,
so werden wir uns doch im Himmel in die Arme schließen.

* * *

Meine Mutter und ich

Es gibt keine Worte, um meine hübsche, liebevolle und hoch-
begabte Mutter zu beschreiben, die mir so viele schöne Erinnerungen beschert hat, Erinnerungen, die mich ein Leben
lang begleiten werden. Sie lehrte mich zu lieben, Fürsorge zu
zeigen, großzügig zu sein, zu vergeben ...

[...] Während unserer langen und schmerzvollen Reise in der
Zeit des Zweiten Weltkriegs und des Holocausts wurde Mama
tragischerweise von der Gestapo geschnappt. Sie war damals
sechsunddreißig Jahre alt, noch immer hübsch und bezaubernd, und wurde in ein Konzentrationslager gesteckt. Dort
wurde sie vernichtet, sie starb einen schrecklichen Tod und
ließ mich als die einzige Überlebende unserer gesamten Familie zurück.

[...] Ich bin jetzt siebzig Jahre alt und habe versucht, alle Lehren meiner lieben Mutter zu befolgen, um eine starke und
fürsorgende Persönlichkeit zu sein. Ich habe inzwischen selbst
eine hübsche Tochter und kann nur hoffen, dass ich ihr ebenso viel mitgeben kann wie meine Mutter mir.

Als ich noch sehr klein war (vier oder fünf Jahre alt), konnte
ich die Schritte meiner Mutter erkennen, wenn sie nach Hause
kam. Ich erinnere mich an den süßen Geruch, wenn sie um
mich war, und an die sanften Berührungen und Umarmungen,
die mir ein köstliches Gefühl von Sicherheit und Liebe vermit-
telten. In all den Jahren, seit ich sie verlor, habe ich diese Din-

ge vermisst. Die Erinnerungen aber sind mir immer präsent.
[...] Meine Mutter war wirklich eine starke und couragierte
Frau, außerdem sehr begabt: Sie spielte Klavier und Geige,
malte und konnte auch sonst viel. Aber vor allem war sie sehr
freundlich, voller Vergebung und großzügig allen denen gegenüber, mit denen sie zu tun hatte.

* * *

Betrachtungen

Ich neige immer mehr dazu zu glauben, dass das Ende naht,
endgültig und unwiderruflich, obwohl ich dieses Gefühl nicht
erklären könnte. Ist es wegen meines eigenen nahenden Todes
oder weil in jüngster Zeit die Zukunft wie ein Schatten über
unserer Welt hängt? Was immer die Zukunft bringen mag,
ich kann nur hoffen, dass ich das endgültige Ende nicht mehr
erleben und mit meinen sterblichen Augen sehen muss.
Heutzutage hat sich dieses Spüren des drohenden Untergangs
unter den Menschen ausgebreitet. Und das nicht nur, weil die
Wissenschaft ihre Möglichkeiten auf brillante Weise darzustellen vermag. Mir kommt es manchmal so vor, als liefere
die Wissenschaft nur die logische Begründung für die natürlich vorhandene Furcht der Menschen vor ihrer eigener Hände
Werk, so bezeugt durch den nutzlosen Aufschwung des phi-
losophischen Pessimismus, der den Westen nach dem Zweiten
Weltkrieg überrollte.
Mit allen Poren und Fasern ihres Körpers und ihrer Seele nehmen die Menschen wahr, dass das Ende nicht allzu fern ist. Die
elenden Schurken können es gar nicht abwarten, sich gehen
zu lassen: Tausende gewöhnlicher Menschen umzubringen
würde ihnen ein Gefühl der Stärke verschaffen, Stärke, wie sie
von jenen begehrt wird, die schwach im Geiste sind. Sie wissen, dass ein Henker sich seinem Opfer gegenüber überlegen
fühlt und sich ergötzt an seinen angstvernebelten Augen und

daran, wie die Hose herunterrutscht, weil man ihm den Gürtel genommen hat.

Die wohlgenährte Bestie lässt auch gern ihre Gefangenen verhungern. Nichts schwächt den Willen zum Widerstand so sehr wie Hunger. Wenn aber gemäß der Regel, nach der das Böse sich letztlich selbst vernichtet, die Henker anfangen, ihresgleichen zu töten, dann zerbröckelt plötzlich der Zusammenhalt der „Kameraden" von gestern, und mit Ausrufen der Bestürzung eilen sie, sich reiner darzustellen als neu gefallener Schnee.

* * *

11. Oktober 1943

Ich erinnere mich an Papas Worte, die er zu Beginn des Zweiten Weltkriegs oft sagte:

„Wenn du von Feinden umgeben bist, dann sind sie es, bei denen du Zuflucht suchen musst."

„Wenn keine Freunde mehr da sind, sind wir gezwungen, bei den Feinden Zuflucht zu suchen."

„Die Feinde sind es, die uns im Weg stehen, und die Feinde sind es, die uns den Weg zur Zuflucht weisen können."

Ich glaube, Papa bezog sich hier auf einige Werke von Leo Tolstoi. Besonders in den Jahren 1939-41 las er die Werke dieses großartigen russischen Dichters.

KAPITEL 37

ÜBERLEBEN BIS ANS ENDE

Die Wände des Krankenhauses waren weggebombt worden. Wenn ich hinaufstieg, um nachzusehen, wo mein Zimmer gewesen war, stand ich unter freiem Himmel. Ich zog um ins Bunkerkrankenhaus – zusammen mit allen Nonnen, Ärzten und Patienten. Hier ging der Krankenhausbetrieb weiter. Ich durfte mir, ebenso wie die anderen Angestellten, in den oberen Etagen des Bunkers ein Zimmer suchen. Es gab Quartiere für die Ärzte und Schwestern und ein Kloster für die Nonnen mit einer großen Kapelle. Eine ganze Reihe von Tunnels war im Zickzack gebaut worden, um im Falle eines direkten Bombenangriffes die Druckwelle der Luft abzuschwächen. Diese Tunnels führten uns hinunter ins Krankenhaus. Ich arbeitete und wohnte dort so lange, bis ich gesundheitliche Probleme bekam.

Meine erste Krankheit begann damit, dass ich eine riesige Schwellung an der linken Seite meines Halses bekam – vom linken Ohr hinunter bis zum Kinn. Der Knoten verursachte mir keinerlei Schmerzen, aber ich hatte immer leichtes Fieber und war fast ständig müde. Trotzdem setzte ich meine Ausbildung fort und arbeitete im Krankenhaus. Mein Aussehen machte mir Sorgen, darum trug ich nach Möglichkeit etwas mit hohem Kragen, um den Knoten zu verbergen.

Als ich mal mit ein paar Freunden herumtobte und dabei von einem Tisch auf den Boden sprang, hörte ich in meiner rechten Seite etwas „plopp" machen. Der Schmerz zwang mich in die Knie und meine Freunde brachten mich eiligst zum Arzt. Er diagnostizierte einen geplatzten Blinddarm. Sofort wurde ich für die Operation fertig gemacht und Dr. Hoffmann nahm mir den Blinddarm heraus. Er legte mir Drainagen in die Seite, durch deren Schläuche die Infektion abfließen sollte.

Als Folge des geplatzten Blinddarms bekam ich eine Bauchfellentzündung und wurde Patient in dem Krankenhaus, in dem ich eigentlich arbeitete. Meine Freunde und die Nonnen kümmerten sich rührend um mich und gaben mir, was ich brauchte – auch moralische Unterstützung.

All dies geschah kurz nachdem die Gestapo meine Mutter verhaftet hatte. Entsprechend machte ich mir große Sorgen um Mama und schaute immerzu zur Tür – in der Erwartung, sie würde jeden Augenblick hereinplatzen.

Etwa vier Wochen nach Mamas Verschwinden erhielt ich eine Benachrichtigung von der Gestapo, dass Mama als Gefangene im Konzentrationslager Ravensbrück in Fürstenberg sei.

Meine schlimmsten Albträume wurden damit bestätigt – meine Mutter war eine Gefangene, und ich hatte keinerlei Möglichkeit, ihr zu helfen. Die Postkarte war sehr offiziell, abgeschickt im Oktober 1943. Die Gefangenennummer meiner Mutter stand auf der Vorderseite – die Nummer 23893. Diese Nummern wurden den Gefangenen auf den Arm tätowiert. Als so gekennzeichnete Frau gab es für sie nun keinen Weg mehr hinaus. Ich weinte mir fast die Augen aus dem Leib, aber meine Freunde und die Nonnen gaben mir viel Halt. Sie machten mir Mut, gesund zu werden – schließlich hätte sich das meine Mama am meisten gewünscht. Nachdem sich der erste Schock gelegt hatte und ich mich mit der grausamen Realität abgefunden hatte, wurde ich zornig und beschloss, wieder gesund zu werden und meine Mutter zu suchen.

• Hier muss Nonna ein Fehler unterlaufen sein, entweder schon damals oder aber, als sie ihre Erinnerungen später aufschrieb. Das Eintätowieren der Gefangenennummern geschah nur in Auschwitz.[1]

Dann bekam ich rheumatisches Fieber und wurde richtig krank. Meine Gelenke schwollen an und taten so weh, dass ich nicht einmal einen Stift halten konnte. Ich nahm stark ab und wurde bettlägerig. Innerhalb von drei oder vier Wochen bekam ich auch noch Angina Pectoris: Die Ärzte diagnostizierten eine Myocarditis, also eine Schädigung meines Herzmuskels. Etwa zwei Jahre lang war ich krank, und als ich mich erholte, musste ich erst wieder das Laufen lernen.

In der Zeit meiner Krankheit beschloss ich, meine Ausbildung fortzusetzen und Krankenschwester zu werden. Die Nonnen unterwiesen mich, so gut sie konnten, ebenso die Ärzte: Dr. Rudolph Hoffmann, mein Kardiologe Dr. Zahn und eine junge Ärztin namens Ingrid Nubel. Sie wurde mir eine liebe Freundin. Später einmal kamen ihre Eltern aus Düsseldorf und boten mir an, mich zu adoptieren.

Es war zu Frühlingsbeginn 1944, wohl im Februar, als ich den ersten Brief von meiner Mutter erhielt. Er war auf Deutsch geschrieben. Ich wusste, dass Mama ihn diktiert hatte, denn sie verwendete darin meinen Kosenamen. Es war nur eine kurze Nachricht. Die Gestapo erlaubte nicht mehr als acht Zeilen und zensierte alle Briefe, die aus einem Konzentrationslager kamen. Hier der Inhalt des Briefes:

Liebe Tochter Nonna:
Mir geht es gut. Mach Dir keine Sorgen!
Bleib gesund und warte auf mich.
Ich küsse Dich, Krumchen.
Deine Mama, Anna

---

1 Laurence Rees, Auschwitz: *A New History* (New York: Public Affairs, 2005), 65.

Der Brief stammte aus dem Konzentrationslager Ravensbrück, ebenso wie die erste Postkarte. Er war an die Nonnen des katholischen Krankenhauses geschickt worden, wo ich vor SS und Gestapo geschützt war. Ein katholischer Priester, der in den Konzentrationslagern war, hatte es so eingerichtet, dass der Brief verschickt wurde und ich so Nachricht von meiner Mutter erhielt. Das bestärkte mich in dem Entschluss, gesund zu werden, wenn auch mein Herz blutete. Hätte ich nicht die Nonnen und meine Freunde gehabt, die mich unterstützten – ich glaube nicht, dass ich mit dieser Situation allein fertig geworden wäre. Ich war sehr krank, aber ich war nie einsam, denn von meinen Freunden und den Nonnen saß immer jemand bei mir und las mir Bücher oder Gedichte vor. Da das rheumatische Fieber meine Gelenke versteift hatte, konnte ich nicht einmal ein Buch halten. Alles tat mir scheußlich weh. Wenn ich nicht gerade schlief, war ich eigentlich dauernd am Lernen, wodurch die Zeit ein wenig schneller verging. Die Ärzte suchten nach einer Behandlungsmöglichkeit für das rheumatische Fieber und die Myocarditis, aber die einzige Medizin, die sie mir gaben, war Salizylsäure.

Ich erhielt einen weiteren Brief von Mama mit Datum vom 21. Mai 1944. Laut Briefkopf stammte er aus dem Konzentrationslager in Flossenbürg. Ich las das Folgendes:

Liebste Nonna,
ich mache mir Sorgen um Deine Gesundheit. Wie kommst Du zurecht? Ich denke an Dich Tag und Nacht. Sorge gut für Dich und bleib gesund. Mach Dir um mich keine Sorgen. Mir geht es gut. Bitte schreibe mir – irgendeinen Weg wird es schon geben. Frag die Oberschwester oder Schwester Pia oder sonst jemanden, dem Du trauen kannst. Ich muss unbedingt von Dir hören und wissen, wie es Dir geht. Bitte schick mir doch zwei Zahnbürsten, Nadel und Faden und was Du sonst noch auftreiben kannst. Schicke keinen Schnickschnack wie Schokolade – was ich aber brauche sind Seife, Zahnpasta und – falls möglich – Socken, Unterhosen und eine warme Mütze. Es ist

sehr kalt hier. Ich habe Schwierigkeiten mit meinen Armen,
mache mir aber um alles mögliche Gedanken, vor allem, weil
ich erfahren habe, dass Du gesundheitliche Probleme hast.
Bitte schreib mir und pass auf Dich auf.
Küsse, Anna

Ich hatte keine Ahnung, was Mama meinte, als sie von Schwierigkeiten mit ihren Armen schrieb, erfuhr aber später, dass die Gestapo Mama dazu gezwungen hatte, die hohen Tiere mit Violin- oder
Klavierkonzerten zu unterhalten. Als sie sich krankheitshalber
weigerte aufzutreten, hatten sie ihr die Arme gebrochen, später
die Finger. Mithilfe meiner Freunde, der Nonnen und Vater Niko-
las (das war der Priester, der ins KZ entsandt worden war) gelang
es mir, Mama Päckchen mit ein paar Dingen, um die sie gebeten
hatte, zu schicken. Ich machte mir schreckliche Sorgen um Mama
und war unglücklich darüber, dass man sie so quälte. Dabei wusste ich nicht einmal, wie schlimm es um sie stand.

Ich erhielt weitere Briefe von Mama: vom 18. Juni 1944, vom
6. August 1944, ein anderer begann am 22. August 1944, wurde
am 29. August 1944 beendet, aber erst am 3. September 1944 abgestempelt. Jeder Brief war auf Deutsch geschrieben, aber Mama,
das wusste ich, konnte kein Deutsch schreiben. Sie musste also
jemanden haben, der die Briefe an mich schrieb. In jedem Brief
fragte sie nach meiner Gesundheit und ermahnte mich, gut auf
mich aufzupassen. Mama dankte den katholischen Nonnen und
Priestern dafür, dass sie für mich sorgten und mich schützten.
In jedem Brief bat Mama um Kartoffeln, getrocknetes Brot (so
etwas wie Zwieback), Zwiebeln und sonstige unverderbliche Lebensmittel. Schwester Gutegera, die die Küche unter sich hatte,
schaffte es immer, ein paar Kartoffeln, Zwiebeln und Zwieback
abzuzweigen, die ich Mama dann über den Priester (der ein paar
Privilegien genoss) als Päckchen zukommen ließ.

Wieder erhielt ich einen Brief. Er war vom 1. Oktober 1944,
abgestempelt am 3. Oktober 1944. Hierin klang Mama nicht mehr
so positiv und optimistisch. Wieder bat sie mich, ihr doch zu

schreiben und sie über meinen Gesundheitszustand auf dem Laufenden zu halten. Sie bestätigte den Erhalt der Päckchen und dankte uns für die Lebensmittel und anderen Dinge, die wir ihr geschickt hatten. Sie schrieb außerdem, dass sie ihre Sachen unter dem Bett verstecken musste, weil die Leute langsam verzweifelten und, um zu überleben, stahlen und sogar mordeten.

PÄCKCHEN AN ANNA • Da die Deutschen so wenig zur Verfügung stellten, wurde den Gefangenen manchmal erlaubt, Päckchen zu erhalten. Diese Dinge wurden zur Währung auf dem Schwarzmarkt des Lagers.

Es war eine gewisse Erleichterung, von Mama zu hören, weil ich so wenigstens wusste, dass sie noch am Leben war. Das hielt meine Hoffnung auf ein Wiedersehen nach dem Krieg aufrecht. Es ging mir nicht besser – das rheumatische Fieber forderte seinen Tribut. Die Ärzte taten alles in ihrer Macht Stehende, um mir zu helfen, aber ich blieb sehr krank und war noch immer bettlägerig. Die Zeit verging nur langsam, und wenn ich so zurückblicke, dann war ich so sehr darauf bedacht, gesund zu werden, dass es mir egal war, wie lange es dauerte.

Ich erhielt die letzte Karte von Mama mit Datum vom 11. April 1945. Als Erstes fiel mir auf, dass ihre Gefangenennummer von 23893 in 52234 umgeändert worden war. Das ließ mich Schreckliches befürchten – was war wohl los mit Mama?

VERÄNDERTE NUMMER • Annas Gefangenennummer wird wohl geändert worden sein, als sie von Ravensbrück nach Flossenbürg verlegt wurde. Sowohl Anna wie auch Nonna jedoch schienen von der Änderung überrascht zu sein und ließen sich noch lange nach Annas Verlegung darüber aus.

Auf der Karte stand Folgendes:

Meine liebste Tochter,
ich schreibe diesen Brief in der Hoffnung, dass er Dich auch
erreichen wird. Wenn Du ihn bekommst, so ist es gut möglich,
dass er das Letzte ist, was Du von mir hörst. Trotzdem werden
Deine Päckchen hoffentlich weiterhin ankommen. Die Päck-
chen müssen jetzt diese neue Nummer haben, nämlich 52234.
Ich kann nur spekulieren, was die neue Nummer soll. Wie geht
es Dir? Mir geht es gut. Ich warte auf wenigstens noch einen
Brief mit Neuigkeiten über Dich von den Schwestern. Es wäre
einfach nur fair, noch einmal von Dir zu hören, bevor alles
vorbei ist. Schreib alles, wenn es möglich ist.
Deine Dich sehr, sehr liebende Mutter

Offiziell endete der Krieg am 5. Mai 1945, nachdem die Amerikaner einmarschiert und die Gefangenen aus den Lagern befreit
hatten. Für meine Mutter aber war das zu spät. Die Deutschen
hatten zwar gewusst, dass sie den Krieg verloren hatten, hatten aber offensichtlich beschlossen, vor Ankunft der Amerikaner
noch ein paar mehr Leute umzubringen. Wie traurig, dass meine
Mutter so viel ertragen und durchlitten hatte, dem Überleben so
nahegekommen war, und dann nur ein paar Tage, bevor sie befreit worden wäre, umgebracht wurde.

ODE • Es ist ungewiss, ob Nonna dieses Gedicht kurz nach dem
Krieg oder erst sehr viel später verfasste, als sie ihr Manuskript zu-
sammentrug:

ODE DER ERINNERUNGEN
Ganz still, mein Herz.
Großzügig denkt man an die,
die einem nahestehen.
Warum die bekümmern, die sich sorgen und lieben?

Die Vergangenheit ist vorbei, und was vor uns liegt,
muss noch erfühlt werden.
Die Sonne strahlt,
der Himmel ist blau,
nicht länger bist du es, der raunt.
Warum also fühlen wir den Schmerz?
Vielleicht wegen jemandem, der uns nahesteht.
Aber Vergebung ist nur eine Handlung
aus viel Großherzigkeit und Weisheit.

KAPITEL 38

LETZTE NACHRICHT VON MAMA

Die letzte Nachricht meiner Mutter erhielt ich etwa vier Monate nach Kriegsende. Auf dem Tischchen neben meinem Krankenhausbett wurde ein Brief hinterlassen – von einer oder mehreren mir unbekannten Personen. Der Brief war auf ein altes Stück Papier gekritzelt und zu einem kleinen Rechteck gefaltet worden. Ich fand nie heraus, wer den Brief gebracht hatte. Meine Hände waren bandagiert, und ich konnte mich kaum bewegen, weil das rheumatische Fieber solche Schmerzen verursachte. Außerdem war mir wegen der anhaltenden Myocarditis, die mein Herz angegriffen hatte, ganz elend. Eine Frau, mit der ich das Krankenzimmer teilte, war aber so nett, mir den Brief zu halten, sodass ich ihn lesen konnte.

Kein Datum ließ erkennen, wann der Brief geschrieben worden war, adressiert aber war er an Nonna Lisowskaja. Der erste Teil des Briefes war schwer zu entziffern, da die erste halbe Seite in Jiddisch und Polnisch geschrieben war – und nicht einmal in gutem Polnisch. Es war schwer zu verstehen, da ich manche Wörter nicht lesen konnte. Meiner Erinnerung nach lautete der Brief aber in etwa so:

Mein liebstes Kätzchen Nonnatschka –

(Das war der Name, den meine Mutter mir gegeben hatte, als ich noch ein kleines Kind war. Ich wusste sofort, dass der Brief nur von meiner Mutter sein konnte.)

Ich las weiter:

Wenn diese Nachricht Dich erreicht, wird es wahrscheinlich die letzte sein, die Du von mir bekommst, und wenn Gott ein Wunder wirkt, werden wir uns bald sehen. Gib die Hoffnung nicht auf, falls Du innerhalb der nächsten sechs Monate nichts von mir hörst oder mich nicht siehst, wenn das alles hier vorbei ist. Bitte, meine Koshetschka, verlasse Europa, so schnell Du nur kannst. Verschwende keine Zeit damit, auf mich zu warten, weil Du weißt, dass ich zuerst zu Dir käme. Geh so weit weg von Deutschland wie möglich. Dein Papa und ich würden wollen, dass Du nach Amerika gehst und Dich dort niederlässt. Oh Gott, ich bete, dass Du gesund und am Leben bleibst. Vielleicht bist Du die einzig Übriggebliebene, bleib also stark und mutig. Ich bin all den Schwestern so dankbar, die halfen, Dich sicher unterzubringen, und Dich versorgten. Möge Gott sie dafür segnen, dass sie Dich vor all dem Schrecken bewahrt haben.
Mamatschka (Mama)

Am Ende von Mamas Brief stand noch folgende Nachricht, bleistiftgeschrieben in großen Buchstaben und auf Jiddisch:

Anna war meine allerbeste Freundin. Ich hoffe, Du hast genauso viel Talent wie sie. Wie wunderbar sie Klavier und Geige spielen konnte und wie sie sang! Sie hat auch wunderschön gemalt. Sie war eine wunderbare Freundin, wir haben sie sehr geliebt. Anna stürzte und brach sich den Arm, und sie ließen ihr keine Behandlung zuteilwerden, verlangten stattdessen, dass sie weiterhin für die deutschen „hohen Tiere" malte und auf ihren Konzerten Geige spielte. Ihr Arm entzündete sich und Deine Mutter wurde sehr krank und fiebrig, weil sie nicht ordentlich behandelt wurde. Trotzdem zwangen sie sie, weiter zu spielen und zu malen. Sie bekam Wundbrand in den Arm und wurde sehr krank, aber die Deutschen dachten, sie täusche die Krankheit nur vor. Sie brachten sie auf die Krankenstation und brachen ihr dort den anderen Arm und ein paar Finger. Sie wurde noch kränker, und der General befahl, sie in den Verbrennungsofen zu werfen. Sie stand unter Schock, war bewusstlos und für ihn zu nichts weiter nütze. Kleines, warte nicht auf Deine Mama – sie lebte nur darauf hin, Dich wiederzusehen, das hat sie lange durchhalten lassen. Tu, was sie von Dir erwartete, und würde ich Deinen Weg gehen, würde ich mich freuen, Dich zu treffen, doch mein Schicksal ist eine andere Straße.

Der Brief war mit „*S.I.*" unterzeichnet.

Nachdem ich den Brief gelesen hatte, dauerte es ein paar Minuten, bis ich realisierte, dass ich ihn überhaupt las. Ich fiel in Ohnmacht oder brach zusammen, und drei Tage später erzählten mir die Nonnen, ich habe schwere Herzanfälle erlitten (Herzstillstand) und diese drei Tage im „letzten Zimmer" verbracht, wohin die sterbenden Patienten verlegt wurden. Sie erzählten mir auch, sie hätten den katholischen Priester geholt, der mir nach katholischem Ritus die letzte Ölung spendete, obwohl sie alle wussten, dass ich als Baby russisch-orthodox getauft worden war.

Als ich mich zu erinnern versuchte, was geschehen war, bevor ich bewusstlos wurde, fiel mir der Brief wieder ein. Er war verschwunden. Keiner konnte oder wollte mir sagen, was mit ihm geschehen war. Ich wünschte sehr, ich hätte ihn – vielleicht war es aber auch gerade gut, dass ihn jemand vernichtete, oder was sonst aus ihm geworden ist.

Vielleicht hätte er meinen Zustand derart verschlimmert, dass ich nicht bis heute überlebt hätte. Ich musste stark sein und mutig, wie Mama mich geheißen hatte. Nach ein paar Wochen beschloss ich, wieder auf die Beine zu kommen, und ich war verrückt genug, das auch durchzuziehen. Schließlich hatte sich das Mama zuletzt noch von mir gewünscht. Irgendwie aber war da noch immer die Hoffnung, alles sei nur ein böser Traum und den Brief zu hinterlegen nur jemandes Einfall, um mir einen grausamen Streich zu spielen.

Ich fing an, nach Mama Ausschau zu halten. Ich hatte Zeit in Hülle und Fülle, da ich ja noch immer bettlägerig war und nirgendwohin konnte. Ich hielt an der Hoffnung fest, dass sie eines Tages einfach auftauchen würde – schließlich tauchten doch alle möglichen Leute aus allen möglichen Konzentrationslagern auf. Ich versuchte, sie ausfindig zu machen. Die Nonnen pflegten mich noch immer. Bis 1947 blieb ich als Patient im Krankenhaus. Meine Krankheit zog sich hin und die Ärzte und Schwestern behandelten mein rheumatisches Fieber und die Myocarditis. Ich war ganz und gar ans Bett gefesselt und hatte viel Gewicht verloren. Meine Muskeln waren atrophiert, ich war nicht in der Lage zu gehen. Und doch – dank der Fertigkeit, Liebe und Fürsorge der Ärzte und Nonnen erholte ich mich langsam. Ich bekam intensive Physiotherapie, sodass ich wieder laufen lernte.

Die Nonnen brachten mich ins Kloster, um mich vor der drohenden Gefahr zu schützen, von russischen Truppen aufgegriffen zu werden. Die waren nämlich hier im Gebiet angekommen, nachdem die Amerikaner alle befreit hatten. Ein russischer Besucher war zu mir ins Krankenhaus gekommen und hatte mir gesagt, er könne dafür sorgen, dass ich nach Russland zurückkäme, ich sollte mich also für die Rückführung bereitmachen. Die Nonnen kamen mir zur Hilfe. Sie sagten dem Russen, ich läge im Sterben, und sollten sie versuchen, mich zu transportieren, würde ich sicherlich sterben, noch bevor sie mich aus Deutschland hinausgeschafft hätten. Ich wusste, ich würde im Falle meiner Rückkehr nach Russland dort als Verräter gefoltert oder gar zum Tode verurteilt werden, weil ich mich zu Beginn des Krieges nicht mit den Russen zurückgezogen hatte.

* * *

• Während ihres Krankenhausaufenthaltes, als es ihr langsam besser ging, schrieb Nonna im Mai 1946 diverse „Kleine Gedanken". Später übersetzte sie diese „Gedanken" ins Englische und machte sie zu einem Teil ihres Manuskripts.

KLEINE GEDANKEN
Als eine, der das Gestern ist gegeben,
Leg ich den Schleier an der Illusion,
Und schaff' im Heute es zu überleben
Die Zeit des Leids und die der Konfusion.

* * *

Denken und tiefstes Gefühl schließt mich ein,
Ob all das real war, so frage ich mich.
Könnt' nicht vielleicht ein Traum es nur sein,
Ein Traum zum Erzählen zu fürchterlich?

* * *

Ich sah den Engel zur Erde durchdringen.
Er flüsterte mir leise zu:
„Sieh hier, meine gottgegebenen Schwingen,
sie bergen dich – nun komm zur Ruh."

* * *

Nie gab ich die Hoffnung auf, dass ich meine Mutter finden würde. Und jeden Tag hoffte ich, sie würde einfach so auftauchen. Während ich mich langsam erholte, hatte ich viel Zeit darüber nachzudenken, wie es gewesen war, als ich noch ein Kind war. Ich dachte viel an Großmutter und fragte mich, was wohl aus ihr geworden war, nachdem Mama und ich weggegangen waren. Sobald ich meine Finger wieder bewegen und einen Bleistift oder Füller halten konnte, schrieb ich wieder Tagebuch, und ich schrieb Tag und Nacht.

Ich schrieb in verschiedenen Sprachen – sollten sie jemandem in die Hände fallen, würde er oder sie sie nicht lesen können. Meine Erinnerungen stiegen immer schneller an die Oberfläche, beginnend damit, dass ich nie die Möglichkeit hatte, meinen Großvater Jakow (Mamas Vater) kennenzulernen. Er war während der Revolution von den Bolschewiken umgebracht worden. Ich bedachte das Chaos, das in Russland geherrscht hatte (der Erste Weltkrieg in Kombination mit der Revolution). Ich fragte mich, was für ein Leben mein Großvater Jakow eigentlich geführt hatte. Auch meinen Großvater von Papas Seite der Familie hatte ich nie kennengelernt. Wie auch die anderen Familienmitglieder von Papa hatte er in Warschau gelebt. Alle meine Vorfahren väterlicherseits stammten aus Polen. Natürlich trafen wir uns nie – ich war 1927 geboren worden, lange nach all den Veränderungen, und es bestand keine Möglichkeit, mit meiner Verwandtschaft väterlicherseits in Kontakt zu bleiben.

Ich konnte mich glücklich schätzen, meine Großmutter, also Mamas Mutter, und die Schwestern und Brüder meiner Mutter gekannt zu haben. Sie brachten mir sehr viel bei, ganz besonders meine liebe Großmutter Feodosija Nikolajewna Ljaschowa. Mein Papa lehrte mich, so viel er nur konnte, über seinen Familienhintergrund, und wenn man dazu noch das Wissen aus Mamas Familie zählt, dann hatte ich unglaublich viel, worüber ich nachdenken und schreiben konnte. Zudem gab es viele Fotografien, die meine Erinnerungen am Leben erhielten.

Ich danke Gott für die schönen Erinnerungen, die ich aus den ersten zwölf Jahren meiner Kindheit habe. Ich kann noch viele Jahre lang darüber schreiben und doch nie ganz damit fertig werden. Ich danke Gott für alles, was meine Familie mir hinterlassen hat. Sie wurden alle ermordet – während der Revolution, während des Zweiten Weltkriegs, und zuletzt meine Mutter im Holocaust. Wie durch ein Wunder habe ich überlebt – als einzige Überlebende meiner Familie.

WARUM?
Als mein Körper gefangen war,
war meine Seele frei.
Jetzt, wo mein Körper frei ist,
ist meine Seele rastlos.

Wie konnte das passieren?
Hatte ich nicht von völliger Freiheit geträumt?
Den Traum, der jahrelang mein Begleiter war,
träume ich nicht mehr, weine ihm keine Träne nach.

Von lebhaften Erinnerungen umgeben,
leide ich im Stillen und allein.
Keiner ist mehr übrig, der meine Schmerzen teilt,
der mit mir die Schreckensstraße ging.

Wie viele Gedanken bleiben unausgesprochen,
doch Erinnerungen verblassen nicht.
Die Schrecken vergangener Zeiten jagen mich,
die gespenstischen Schatten lösen sich nicht auf.

Ich versuchte, mich zu befreien, indem ich vorgab, es sei nie
geschehen.
Was war ich für ein Narr zu glauben, zu vergessen sei so leicht.
Meine Nächte sind lang, meine Gedanken verweilen,
die Vergangenheit werde ich nicht los.

Egal, wie ich es auch versuche, es gibt kein Entfliehen vor der
Wirklichkeit.
Soll ich es weiter ans Licht bringen?
Sollen andere die wahre Lebensgeschichte erfahren
von mehr als einem, der sie nicht mehr erzählen kann?

Es ist meine Pflicht, alles schriftlich festzuhalten – für diejenigen, die die Wahrheit über das, was geschah, nicht kennen oder sich weigern, davon Kenntnis zu nehmen. Es gibt nicht mehr viele von uns, die wir diese schreckliche Zeit durchgemacht haben, und wir sollten unser Wissen an die weitergeben, die die wahre Geschichte dieser Schreckenszeiten kennen sollten. Es gibt keine andere Möglichkeit zu verhindern, dass sich so etwas wiederholt. Wenn wir schweigen und nicht über das sprechen, was früher passierte, kann es mit Sicherheit wieder passieren. Was ich mit am meisten bedauere, ist, dass mir in der Zeit, als ich mit rheumatischem Fieber im Marienkrankenhaus bettlägerig war, jemand die Hitlerbriefmarken von meiner gesamten Korrespondenz aus meinem Koffer klaute – vermutlich, um sie irgendeinem Sammler zu verkaufen. An uns Überlebenden ist es nun, mutig zu sein und die ganze Welt von den Gräueltaten wissen zu lassen, die geschehen sind. Das schulden wir unseren Kindern und dem guten Gott, der uns durch seine Gnade hat überleben lassen.

KAPITEL 39

DIE SUCHE NACH MAMA
Das Krankenhaus in Merxhausen

Ich erfuhr, dass die Alliierten etwa 320 Kilometer von Kassel entfernt ein Krankenhaus eingerichtet hatten, wohin sie viele Menschen aus den Konzentrationslagern brachten. Sie sollten sich dort erholen und gegen alle möglichen Krankheiten behandelt werden – wobei es sich bei den meisten um Unterernährung und psychische Störungen infolge der schrecklichen Erlebnisse im Konzentrationslager handelte. Ich wollte für meine weitere Genesung in dieses Krankenhaus verlegt werden, da es mir so möglich sein würde, weiter nach Mama Ausschau zu halten. Die Nonnen wollten mich eigentlich nicht gehen lassen, verstanden aber mein Anliegen, weiter nach Mama zu suchen. Ich sprach mit einer ganzen Reihe alliierter Beamter und bat darum, mich doch nach Merxhausen zu verlegen. Schließlich sorgte ein französischer Arzt dafür, dass man meiner Bitte nachkam. Ich musste mit dem Krankenwagen transportiert werden, da ich noch immer schwer krank war, schaffte die Reise aber ohne Probleme.

Als ich ankam, sah ich all diese „Freunde" – denn das war es (und mehr!), was sie für mich waren. Viele von ihnen hatten ihre Lieben verloren und nur ganz knapp selber überlebt. Ein paar waren die einzigen Überlebenden ihrer gesamten Familie, so wie ich. Mit ihnen konnte ich mich identifizieren, da ich mich als das Opfer des gleichen Horrors empfand – ich hatte meine einzige teure Verwandte verloren, die mir noch geblieben war: meine Mutter.

Im Krankenhaus ging es sehr geschäftig zu und jeden Tag kamen neue Patienten zur Behandlung an. Ich suchte diese Menschen auf, sobald sie ankamen, zeigte ihnen ein Foto von Mama und hoffte, irgendwer würde sie erkennen und mir Neuigkeiten von ihr erzählen können. Plötzlich war ich umgeben von einem Haufen Leute und war nicht mehr allein. Alle litten genauso wie ich. Es war, als hätte ich jetzt eine große Familie. Irgendwie adoptierten sie mich alle, und wenn es Fröhlichkeiten gab, wurde ich immer mit einbezogen.

Ich war auch in den Traurigkeiten dabei, zum Beispiel als Leja nicht durchkam. Wir teilten uns die paar Wochen, bevor sie starb, ein Zimmer. Leja war sechsundzwanzig Jahre alt. Sie hatte den Horror der Konzentrationslager nur überlebt, um dann an den Folgen zu sterben. Sie war mir wie eine Schwester und es traf mich sehr hart – ebenso wie unsere vielen Freunde.

Nachdem Leja gestorben war, bat ich darum, in das Zimmer verlegt zu werden, in dem eine Frau lag, die einen Schlaganfall erlitten hatte. Ihre Sprache war beeinträchtigt und sie war gelähmt. Die ganze Zeit war sie entweder im Bett oder aber auf den Rollstuhl angewiesen. Ich kann mich nicht an ihren Vornamen erinnern. Ihr Nachname aber war Rosenbaum, also nannten wir sie Rose. Als ich ihr Mamas Foto zeigte, gab sie heftige Laute von sich und fing an zu weinen. Sie war so aufgeregt, dass ihr das Krankenhauspersonal ein Beruhigungsmittel geben musste. Aber sie gab Laute von sich, als riefe sie Mamas Namen – Anna. Ich wich ihr nicht von der Seite. Ich hoffte, sie würde ein paar Worte sagen oder auch nur eines. Sie hatte keine Verwandten dort, und da sie weder sprechen noch schreiben konnte, war es fast unmöglich, mit ihr zu kommunizieren. Wir mochten sie alle – sie war unser Liebling. Ich übernahm es, für sie zu sorgen, als ich das Bett verlassen durfte.

Drei Monate lang lag ich mit Rose im selben Zimmer, auch noch, als sie starb. Wir verloren noch einen geliebten Menschen. Wenn ich mir heute die Bilder von Leja und Rose ansehe, tut die Trauer immer noch weh.

Ich hatte einige Zeit in Merxhausen verbracht, jetzt schrieben wir das Jahr 1948. Nachdem ich die jüdischen KZ-Gefangenen und auch andere Häftlinge getroffen und mit ihnen gesprochen hatte, wurde mir langsam klar, dass ich meine Mutter niemals finden würde. Ich beschloss, meine Schwesternausbildung zu beenden – schließlich hatte ich von den Ärzten und Nonnen des katholischen Krankenhauses eine Menge gelernt. Ich zog nach Bad Hersfeld, wo ich in die Schwesternschule aufgenommen wurde. Innerhalb weniger Monate beendete ich die Ausbildung an der Schwesternschule in Fulda. Meine Noten waren sehr gut – ich schloss mit Auszeichnung ab und man bot mir ein Stipendium für ein Medizinstudium in Heidelberg an. Von dort wurde ich zur Arbeit im Bezirkskrankenhaus Hanau geschickt.

Nachdem alle meine Versuche, Mama ausfindig zu machen, gescheitert waren, wurde mir klar (oder ich akzeptierte es), dass sie wirklich umgekommen war – so wie viele Tausend andere auch, selbst nachdem die Deutschen den Krieg schon verloren hatten. Ich akzeptierte endlich, dass meine Mutter in den Verbrennungsofen geworfen worden war und dass der anonyme Brief von meiner Mutter diktiert worden war, kurz bevor die Gestapo sie umbrachte. Die Amerikaner fanden die Todeslager und befreiten die glücklichen Überlebenden – und das nur ein paar Tage, nachdem all dies geschehen war.

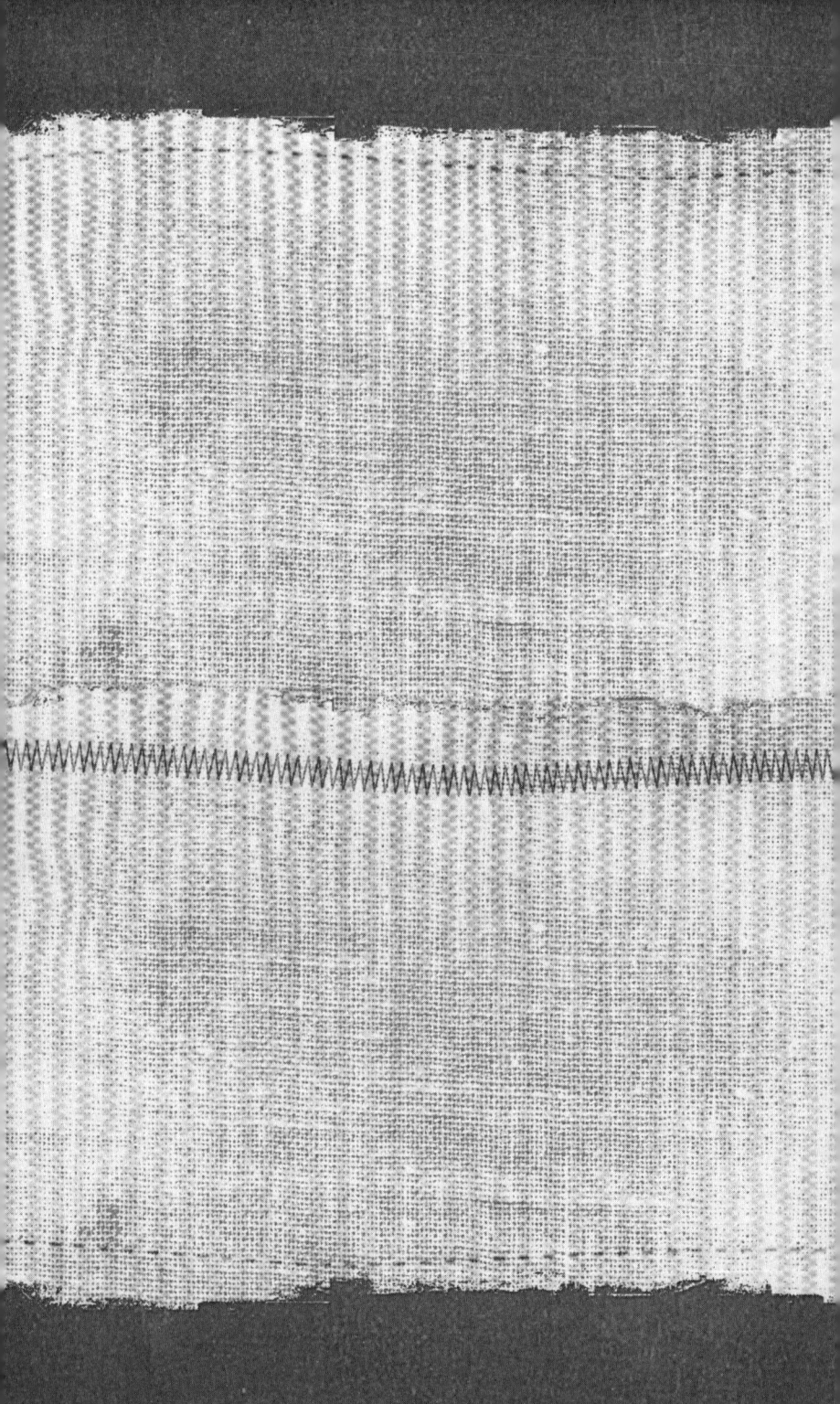

Neues Leben

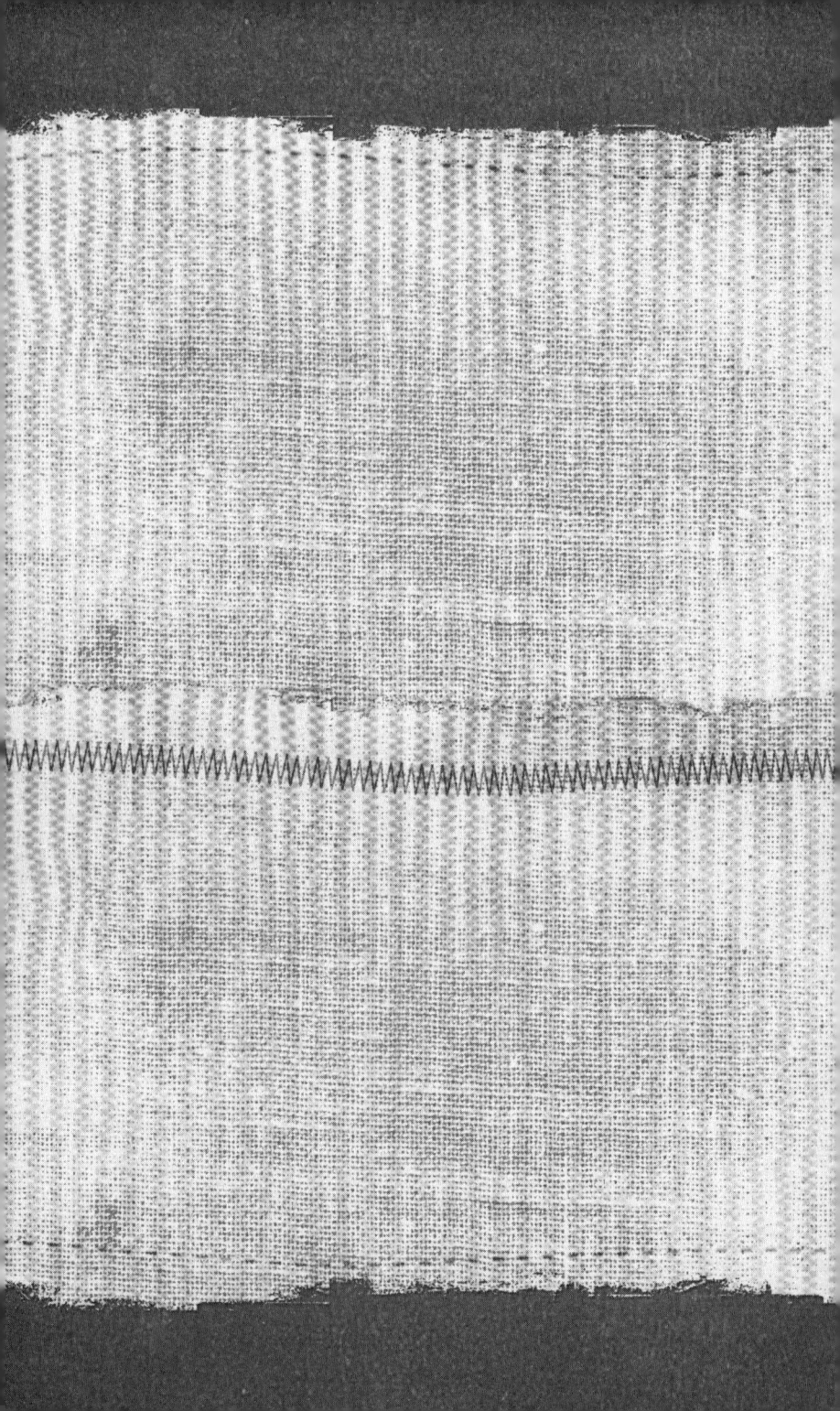

KAPITEL 40

Die letzten Vorbereitungen

Alle, die diesen Leidensweg überlebt hatten, wollten Deutschland unbedingt verlassen und schmiedeten Pläne, ihr Vorhaben so schnell wie möglich in die Tat umzusetzen. Ich verließ das Krankenhaus und nahm eine Arbeit beim Hanauer Zentrum der IRO, der Internationalen Flüchtlingsorganisation, an. Ich arbeitete dort als Sekretärin für die zuständige Frau namens Mrs Hawksley aus London. Ich erzählte Mrs Hawksley von meinem Wunsch, nach Amerika zu gehen, und sie machte es mir möglich, mich um ein Visum zu bewerben. Ich hatte eine Freundin (Zoja Wagner), die Anwältin war und mir ebenfalls in meinen Visumsangelegenheiten half.

Die ganze Sache zog sich über etwa zwei Jahre hin, was mir Zeit gab, mich vollends von meiner Krankheit zu erholen, meine Ausreise zu planen und mich auf Amerika vorzubereiten. Es sollte eine verheißungsvolle Reise werden, die es mir ermöglichte, in einem neuen Land ein neues Leben zu beginnen. Hoffnung ist etwas Wunderbares, wenn man, so wie ich, den Holocaust und die Schrecknisse des Krieges durchgemacht hat. Solange ich denken konnte, war genau das der Traum meines Vaters gewesen – nach Amerika zu gehen.

Bevor das Visum bewilligt wurde, musste ich einige Hürden

nehmen. Ich musste bei einem Haufen amerikanischer und britischer Behörden vorsprechen und die Überprüfung meiner Herkunft über mich ergehen lassen. Bevor mir ein Visum zuerkannt werden konnte, musste ich Nachweise über meine Mutter und meine Familie vorlegen. Zu dieser Zeit etwa hatten die Deutschen ein Programm aufgelegt, das den überlebenden Opfern dieser Wahnsinnszeit oder ihren Familien Geld zusprach. Meine Freundin und Anwältin Zoja half mir dabei, all die Dokumente, Bilder und Nachweise von Ereignissen zu bekommen, die mich berechtigen würden, Geld aus diesem Fonds zu bekommen. (Es war der erste Fonds, der nach dem Krieg für Opfer der Konzentrations- und Arbeitslager eingerichtet wurde.) Viel musste erledigt werden, und die Nonnen hatten mir so manche Briefe geschrieben, in denen sie bestätigten, dass meine Mutter tatsächlich von der Gestapo verhaftet und in ein Konzentrationslager gebracht worden war, aus dem sie nie wieder zurückkehrte.

Es gab noch jemanden aus dem Krankenhaus, der von der Gestapo verhaftet worden war und nie wieder auftauchte: ein katholischer Priester. Der einzige Grund, den ich mir hierfür vorstellen konnte, war, dass er ein paar Juden geholfen hatte oder anderen, auf die die Gestapo es abgesehen hatte, indem er sie im Kloster oder im Krankenhaus versteckte – so wie die Nonnen mich versteckt hatten, indem sie mich in ihre Wohnungen aufgenommen und mir sogar einen deutschen Namen gegeben hatten (Lena Schulz), um meine Identität zu verbergen. Mir sagten sie damals, ich solle es geheim halten. Sie wollten jedem, der neugierig nach dem Warum meines Hierseins fragen sollte, erzählen, ich sei eine Waise, deren Familie bei den Bombenangriffen des Krieges ums Leben gekommen und deren Heim zerstört worden sei.

Nachdem ich alle meine Papiere beisammen hatte, bewarb ich mich um die Entschädigung aus dem Fond. Ich reiste nach Wiesbaden, wo die neue deutsche Regierung unter dem Vorsitz des Kanzlers ihren Sitz hatte.

Ich bekam einen Termin und musste vor einem Ausschuss, zu dem sieben Deutsche gehörten, erscheinen. Sie trugen neue Uniformen und waren mittleren Alters. Ich wurde vor einen langen Konferenztisch gesetzt und hatte irgendwie das Gefühl, wieder verhört zu werden. Es mag Einbildung gewesen sein, aber ich traute ihnen einfach nicht. Ihre Augen starrten mich an. Ich fühlte mich sehr unwohl.

Als sie sich meine Forderungen und Dokumente angesehen hatten, fragten sie mich, warum ich nach Amerika wolle. Sie fragten, ob ich das Angebot, in Deutschland zu bleiben, annehmen würde, und wollten wissen, ob ich mein Visum gegen Geld aus dem Fond eintauschen würde. Ich erwiderte, ich wolle nur das Geld haben, das mir zustehe, wolle aber mein Amerikavisum behalten. Sie boten mir die deutsche Staatsbürgerschaft an und ein Stipendium fürs Medizinstudium, sollte ich bleiben. Sie versuchten wirklich alles Mögliche, um mich zurück- und in Deutschland zu behalten. (Jahre später erst verstand ich, dass sie mich nirgendwohin gehen lassen wollten, da sich in meinem Besitz Beweise dafür befanden, dass die Nazis Millionen Unschuldiger getötet hatten und dass die Konzentrationslager tatsächlich existiert hatten.)

Eine andere Erklärung für den Widerstand der Deutschen, Nonna gehen zu lassen, könnte sein, dass sie medizinisches Personal brauchten. Da Nonna in ihrem System ausgebildet worden war, war sie für sie von hohem Wert.

Da verstand ich, dass diese Leute nur ihren eigenen Kopf retten wollten. Wahrscheinlich waren sie Exnazis, die sich nicht um uns scherten und versuchten, eine neues Deutschland aufzubauen. Nachdem sie erfolglos versucht hatten, mir meine Ausreise auszureden, behaupteten sie, ich könne das Geld nur bekommen, wenn ich in Deutschland bliebe und ihre Angebote annähme. Wieder sagte ich ihnen, dass sie mir meine Ausreise nicht ausreden könnten und dass ich mein Visum niemals aufgeben würde – oder irgendeines meiner anderen Papiere oder einen meiner

Briefe. Ich war eine der wenigen, die solche Papiere noch besaß, und damit den Beweis für die Gräueltaten, die sie begangen hatten. Schließlich zogen sie ein Blatt hervor, das ich unterschreiben musste, und gaben mir 1200 Dollar. Sie gaben an, das Geld sei eine Entschädigung für meine Reisekosten und den Aufwand, den ich damit gehabt hatte, bei ihnen zu erscheinen. Außerdem teilten sie mir mit, indem ich die 1200 Dollar in deutscher Währung annähme, gäbe ich alle weiteren Ansprüche auf, meiner Mutter wegen Geld zu bekommen.

Inzwischen war ich einigermaßen sauer und dachte nur noch daran, hier rauszukommen. Ich hatte nur zehn Tage, um rechtzeitig auszureisen. Ich musste nach Bremerhaven, um dort das Schiff zu besteigen, das mich nach Amerika bringen sollte, wo ich ein neues Leben beginnen würde. Weder Geld noch irgendetwas, was Deutschland mir hätte geben können, hätte mich davon abhalten können, in das Land zu gehen, von dem mein Vater so lange geträumt hatte.

* * *

Erinnerung (selbst jetzt noch)
Ich erinnere mich präzise an einfach *alles*!
Ich kann die Stimmen derer hören, die ich liebte.
Ich kann die Gesichter derer sehen, die schon lange nicht mehr sind.
Ich kann durch Orte reisen, die ich einst bereist, und Dinge sehen, wie ich sie vor Jahren sah.
Wenn ich allein bin, dann sehe ich Bruchstücke meiner Vergangenheit, als würden sie vor mir aufgeführt!

* * *

Ich war mir dessen immer sicher, dass ich als einzige Überlebende meiner Familie das Richtige tat, Europa zu verlassen – meinen Vater hätte es sehr glücklich gemacht. Und alle anderen Mitglieder meiner Familie, die von Hitler, Stalin oder anderen solcher Monster bestialisch ermordet worden waren, wären auch froh darüber gewesen. Diesen Ausschnitt der Geschichte, von dem ich ein Teil war, möchte ich weder vergessen noch vergessen lassen. Ich werde mein Bestes tun, allen, die so schreckliche Dinge nicht noch einmal geschehen lassen wollen, davon zu erzählen, bevor ich nicht mehr bin. Die Wahrheit soll für immer leben.

„DIE WAHRHEIT SOLL FÜR IMMER LEBEN" • Nonna bestieg die *General W. G. Haan* der United States Navy, mit der sie am 20. Mai 1950 von Bremerhaven in See stach. Während der langen Reise durchlitt Nonna einen heftigen Sturm. Ihre Reise wurde durch schlechtes Wetter verzögert, aber am 6. Juni 1950 erreichte sie in New Orleans im Bundesstaat Louisiana ihren Einschiffungshafen und betrat amerikanischen Boden. Der lang gehegte Traum ihres Vaters war für Nonna endlich wahr geworden.

OKTOBER 1989: AMERIKANER
Wir sind Amerikaner,
du und ich.
Das Land, in dem wir beide leben,
mit seinem Himmel, freundlich und klar,
ist ein Geschenk – von Gott gegeben,
für dich und für mich.
Obwohl sich die Zeiten änderten,
ist nichts mehr wie einst.
Hier ist Freiheit
und wird immer hier sein.
Die Wolken tauchen auf
und ziehen am Himmel weiter.
Wir sind Amerikaner,
du und ich.

Ist es wirklich passiert?

von Nonna Bannister

War wirklich alles so schlimm, wie diejenigen behaupten, die dabei waren? Warum ist es für uns – für uns alle – so wichtig zu wissen, was in der Vergangenheit geschah? Vielleicht werden unsere Kinder und Enkel einmal die Geschichte dieser Zeit studieren. Was wichtig genug ist, in Geschichtsbüchern aufzutauchen, sollte als Wahrheit respektiert werden.

Geradeso, wie wir an den gewaltigen Gott selbst und an Christus glauben, der für unser Heil gekreuzigt wurde, so dürfen wir nicht vergessen, was mit denen geschah, die von bösen Menschen gequält, gefoltert und ermordet wurden. Der Philosoph Santayana warnte: „Wer sich der Vergangenheit nicht erinnern kann, ist verdammt, sie zu wiederholen!"

Ich glaube allerdings auch, dass Vergebung wichtig ist. Vergeben müssen wir, so wie Gott es uns lehrt, nicht aber vergessen – vielmehr müssen wir die Wahrheit auf unser Leben so anwenden, dass wir unsere Sünden nicht immer und immer wieder wiederholen. Unsere Lektionen lernen wir aus Gottes Wort. Er ist der Schöpfer aller Dinge, und wenn wir seinem Wort glauben, werden wir auch alles aufmerksam wahrnehmen, was passiert, solange wir in seiner Welt sind.

Da wir das Rad nicht zurückdrehen können, sondern unser Leben jetzt und morgen und übermorgen leben, müssen wir uns der bösen Dinge bewusst sein, die bis zu unserem Tode geschehen können. Der Tod kommt schnell und wir alle werden früher oder später sterben. Doch es ist das Leben nach dem Tode, das uns mit großer Hoffnung erfüllt – wir sollten keine Angst vor dem Sterben haben. Und wenn wir lernen, im Angesicht des Todes zu überleben, werden wir erstarken und leben, bis Gott uns in die Ewigkeit aufnimmt.

DAS LEBEN MIT NONNA

wie es Henry Bannister den Herausgebern
im Sommer 2008 schilderte

Henry Bannister traf Nonna im Jahr 1951, nachdem ihr Schiff aus Deutschland in New Orleans angekommen war. Sie heirateten schon bald nach ihrer Ankunft. 53 Jahre und 53 Tage währte ihre Ehe – bis zu Nonnas letztem Atemzug. Henry und Nonna hatten drei Kinder.

Nonna war eine intelligente, liebevolle Frau. Sie war schön im körperlichen, seelischen und geistlichen Sinne. Wie grausam und schrecklich auch ihre Erfahrungen im von Deutschen besetzten Russland und später in Deutschland während des Holocausts gewesen sind – sie vertieften nur ihren Glauben an Gott. Dieser Glaube bewahrte sie vor der Bitterkeit, die so vielen Holocaustopfern nach dem Krieg zu eigen war. Liebe und Mitgefühl bestimmten Nonnas Wesen. Mit Gottes Hilfe vergab sie denen, die sie absichtlich verletzten, ebenso wie denen – Russen wie Deutschen –, die ihre Familie so grausam niedergemacht hatten.

Nonna war eine liebevolle, treue Ehefrau, Mutter und Großmutter während ihrer mehr als fünf Jahrzehnte andauernden Ehe. Als sie sich schließlich ein paar Jahre vor ihrem Tod dazu entschloss, Henry von ihren Erlebnissen während des Holocausts zu erzählen, da tat sie es ohne Hass, Bitterkeit oder Zorn. Sie hielt fest an dem tiefen Glauben an Gott, den ihre Großmutter Feodosija sie gelehrt hatte, und besuchte bis ins hohe Alter regelmäßig den Gottesdienst. Als Kind war sie russisch-orthodox getauft worden und gehörte dieser Kirche an. Nach dem Krieg wurde sie Baptistin, beeinflusst durch amerikanische Missionare der baptistischen Kirche in Deutschland. Die Napoleon Avenue Baptist Church of New Orleans finanzierte ihre Ausreise in die Vereinigten Staaten. Seitdem war Nonna Mitglied dieser Kirche. Nonna erinnerte sich auch daran, was ihr Vater über das Vergeben gesagt hatte. Ihre Vergebungsbereitschaft bewahrte sie vor einem Leben, das auf Bitterkeit und Rachsucht fußte.

Doch Holocaust und Krieg beeinflussten Nonna auf eine spezielle Weise, wie sie unter Holocaustopfer nicht unüblich war. Im Umgang mit anderen Menschen war sie sehr zurückhaltend, wollte nur wenige Freunde. Ihr Leben während des Krieges und das Schicksal ihrer russischen Familie mütterlicherseits und der polnischen Familie väterlicherseits hielt sie geheim. Selbst Henry wusste bis zu ihren letzten Jahren nur sehr wenig über seine Frau. Erst in den 1980er-Jahren rang sie sich dazu durch, Henry ihre Erlebnisse mitzuteilen, ihm ihre Tagebücher und Fotografien zu zeigen und ihm Schrecken und Schmerz zu beschreiben, die sie und ihre Familie durch Russen und Nazis erfahren hatten.

Dass Nonna diese Informationen geheim gehalten hat, gründet wahrscheinlich in einer Mischung aus natürlicher Zurückhaltung, die für viele Überlebende des Holocausts typisch ist, und einem Überbleibsel aus den Tagen, als es lebenswichtig war, Wertgegenstände und persönliche Papiere zu verstecken – erst während ihrer frühen Jahre in Russland vor den Kommunisten, dann, während der Jahre des Holocausts, vor den Nazis. Es ist auch möglich, dass sie nach den herben Erfahrungen von Misshandlung, Konfiszierung und Verhaftung durch zwei Regierungen überhaupt keiner Regierung mehr vertraute.

Auch nach dem Krieg noch nähte sie private Papiere, Fotos und Dokumente in das Futter ihrer Taschen oder den Saum ihrer Kleider ein, oder sie versteckte sie in anderen pfiffigen Verstecken. Oft sah Henry, wie sie auf diese Notizblöcke schrieb, und suchte dann manchmal, wenn Nonna nicht da war, nach ihnen – immer vergeblich. Sie versteckte die Notizblöcke in ihrer Truhe und die schloss sie in einer größeren Truhe ein. Sie versteckte noch andere persönliche Memorabilien, und zwar in dem schwarz-weißestreiften Drillichkissen, das sie während des Holocausts und der Nachkriegsjahre bei sich getragen hatte. Sogar vor Henry, dem sie sie schließlich doch einmal gezeigt hatte, versteckte sie sie wieder. Ihr gesamtes Erwachsenenleben lang – auch während ihrer Krankenhausaufenthalte in den USA – schlief Nonna mit diesem Kissen an der Brust. Immer wenn sie anderswo übernachtete, hatte sie es dabei.

Nachdem Nonna gestorben war, fanden ihre Kinder und Henry schließlich Aufzeichnungen, Fotografien, Dokumente, persönliche Papiere, Kindheitstagebücher, Nachkriegstagebücher und vieles andere, was Nonna gehörte. Sie mussten zwar das Vorhängeschloss an der Truhe aufbrechen, weil Nonna den Schlüssel dazu so gut versteckt hatte, aber so entdeckten sie schließlich fast alles – offizielle Visumsinformationen, Belege für Gepäckrückgabe, die Briefe ihrer Mutter aus den Konzentrationslagern Ravensbrück und Flossenbürg und Fotografien von ihrer Familie und ihren Freunden. Doch seit Nonnas Begräbnis ist es nicht gelungen, die originalen Holocausttagebuchreste zu finden.

Henry weiß, dass sie den Krieg überdauert hatten, dass Nonna sie behalten hatte. Sie hatte sie in ihrem späteren Leben Wort für Wort übersetzt und auf Notizblöcken zusammengeschrieben. Henry hatte dieses Manuskript für sie getippt. Aber obwohl er und seine Familie überall nach ihnen suchten, konnten sie sie nicht ausfindig machen. Möglicherweise nähte Nonna sie in eine geheime Tasche oder ein Futter des Drillichkissens ein, das mit ihr zusammen beerdigt wurde.

Was aber geschah mit Nonnas Familie in Russland, Deutschland und Polen? Anna starb im deutschen Konzentrationslager Flossenbürg, vermutlich im April 1945. Ihr letzter Brief an Nonna trug das Datum vom 11. April 1945. Nonna allerdings erhielt diesen Brief erst vier Monate nach Kriegsende.

Feodosija Nikolajewna Ljaschowa, ihre Großmutter mütterlicherseits, sah Nonna zum letzten Mal in der Ukraine, und zwar auf einem Bahnsteig in Konstantinowka, als sie und ihre Mutter am 7. August 1942 nach Deutschland aufbrachen. Sie hörten nie wieder von ihr. Nonna kehrte nie ins Große Haus oder in ihr Heimatland zurück.

Ihren Bruder Anatoli sah Nonna zum letzten Mal bei dem Familientreffen im Spätsommer 1939 in Konstantinowka. Nachdem Anatoli nach Petersburg abgereist war, hörten Nonna und ihre Familie nichts mehr von ihm. Nonna suchte ihr Leben lang nach ihm. Sollte Anatoli noch irgendwo auf der Welt am Leben sein, so würde er im Jahr 2009 seinen 84. Geburtstag feiern.

Die meisten von Nonnas übriger Verwandtschaft – Tanten, Onkel, Vettern und Basen – hatten einen russischen Zug in Richtung sibirischer Sicherheit bestiegen und starben, als diese Züge bombardiert wurden.

Petrowitsch, der Verwalter des Großen Hauses, ging zur Schienenstrecke, um dort verlorene Kohle aufzulesen. Das war im Frühjahr 1941. Er kam nie wieder nach Hause. Feodosija fand zwar seinen verlassenen Handkarren, der auch voller Kohlen war, von ihm selber aber fehlte jede Spur.

Die polnische Familie ihres Vaters aus Warschau lernte Nonna nie kennen. Jewgeni verlor während des Zweiten Weltkriegs den Kontakt zu ihnen. Auch von ihnen hörte Nonna nichts mehr. Sie fand nie heraus, ob ihr Vater Jude gewesen war.

Annas liebe Freundin Taissia Solschenizyna starb am 17. Januar 1944 an Tuberkulose. Ihr Sohn Alexander „Sascha" Solschenizyn wurde „Russlands bedeutendster lebender Romanschriftsteller". 1970 gewann er den Literaturnobelpreis für „Ein Tag im Leben des Iwan Denissowitsch". Im Zweiten Weltkrieg schloss sich Alexander der Roten Armee an, erlangte den Rang eines Kapitäns der Artillerie und wurde zweimal ausgezeichnet. Dafür, dass er Joseph Stalin in einem Brief kritisierte, wurde er von 1945 bis

1953 in einem russischen *Gulag* inhaftiert. 1974 wurde er aus der Sowjetunion verbannt. 1984 erhielt er den Templeton-Preis (Templeton Prize for Progress in Religion). Alexander Solschenizyn blieb bis zu seinem Tod als Schriftsteller aktiv. Er starb während der Herausgabe dieses Buches am 3. August 2008.

Nonna Lisowskaja Bannister starb am 15. August 2004. Ihre Lieblingsblumen, Flieder nämlich, blühten zu dieser Jahreszeit leider nicht. Henry legte Rosen auf ihr Grab, denn auch die mochte sie sehr gerne. Für ihre Hochzeit hatte sie rosafarbene Rosen für ihren Brautkranz ausgesucht und ein Anstecksträußchen aus rosafarbenen Rosenknospen getragen.

Henry legte das schwarz-weißgestreifte Drillichkissen mit in Nonnas Sarg – direkt an ihr Herz. Ihre Großmutter hatte es für sie genäht und mit den weichen Brustfedern junger russischer Gänse ausgestopft. Vielleicht enthält dieses Kissen noch immer die winzigen abgegriffenen und einfädig zusammengenähten Papiere – ihre Holocausttagebücher. Das Kissen war ihr lebenslanger Begleiter gewesen. Henry wusste, dass sie es auch im Grab bei sich haben wollte.

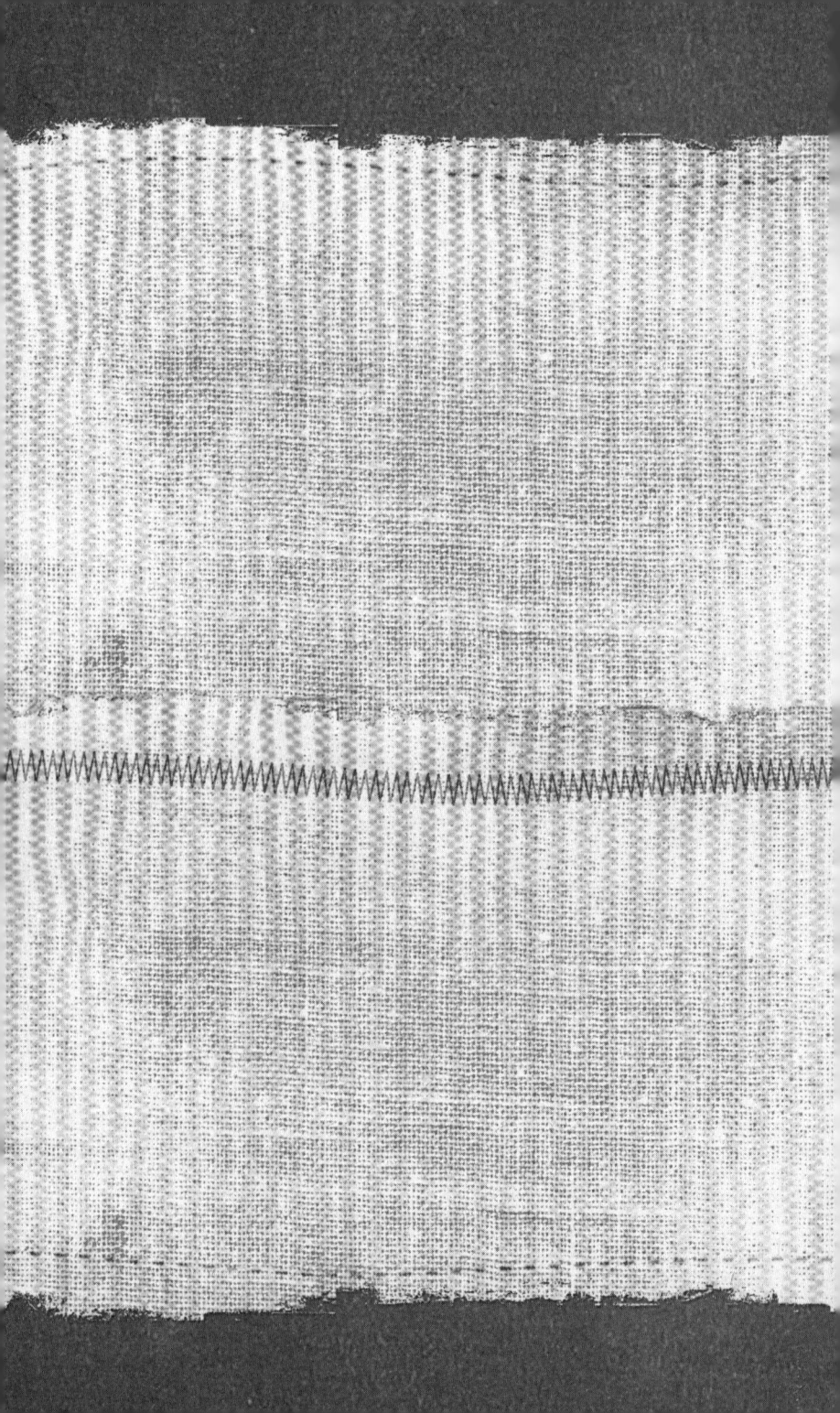

„Ist das alles?"

von Nonnas Sohn John Bannister

Wenn ich so über das Leben meiner Mutter nachdenke, dann eröffnen sich mir manche Dinge, die jetzt, da sie gestorben ist, Sinn
ergeben. Mamas Lebenseinstellung, besonders wenn sie vor Her-
ausforderungen stand, war eigentlich immer positiv. Ihre enorme
Willenskraft half ihr, Schwierigkeiten anzugehen, ihre Würde zu
wahren und zu überleben und weiterzumachen. Wenn ich über
sie nachdenke, wird klar, dass ihre Vergangenheit einen unaus-
löschlichen Einfluss darauf hatte, was aus ihr wurde. Warum war
sie eine so verschlossene Person? Warum ließ sie sich nie auf zu
enge Freundschaften ein? Warum war für sie die Familie das Al-
lerwichtigste? Warum war sie in Lebensfragen so unglaublich realistisch, aber wenn es um andere Menschen ging, so mitfühlend?

Weil sie schon in jungen Jahren so viel Leid erleben musste,
Zeuge unsagbarer Grausamkeiten und Unmenschlichkeiten wurde und fast ihre gesamte Familie verlor, hat sie diesen Schmerz
in sich verschlossen – für mehr als vier Jahrzehnte. Verschlossenheit war ihre Art, mit der Hölle umzugehen, deren Zeuge sie
geworden war.

Obwohl Mama gerne unter Leuten war, anderen gerne half und
sich für sie einsetzte, hatte sie doch nur wenige enge Freunde in

ihrem Leben. Inzwischen glaube ich, dass sie Angst davor hatte, mit anderen vertraut und ihrer dann beraubt zu werden. Ich könnte viele Bekannte aufzählen, aber nur wenige, denen sie sich wirklich anvertraute und denen sie so nahestand wie eine Schwester.

Für Mama war nichts so lieb und teuer wie ihre Familie und ihr Heim. Ihr tägliches Ziel war es, dass wir uns versorgt und geliebt wussten. In absoluter Hingabe diente sie ihrem Ehemann und schuf das bestmögliche Heim für ihre Kinder. Ihr Heim war der einzige Platz, an dem sie sich sicher und geborgen fühlen konnte.

Mama war immer bereit, dem zuzuhören, was man zu sagen hatte, und die Ratschläge, die sie erteilte, waren immer logisch und realistisch. Wir alle wissen, dass Realismus manchmal etwas unbequem sein kann, sie aber verpackte ihn in Mitgefühl und gab uns das Gefühl, geliebt zu sein – unabhängig von den Konsequenzen.

Mamas Liebe und Bewunderung für Daddy waren immer offensichtlich, selbst wenn sie nicht mit allem ganz glücklich war. Ich bin sicher, dass dieses Gefühl auf beiden Seiten vorhanden war. Sie war stolz auf ihren Ehemann – nicht wegen bestimmter Erfolge oder Leistungen, die er erzielt haben mag, sondern vielmehr, weil er der Typ Mann ist, der er ist. Daddy lebt sein Leben auf der Grundlage einer starken Arbeitsmoral, starker moralischer Grundsätze und in der Hingabe als Ehemann und Vater. Diese Eigenschaften sah Mama in Daddy, als sie sich 1951 kennenlernten. Mama fühlte sich sehr gesegnet, dass Gott ihr einen solchen Mann geschickt hatte, sie zu lieben. Sie hatten 53 gemeinsame Jahre und 53 Tage.

Meine Mutter würde sich sehr geehrt fühlen und sich darüber freuen, dass aus ihrer Lebensgeschichte ein Buch geworden ist. Als sie sich endlich dazu durchgerungen hatte, ihrer Familie ihre Erinnerungen mitzuteilen, war ihr der Gedanke wichtig, dass niemand je vergessen dürfe, was ihr und Millionen anderen angetan worden war. Keiner sollte vergessen, dass das Gute am Ende immer über das Böse siegt. Ihre Hoffnung war, dass die zivilisierte

Welt nie wieder die Augen verschließen würde vor solch unbändigem Hass.

Als in der Stadt Jackson im Bundesstaat Tennessee am 15. August 2004 die Kirchenglocken das Mittagsgeläut erklingen ließen, ging die lange irdische Reise meiner Mutter zu Ende. Sie hatte in ihrem Leben so viel Schmerz und Leid durchlebt und gesehen. Während der letzten Wochen vor ihrem Tod war sie geistig in der Zeit zurückgegangen und hatte einige der grausamen Erinnerungen nochmals durchlebt – noch einmal in Arbeitslagern, noch einmal auf der Zugfahrt nach Deutschland, noch einmal der Mord an ihrem Vater. Es war, als würden ihr all diese Schrecknisse noch einmal widerfahren. Wir konnten nichts anderes tun als beten und abwarten.

Nach etwa fünf Tagen, die sie in diesem Zustand verbrachte, kehrte sie zurück. Ich werde nie vergessen, wie sie mir geradewegs in die Augen sah und fragte: „Ist es das? Ist das alles? Ist es das?" Ich wusste, ihr war klar, dass ihre Zeit hier zu Ende ging und sie endlich mit Papa, Mama, Anatoli und all ihren anderen Lieben vereint sein würde.

Am Ende teilten wir schöne Erinnerungen und kostbare Zeit mit Mama. Sie kämpfte schwer darum, bei uns zu bleiben, aber am Ende musste sich ihr Körper geschlagen geben. Kein Schmerz mehr und kein Leiden, Mama. Nie mehr.

DOKUMENTE

KARTE DER WESTLICHEN SOWJETUNION • Nonna fügte diese
Karte ihrem Manuskript bei. Ihre handgeschriebenen Notizen da-
rin zeigen unter anderem „Leo Tolstois Wohnhaus", „Großmutters
Geburtshaus", „Die Datscha in Konstantinowka, das Große Haus",
„Taganrog, Nonnas Geburtsort", „Rostow am Don" und „Noworos-
sisk, Mamas Geburtsort".

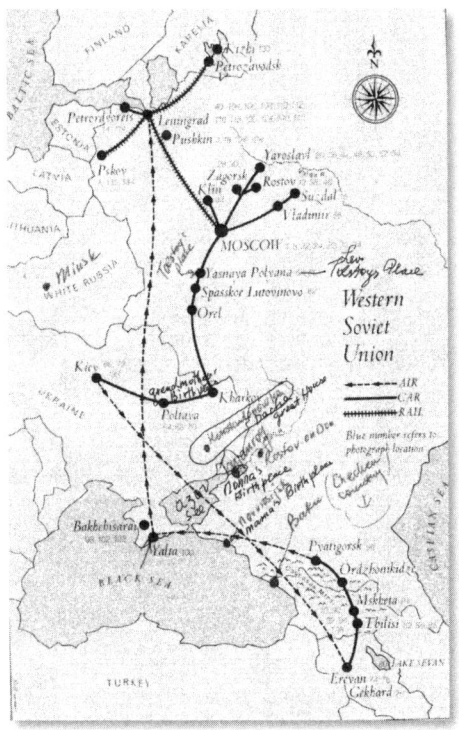

Translation from Russian
                    Ukrainian

Registrar's Office Birth Certificate

Birth Certificate No 1205

Citizen N o n n a L I S O V S K A J A, Eugen's daughter was born on Twenty second of September nineteen hundred and twenty five (22.IX 1925)
    Inscription has been made on May 6,1942 sub No 1205.
Parents: Father: LISOWSKIJ, Eugen, the son of Ivan
         Mother: LJASHOWA, Anna, Daughter of Jakob
Birth place: Taganrog, District Rostow
Place of registr.: Office Konstantjinow ZAGS

    Seal   (Signature)
                   Chief of Division

                      (Signature)
                   (Chief Clerk)
Registered on June 10,1942

    Certified true copy:
Hanau/Main, June 23,1949

                      L.Kalve
                   Legal Counsellor
                   DP AC W 137, Hanau

C e r t i f i c a t e — *extract*.

IRO HQ Area 1, Frankfurt/Main certifies, that

Miss Lisowskaja Nona, born on 22.9.1925 in Taganrog/Russia,

was legally resident on 1.1.1947 in Marien-Krankenhaus

at Kassel.

N. Shandra
Signature

Seal

Translation true.
Legal Counselor

Hanau, Feb. 21st 1950

Reg. No. 2893

AMTLICHE HEIRATSERLAUBNIS • Nonna und Henry heirateten am 23. Juni 1951. Ihr Hochzeitsfoto, das sie zeigt, wie sie gerade die Hochzeitstorte anschneiden, erschien in „The Journal", dem Lokalblatt. Im dazugehörigen Artikel gab Nonna Frankfurt als ihren Geburtsort an. Selbst vor ihrer Familie hielt sie ihre russisch-ukrainische Herkunft jahrelang geheim.

Nov 22nd, 2001

My Darling this is the day
which everyone has some Thanks
to give. So, Happy Thanksgiving
to you my Darling and I cannot
find anything to thank for more
than to thank God for
leaving you by my side.
To thank you for everything
you have done for me for the
over 50yrs. that past. And
you are still doing things for
me and comfort me in such
way that it is not possible
for me to express my feelings
by just writing these few words.
I have many things to thank
God for but you are the
most important and Biggest
thing for me to thank Him for. So,
my Love I just want you to know
just how much I Love you and will
always Love you till the end.
                Love Nonna or just me.

263

22. November 2001

Mein Liebling, heute ist der Tag, an dem jeder für etwas danken sollte. Fröhliches Thanksgiving also, mein Schatz, und – ich finde nichts, wofür ich Gott dankbarer bin als dafür, dass ich Dich an meiner Seite habe. Hab Dank für alles, was Du in den vergangenen 50 Jahren für mich getan hast. Und immer noch tust Du vieles für mich und tröstest mich in einer Weise, dass es mir fast unmöglich ist, meine Gefühle in die paar Worte zu fassen, die ich hier schreibe. Ich habe vieles, wofür ich Gott danken kann, aber Du bist das Wichtigste, das Größte, wofür ich ihm danke. Du meine Liebe, ich möchte einfach, dass Du weißt, wie sehr ich Dich liebe und dass ich Dich bis ans Ende lieben werde.

In Liebe Nonna, oder einfach ich.

50th Anniversary
Marriage Certificate

STATE OF TENNESSEE   **COUNTY OF SHELBY**

I, Jayne S. Creson, Clerk of the aforesaid, do hereby certify that the Rites of MATRIMONY were solemnized

between _Donna_ _____ and _Henry Bannister_ _____

on the _22nd_ day of _June_ 19_57_.

Given under my hand and official seal at Memphis, this

the _23rd_ day of _June_ _2001_ .

Jayne S. Creson
Shelby County Clerk

265

OUR 52ND ANNIVERSARY

June 23, 1951-------- I loved you then!

June 23, 2003-------- I still love you now!

In many ways, it does not seem that it has been 52 years since we were married. The time has flown quickly as we raised three fine children even though we have had many good times and a few not so good times. However, *we have been there for each other* through the good and through the bad.

As we get older, our love seems to grow as though we are one and I want to thank you for loving me and being my "soul" mate through all these years. It was God's will that sent you to me from a far away land----so I feel that it was God's plan for you and I to share our lives together. I know that we have more years together and I want you to know that I love you with all my heart.

HAPPY ANNIVERSARY
WITH
LOVE

Henry

Unser 52. Hochzeitstag

23. Juni 1951 – ich liebte Dich damals!

23. Juni 2003 – ich liebe Dich auch jetzt noch!

Es kommt mir überhaupt nicht so vor, als seien wir schon 52 Jahre miteinander verheiratet. Die Zeit ist wie im Fluge damit vergangen, drei prima Kinder großzuziehen, obwohl wir viele gute und ein paar schlechte Zeiten erlebt haben. Wie auch immer – wir waren füreinander da, in guten wie in schlechten Tagen.
Im Älterwerden scheint unsere Liebe zu wachsen, als wären wir eins, und ich möchte Dir danken, dass Du mich in all den Jahren geliebt hast und meine Seelengefährtin warst. Gottes Wille sandte Dich mir aus einem weit entfernten Land – ich denke, es war Gottes Plan, dass wir unser Leben miteinander teilen sollten. Ich weiß, dass wir noch weitere Jahre zusammen haben werden. Ich möchte, dass Du weißt, dass ich Dich von ganzem Herzen liebe.

Frohen Hochzeitstag!
In Liebe,
Henry

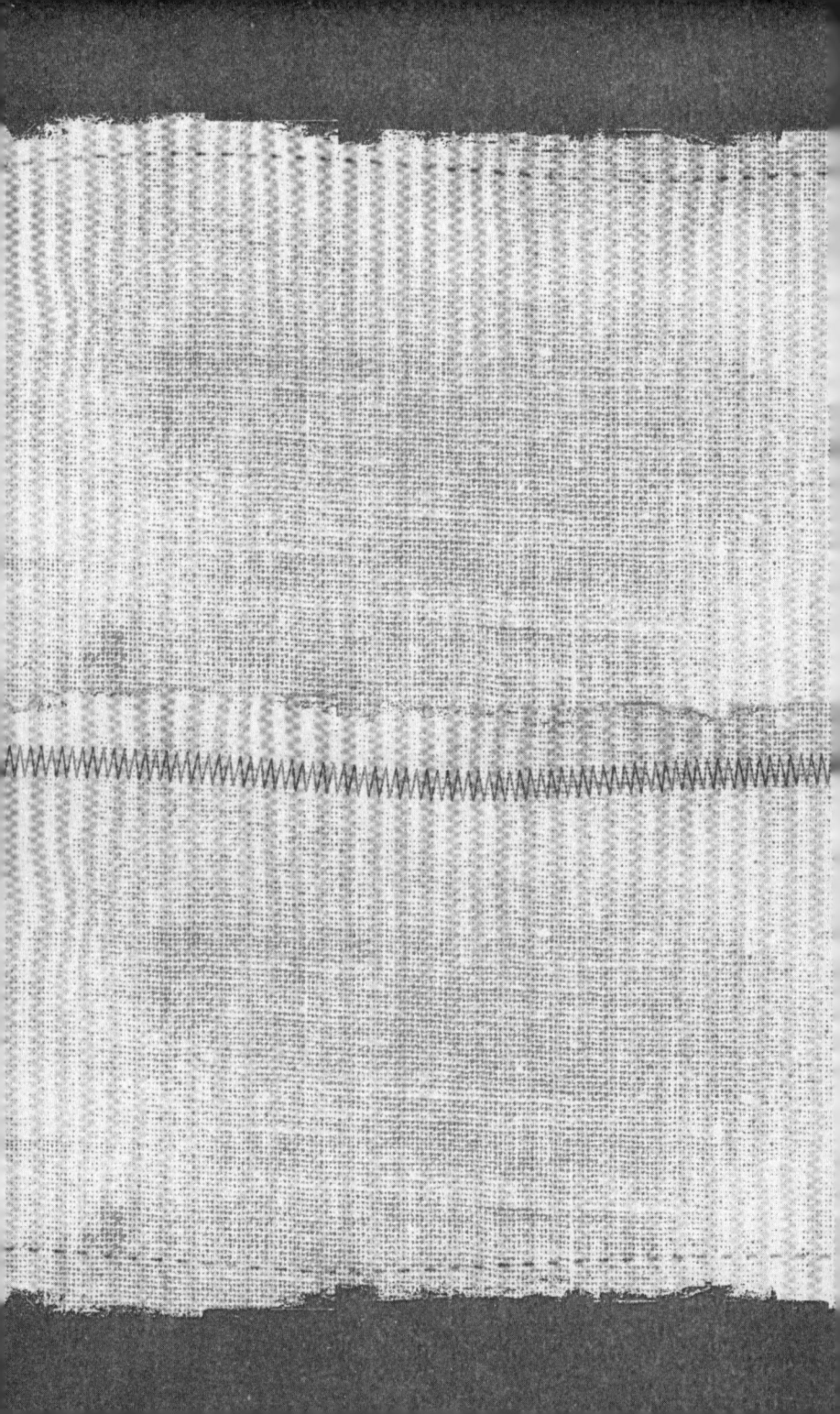

Stammbaum der Nonna Lisowskaja Bannister

Die Familie von Nonnas Vater
Großvater väterlicherseits: Johan Stanislaus Lisowski
Großmutter väterlicherseits: Wanda (Mädchenname unbekannt)
Bekannte Kinder von Johan und Wanda:
Jewgeni Iwanowitsch Lisowski (Nonnas Vater), geb. 1897 in Warschau (Polen)
Stanislaw Lisowski

Die Familie von Nonnas Mutter
Urgroßvater mütterlicherseits: Alexander Alexejewitsch Ljaschow
Großvater mütterlicherseits: Jakow Alexandrowitsch Ljaschow
Großmutter mütterlicherseits: Feodosija Nikolajewna Ljaschowa

Kinder von Jakow und Feodosija
Wanja (Iwan)
Xenja
Anna (Nonnas Mutter)
Leonid
Antonia (Tonja)
Shenja

Nonnas Familie

Anna Jakowlewna Ljaschowa, geb. 1906 in Noworossisk (Russland), verheiratet mit
Jewgeni Iwanowitsch Lisowski, geb. 1897 in Warschau (Polen)
Kinder:
Anatoli (geb. 1925, zuletzt gesehen 1939) Jewgeni
Nonna (geb. 1927, gestorben 2004) Jewgenewna
Taissia (geb. 1940, starb noch als Säugling 1940)

* * *

William Henry Bannister, geb. 1927 in Bogalusa im US-Bundesstaat Louisiana, verheiratet mit
Nonna Jewgenewna Lisowskaja

Kinder:
W. H. (Hank jr.) Bannister
Elizabeth J. (Bannister) Sumner
John D. Bannister

Nonna schrieb eine Zeittafel, die deutsche wie russische National-
geschichte enthält, ebenso aber auch persönliche Daten. Es wurden ein paar Ergänzungen vorgenommen. Die Zeittafel beginnt
Ende des 19. Jahrhunderts mit der Geburt ihres Vaters und hört
auf, als sie amerikanischen Boden betritt, um ein neues Leben
zu beginnen. Obwohl einige Informationen bereits an anderer
Stelle erwähnt wurden, zeigt doch diese Tafel, welche Ereignisse
Nonna ganz besonders wichtig waren. Zusätze der Herausgeber
sind kursiv.

1897: 8. Januar
Jewgeni Iwanowitsch Lisowski (mein Vater) kommt in Warschau
(Polen) zur Welt. Sein Vater Johan Lisowski und seine Mutter
Wanda (Nachname unbekannt) waren wohlhabende Landbesitzer
in den Gebieten um Warschau und in der Westukraine, die noch
immer von den Polen besetzt war.

1906: 24. Dezember
Anna Jakowlewna Ljaschowa (meine Mutter) wird in Noworos-
sisk, einer Stadt nahe dem Schwarzen Meer im Kaukasus gebo-
ren. Ihr Vater Jakow Alexandrowitsch Ljaschow und ihre Mutter
Feodosija Nikolajewna besaßen mindestens sieben Datschas mit
Getreidemühlen und Obstgärten, verteilt über die Südukraine

und den Süden Russlands, die meisten nahe dem Schwarzen und dem Kaspischen Meer gelegen.

1907
Jakow Alexandrowitsch Ljaschow wird in die kaiserliche Kosakenarmee aufgenommen.

Damit tritt er in die Fußstapfen seines Vaters Alexander Alexejewitsch Ljaschow, der sowohl Fürst als auch Kosake war. Alexander kämpfte im Krieg mit den Tartaren rund um Odessa nahe dem Asowschen Meer. In diesem Krieg, irgendwo bei Odessa, fiel er. Sein Sohn Jakow sollte Nonnas Großvater werden.

1909-1910
Jakow wird Mitglied der kaiserlichen Schutzeinheit und wird von Nikolaus II. als getreuer Diener des Zaren geehrt.

Nikolaus II., der letzte Zar Russlands, schickt Jakow eine Postkarte, auf der steht: „Mütterchen Russland blutet." Diese Karte war neben Familienfotos und Dokumenten in einem kleinen Kissen versteckt, das Nonna während des Holocausts um ihre Taille trug und 1950 mit nach Amerika brachte.

1916
Jakow tritt einen Posten bei der kaiserlichen Wache an.

Als verdienter Mitarbeiter hat er die Aufgabe, den Zaren und dessen Familie zu schützen.

1917: Frühjahr
Jakow ist daran beteiligt, die Einflussreichen aus den gebeutelten Gebieten Russlands herauszubringen, diejenigen also, die von der Revolution besonders stark betroffen waren.

1917: Herbst

Die Revolution erreicht ihren Höhepunkt.

In Russland herrscht das Chaos. Jakow und Feodosija planen, über das Schwarze Meer aus Russland nach Rumänien oder in ein anderes sicheres Land zu fliehen.

1917: Spätherbst

Jakow Alexandrowitsch Ljaschow wird während seines Dienstes, in dem er Menschen per Zug transportierte, von Bolschewiken niedergemetzelt.

1917: Ende November

Feodosija Nikolajewna und ihre sechs Kinder erhalten die tragische Nachricht vom Tode Jakows von seinem besten Freund, Dimitri Iwanowitsch. Er ermutigt sie, mit ihrer Familie nach Noworossisk zu fliehen. Mit seiner Hilfe reist die Familie in die Ukraine, wo sie ein Haus mit einem Obstgarten haben. Das Dorf nannte sich Santurinowka (später dann Konstantinowka).

1918

Es werden Vorbereitungen getroffen, Anna an die Universität von St. Petersburg zu schicken, wo sie an einem Institut für begabte junge Mädchen Musik und Kunst studieren soll.

Jewgeni Iwanowitsch Lisowski und sein Bruder Stanislaw schreiben sich an der Universität von St. Petersburg ein. Die Vorbereitungen dazu werden vom Mann von Jewgenis ältester Schwester getroffen, der zu der Zeit Physikprofessor an der Universität ist. Jewgenis Schwester und ihr Mann lebten in Riga (Lettland). Sein Schwager war Lette.

1918-1921

Jewgeni studiert Physik, Kunst und Sprachen. Sein Bruder Stanislaw studiert Chemie und Physik.

1922
Anna (16 Jahre alt) und Jewgeni (25 Jahre alt) verlieben sich. Jewgeni bleibt in St. Petersburg, sein Bruder Stanislaw kehrt nach Polen zurück.

1923: Frühjahr
Anna und Jewgeni reisen nach Santurinowka, um Feodosija Nikolajewna um die Erlaubnis zur Heirat zu bitten.

1923: Sommer
Anna und Jewgeni heiraten in der orthodoxen Kirche, wozu Feodosija eine Einverständniserklärung unterzeichnen muss.

1923: Spätsommer
Jewgeni versucht, Anna und ihre Familie aus Russland herauszubringen, bleibt aber erfolglos.

1924
Ein weiterer Versuch, die Familie umzusiedeln – diesmal mit Ziel Polen – misslingt.

1924: Dezember
Anna und Jewgeni entschließen sich, nach Taganrog (nahe dem Asowschen Meer) zu ziehen, in ein Haus, das einmal Feodosijas Familie gehört hatte, aber verwaiste, als sie nach Poltava zogen.

1925: 3. November
Anna und Jewgeni wird ein Sohn – Anatoli – geboren.

1927: 22. September
Anna und Jewgeni wird eine Tochter – Nonna – geboren.

1928
Jewgeni tritt mit dem rumänischen Freund in Kontakt, den er während seines Studiums an der Universität St. Petersburg ken-

nengelernt hatte. Sie arrangieren diverse Treffen in dem Versuch, mit der polnischen Regierung Verbindung aufzunehmen.

1929: Sommer
Jewgeni und sein rumänischer Freund unternehmen einen weiteren vergeblichen Versuch, nach Polen zu entkommen (diesmal nur Jewgeni und seine direkte Familie).

1929: Frühherbst
Jewgeni übernimmt das Amt des Dolmetschers für ausländische Besucher in der größten Maschinenfabrik der Stadt Rostow am Don.

1929: Spätherbst
Jewgeni und Anna ziehen nach Rostow am Don. Dort wird ihnen eine geräumige Wohnung bei der Fabrik und nahe der Unterkünfte für ausländische Besucher zur Verfügung gestellt. Die Wohnung liegt etwa zweieinhalb Kilometer entfernt vom größten Park der Stadt, genannt „Park der Erholung und Kultur".

1930
Anna findet neue Freunde und beteiligt sich an Musik- und Kunstwettbewerben. Jewgeni und Anna besuchen viele Partys und umgeben sich mit einem Kreis von Leuten aus der Kulturszene. Das Theater von Rostow besuchen sie regelmäßig.

1931
Jewgeni erfindet eine Maschine, die Zuckerrohrstangen in Würfel schneidet.

1931-1932
Anna führt ein emsiges gesellschaftliches Leben – sie gibt Klavier- und Violinkonzerte. Während der ganzen Zeit malt sie auch.

1932

Jewgeni stellt seine Erfindung bei einem Festbankett der Fabrik vor vielen Ausländern vor. Von einem deutschen Vertreter bekommt er einen Preis verliehen.

1933

Jewgeni und Anna schließen auch an der Universität von Rostow Freundschaften. Jewgeni nimmt Extraarbeiten an: Er repariert ein paar der universitätseigenen medizinischen und labortechnischen Geräte.

1933–1934

Wir fahren ziemlich oft nach Natschitschewan, wo die Universität ist. Wir fuhren mit der Straßenbahn, die Fahrzeit betrug 30 oder 40 Minuten. Damals, so glaube ich, schlossen wir auch Bekanntschaft mit Alexander Solschenizyn, der an der chemischen Abteilung der Universität studiert hatte. (Alles nur, soweit ich mich eben erinnern kann.)

1935

Kriegsgerüchte verbreiten sich in Russland. Jewgeni pflegt engen Kontakt zu Ausländern aus westlichen Ländern. Wir erhalten viele Neuigkeiten aus Europa. Wir haben oft Besucher in unserer Wohnung – ich verstand nie, um was sich die Unterhaltungen drehten. Sie fanden in mehreren Sprachen statt.

1935–1936

Russland bereitet sich auf eine kriegsähnliche Situation vor. Schulkindern wird beigebracht, wie sie sich im Falle eines feindlichen Angriffes zu verhalten haben. Flugzeuge fliegen vorbei und werfen Attrappen von „Chemiebomben" ab. Die Menschen werden aufgefordert, in ihren Höfen Schutzbunker zu graben. Luftangriffssirenen werden überall in der Nachbarschaft installiert und gelegentlich ertönen sie zum Zwecke der praktischen Übung.

1936-1937

Jewgeni und Anna nehmen die Kriegsgerüchte ernst und beschließen, dass es von Vorteil wäre, nach Santurinowka in der Ukraine umzuziehen, das mittlerweile der Stadt Konstantinowka zugeschlagen worden war. Es wird geplant, bei Feodosija einzuziehen, während das Haus dort in einzelne Wohnungen aufgeteilt wird. Auch andere Familienmitglieder der Ljaschows kehren in die Heimat zurück. Jewgeni hält es für gut, näher an der Westukraine und damit an Polen zu sein, falls der Krieg ausbricht.

1937

Die Mitglieder der Ljaschowfamilie ziehen zurück ins Große Haus mit seinen 37 Zimmern, vier Küchen und dem Stall für sechs Pferde.

1937-1938

Jewgeni und Anna eröffnen ein Foto- und Portraitstudio in Konstantinowka. Anna engagiert sich bei der Arbeit im „Kleinen Theater" des Bürgervereins (gleich neben dem Studio). Außerdem rufen sie eine Musikschule für junge Mädchen ins Leben.

1938

Jewgeni reist nach Jalta auf die Krim (ein Erholungsgebiet am Schwarzen Meer), wo er seinen rumänischen Freund trifft, wieder in dem Bemühen, aus Russland herauszukommen. Diesmal ist er willens, den Versuch zu unternehmen, nach Rumänien zu gelangen.

Jewgeni erhält die niederschmetternde Nachricht von seinem Freund, dass Emigration nach Rumänien nicht möglich ist. (Alles erschien so hoffnungslos.)

1939

Deutschland marschiert in Polen ein. Der Zweite Weltkrieg hat begonnen. Alle Verbindungen zum Westen brechen ab. Der kleinste Kontakt zur Welt da draußen macht jeden für die Russen verdächtig. Großmutter entlässt alle ihre Angestellten bis auf Petrowitsch, von dem sie behauptet, er sei ein Verwandter.

Jewgeni richtet es so ein, dass Anatoli bei Verwandten in St. Petersburg (Leningrad) wohnen und dort zur Schule gehen kann.

1939: Spätsommer

Großmutters Bruder aus Riga in Lettland bringt Anatoli zu seinem letzten Besuch bei der Familie nach Hause. Die Familie ist aufgewühlt und verwirrt. Ich verstehe nichts von ihren Plänen. Jewgeni und Anna müssen sich das erste Mal in ihrer Ehe mit Gefühlsausbrüchen auseinandersetzen. Ich bin durcheinander und verängstigt. Anatoli fährt wieder ab. Wir sehen ihn nie wieder.

1940

Anna erwartet ein Kind. Aufgrund einer Malariaerkrankung hat sie eine schwierige Schwangerschaft. Die Fieberschübe werden häufiger. Sie muss viel Zeit im Bett verbringen.

1940: 29. August

Anna bringt ein Mädchen zur Welt. Sie gibt ihr den Namen Taissia.

1940: 3. September

Das Baby stirbt an Hepatitis, einer Folge der Malariaattacken während der Schwangerschaft.

1941: Sommer

Der Krieg hat Russland erreicht. Alle jungen und tauglichen Männer werden zur Armee eingezogen. Juden aus Polen fliehen nach Russland und in die Ukraine. Sie werden nach Sibirien gebracht.

Die Russen beginnen mit Evakuierungen, um diejenigen, die das wollen, weiter nach Osten zu bringen. Die Menschen sind völlig verstört. Viele wollen nicht gehen und bleiben zurück.

1941: Frühherbst

Deutsche Flugzeuge bombardieren in regelmäßigen Abständen Konstantinowka. Die Deutschen rücken an. Die Russen weichen zurück. Vieles zerstören und verbrennen sie hinter sich.

Jewgeni beschließt zurückzubleiben und will sich versteckt halten, bis die Deutschen kommen.

1941: Spätherbst

Deutsche Soldaten marschieren in Konstantinowka ein. Sie durchsuchen Häuser und Keller nach Essbarem. Sie sind durchgefroren, ausgehungert und verzweifelt.

Anna und Nonna machen im nächsten Dorf verlassene Häuser ausfindig, bleiben dort für eine unbestimmte Zeit und suchen sich Nahrung zusammen. Feodosija und Jewgeni bleiben solange im Großen Haus zurück.

1941

Betrunkene deutsche Soldaten entdecken Jewgeni, der sich im Keller versteckt hält. Brutal schlagen sie ihn zusammen und stechen ihm die Augen aus.

1941: 12. Dezember

Jewgeni stirbt an den Verletzungen, die er bei dem Überfall davongetragen hat.

1942: frühes Frühjahr

Anna und Nonna ziehen wieder zu Feodosija ins Große Haus der Familie.

1942: Sommer

Anna und Nonna fangen an, im Chor der orthodoxen Kirche mitzusingen, und ziehen innerhalb Konstantinowkas etwas mehr in die Innenstadt, um näher an der Kirche zu sein.

1942: Spätsommer bis Frühherbst

Die Deutschen bieten an, einige Ukrainer und Russen zur Fabrikarbeit nach Deutschland zu verbringen, da es dort zu wenige Arbeiter gibt. Anna und Nonna melden sich freiwillig zu einem Transport nach Deutschland. Aufgrund der Altersbeschränkungen, die die Deutschen festgelegt hatten, ist Anna gezwungen, Nonnas und ihre eigene Geburtsurkunde rasch noch entsprechend zu bearbeiten: Das Geburtsjahr in Nonnas Dokument wird von 1927 in 1925 abgeändert, sodass sie als Sechzehnjährige gilt. Aus Annas Geburtsjahr 1906 wird 1909, sodass sie unter 36 ist. (Die Deutschen hatten das zulässige Alter auf zwischen 16 und 35 festgesetzt.)

1942: Herbst

Anna und Nonna reisen per Güterzug durch die Ukraine und Polen nach Deutschland. Die Verhältnisse sind erbärmlich, die Bewachung durch die deutschen Soldaten streng. (Jeglicher Versuch, während dieser Reise zu entkommen, wird zunichtegemacht.) In den Zugabteilen sind die Leute zusammengepfercht wie Sardinen in der Büchse. Zwei SS-Männer und zwei Hunde sind für jeden Waggon zur Bewachung abgestellt.

1942–1943

Anna und Nonna wird eine Arbeit in einer Kartonfabrik in Kassel zugewiesen und leben in einem Arbeitslager oder auch Ostarbeiterlager, also einem Lager speziell für die Arbeiter aus dem Osten.

Nach kurzem Aufenthalt dort werden sie in eine Porzellanfabrik verlegt, dann wieder zurück, dann in eine Textilfabrik.

1943: Frühjahr

Anna und Nonna werden von der Fabrik zu einem katholischen Krankenhaus, dem Marienkrankenhaus in Kassel, verlegt. Nonna wird die Aufgabe des Dolmetschers übertragen, Anna wird als Schwesternhelferin eingesetzt. Sie arbeiten in einem Teil des Krankenhauses, der speziell für Ausländer aus den Arbeitslagern und Kriegsgefangene gebaut wurde. Fünf Baracken wurden neben dem Hauptgebäude als Krankenhaus errichtet.

1943: Spätsommer

Anna und Nonna werden in die Unterkünfte des deutschen Krankenhauses verlegt, weil Anna Schwierigkeiten mit einem der russischen Ärzte hatte.

Die Nonnen des katholischen Krankenhauses lassen Anna jetzt im deutschen Krankenhaus arbeiten, und zwar in der Abteilung für Infektionskrankheiten wie zum Beispiel Diphtherie oder Scharlach. Nonna und ihre Mutter teilen sich ein Zimmer im Obergeschoss des Krankenhauses. Nonna wird die Verantwortung für sämtliche Schreibarbeiten im Aufnahmebüro des Krankenhauses für die Ausländer übertragen.

1943: 22. September

Anna muss vor der Gestapo erscheinen und kommt nicht zurück.
Nonna sucht das Gestapohauptquartier ein paar Tage nach Annas Verschwinden auf.

1943: 22. Oktober

Kassel wird von britischen Flugzeugen bombardiert und innerhalb von 25 Minuten zerstört. (Die genaue Dauer des Angriffs war von 19.45 Uhr bis 20.10 Uhr.) Tausende sind tot, alles brennt oder liegt in Trümmern. Das Gebäude der Gestapo ist zerstört. Alle im Krankenhaus überleben dank eines großen Bunkers, den französische Kriegsgefangene gebaut hatten. Er befand sich hinter dem Krankenhaus und war mit diesem durch einen unterirdischen Tunnel verbunden.

1944

Nach vier Monaten, in denen Nonna nichts über Annas Verbleib weiß, erhält sie Nachricht von einem Konzentrationslager in Böhmen, Anna sei dort inhaftiert. Ein Grund für ihre Verhaftung wird nicht genannt.

In Abständen von vier bis sechs Wochen kommen einige Briefe aus dem Konzentrationslager an. Jemand anderes hat für Anna alle Briefe auf Deutsch geschrieben, da sie Deutsch nicht beherrschte. Auf den Briefen ist auch Annas Gefangenennummer angegeben. Die Briefe werden von den Zuständigen sorgfältig überprüft.

1945

Der Zweite Weltkrieg endet. Die Amerikaner nehmen Kassel ein und befreien alle Arbeitslagerinsassen.

Vier Wochen vor Kriegsende bekommt Nonna rheumatisches Fieber und Myocarditis (eine Entzündung des Herzmuskels).

Anna stirbt nur wenige Wochen vor der Befreiung ihres Lagers. Nonna erhält ihren letzten Brief im September, hält aber an der Hoffnung fest, sie doch noch zu finden.

1945-1947

Nonnas Erkrankung zieht sich über fast zwei Jahre hin. Während ihrer Zeit im Krankenhaus unternimmt Nonna alle möglichen Versuche, ihre Mutter zu finden.

1947-1948

Nachdem alle Bemühungen, Anna zu finden, gescheitert sind, möchte Nonna in ein Krankenhaus in Merxhausen verlegt werden, wohin all die Opfer der Konzentrationslager – meistens Juden – gebracht werden. Dort, so hofft sie, wird sie Hinweise auf ihre Mutter erhalten.

1948

Nach einiger Zeit im Merxhausener Krankenhaus und Begegnungen mit vielen Juden und anderen Menschen aus den Konzentrationslagern hat Nonna noch immer keinen Hinweis auf ihre Mutter. Sie beschließt, das Krankenhaus zu verlassen und nach Bad Hersfeld zu gehen, wo es ein Lager für Flüchtlinge und Verschleppte gab.

Kurz nach ihrer Ankunft in Bad Hersfeld kümmert sich Nonna darum, in Fulda eine Schule für Krankenschwestern besuchen zu können.

1949
Da sie während ihrer Zeit im deutschen Krankenhaus in Kassel bereits viel Erfahrung und Wissen sammeln konnte, schließt Nonna den Schwesternkursus bereits nach wenigen Monaten ab und besteht mit Auszeichnung. Sie erhält ein Stipendium für einen Medizinstudiengang in Heidelberg und reist dorthin, um sich einzuschreiben. Dann aber beschließt sie, sich um ein Visum für die USA zu bewerben.

Kurze Zeit arbeitet sie als Krankenschwester in einem öffentlichen Krankenhaus in Hanau, übernimmt dann aber die Stelle der Sekretärin für das IRO-Zentrum in Hanau. Angestellt ist sie bei einer englischen Dame aus London namens Mrs Hawksley.

Mrs Hawksley arrangiert für Nonna den Antrag auf Einreise in die Vereinigten Staaten von Amerika.

1950: frühes Frühjahr
Das Visum wird erteilt. Nonna durchläuft das Prozedere, das alle Immigranten in die Vereinigten Staaten von Amerika absolvieren müssen. Gesponsert wird sie von der Napoleon Avenue Baptist Church von New Orleans im Bundesstaat Louisiana. Der Arbeitsplatz und eine Wohnung werden von Kirchenmitgliedern gestellt – der Familie Guillory.

1950: 5. Mai
Nonna fährt nach Bremerhaven und wartet dort auf das Auslaufen des Schiffes.

1950: 20. Mai
Die *General W. G. Haan* der United States Navy legt in Bremerhaven an. Nonna geht an Bord.

1950: 6. Juni

Die *General Haan* legt in New Orleans in ihrem Einschiffungshafen an. Nonna geht von Bord und setzt ihren Fuß auf amerikanischen Boden.

Der lang gehegte Traum ihres Vaters wird für Nonna schließlich Wirklichkeit, für sie, die einzig Überlebende der Familie.

Nonna legte ihrem Manuskript diese Seite „Zur Autorin" bei.

In meinem Leben am wichtigsten
Mein Mann Henry, meine Kinder, meine Enkel.

Dinge, die ich liebe
Musik hören, Bücher lesen, schreiben.
Schach spielen – das habe ich schon sehr früh gelernt, mit fünf oder sechs Jahren.
Malen – das habe ich in jüngeren Jahren gerne getan, jetzt aber schon lange nicht mehr.
Klassische Musik, Opern, Symphonien, Konzerte, Ballett, Bühnenstücke, Werke guter Künstler (Malerei) und Literatur – ich lese liebend gerne gute Bücher.
Neue Menschen kennenlernen und viele Freundschaften schließen.
Alle meine Enkel – Catie, Cristen, Zachary, Benjamin, Kara.
Meine engste Familie am Tisch um mich haben und viel lachen, sich an lustige und auch alberne Dinge erinnern.
Viel lachen – meine beiden Söhne, meine Tochter und Henry haben so viel Sinn für Humor. Ich auch!

Meine Lieblingskomponisten
Peter Tschaikowski (besonders seine Ouvertüre 1812), Beethoven, Schumann, Mozart, Bach, Chopin und viele andere – zu viele, um sie alle zu nennen.

Meine liebsten Opernsänger
Luciano Pavarotti (Tenor) und natürlich meine Mutter. Ich erinnere mich aus Kindertagen an ihren Gesang.

Mein liebster Balletttänzer
Mischa (Michail) Baryschnikow, ganz besonders im Schwanensee.

Mein Lieblingspianist
Wladimir (Walodja) Horowitz – sein letztes Konzert gab er 1986 in Moskau.

Meine Lieblingsmaler
Rembrandt und Repin, aber eigentlich die Werke aller Maler.

Meine Lieblingsschriftsteller und -dichter
Leo Tolstoi
Alexander Solschenizyn
Alexander Puschkin (der großartigste Dichter, den ich kenne)
Anton Tschechow
Charles Dickens

Ich weiß eine Menge über Anton Tschechow – er wurde in derselben Straße geboren wie ich und lebte ebenso wie ich in Taganrog am Asowschen Meer. Ich weiß auch viel über Alexander Solschenizyn – als ich fünf Jahre alt war, haben meine Mutter und ich einmal im Haus seiner Mutter in Rostow am Don übernachtet. Seine und meine Mutter gaben gemeinsam Konzerte (Klavier und Geige). Als ich sechs Jahre alt war, tanzte ich bei einer Feierlichkeit seiner Mutter Ballett, nämlich den „Tatarentanz". Sie wohnten in der Nähe des „Großen Theaters" in Natschitschewan bei Rostow. Ich habe lebhafte Erinnerungen an diese Zeit, und ich war oft an der Universität, die er besuchte.

Eine weitere Biografie

Myrna Grant
Reise im Gegenwind
Die Lebensgeschichte der Rose Warmer
ISBN 978-3-86122-665-9
276 Seiten, kartoniert

Eine unglaubliche wahre Geschichte um Mut, Glauben und die Kraft der Liebe: Die junge Rose Warmer, schön, begabt, aus einer jüdischen Familie in Ungarn stammend, ist auf der Suche nach dem Sinn ihres Lebens. Nach vielen Irrwegen findet sie ihn schließlich: in Jesus Christus. Doch ihr Leben gerät nicht in ruhigere Bahnen – der Zweite Weltkrieg bricht aus, und Roses Verwandte werde von den Schrecken des Holocaust eingeholt.
1944 trifft Rose eine unfassbare Entscheidung: Freiwillig geht sie durch die Hölle des KZ Bergen-Belsen, um ihrem geliebten jüdischen Volk zu dienen. Sie vertraut darauf, dass Gott auch in diesem Inferno bei ihr ist ...